LE

MARIAGE DE LOUIS XV

L'auteur et les éditeurs déclarent réserver leurs droits de reproduction et de traduction en France et dans tous les pays étrangers, y compris la Suède et la Norvège.

Cet ouvrage a été déposé au ministère de l'Intérieur (section de la librairie) en octobre 1900.

Portrait de Marie Leczinska
attribué à Belle
(Musée de Versailles)

LE MARIAGE
DE LOUIS XV

D'APRÈS DES DOCUMENTS NOUVEAUX

ET UNE

CORRESPONDANCE INÉDITE DE STANISLAS LECZINSKI

PAR

Henry GAUTHIER-VILLARS

Avec deux portraits en héliogravure

PARIS

LIBRAIRIE PLON

PLON-NOURRIT et Cie, IMPRIMEURS-ÉDITEURS

8, RUE GARANCIÈRE

1900

Tous droits réservés

AVANT-PROPOS

Il est, en histoire, des événements sur lesquels l'investigation patiente découvre toujours du nouveau ; ce sont ceux qui intéressent par le détail des faits. Aussi nous pardonnera-t-on de présenter au public une étude sur un sujet déjà traité par de nombreux historiens : le mariage de Louis XV.

Pour ajouter aux renseignements connus, nous avons exhumé, d'une part, certains documents que M. de Raynal négligea de prendre dans les mémoires et les correspondances utilisés par lui pour la composition de son *Mariage d'un roi*, fort intéressant, d'ailleurs, à maints égards ; et nous avons usé, d'autre part, de pièces absolument inédites qu'une bonne fortune a mises en notre possession. De la sorte, il nous a été possible d'éclaircir des points restés, jusqu'à ce jour, obscurs, et de jeter sur d'autres une lumière nouvelle.

Nous ne nous sommes point fait faute, cela va sans dire, de recourir aux sources les plus connues. Les lettres de Mathieu Marais, anecdotier froidement goguenard, le Journal de l'avocat Barbier (quoique cet « agréable vivant, d'esprit net et juste (1) » soit bien moins informé sur les choses de la cour que sur les démarches du Parlement), les mémoires du hautain et triste d'Argenson nous ont été d'un grand secours; c'est là, comme aussi dans les bavardages honnêtes et moroses du duc de Luynes, dans la compilation étriquée de Buvat, dans les procès-verbaux incolores de Narbonne, dans la correspondance au style plaisamment hardi où la duchesse d'Orléans épanche l'indignation de sa verve honnête encore que grossière, c'est dans de tels écrits — ils sont innombrables — que l'on trouve toujours à recueillir menus faits et chansons vengeresses, racontars de salons et cancans d'alcôves, toute cette littérature intime utile au conteur qui veut égayer de touches vivifiantes la monotonie d'un récit, tous ces dessous de l'Histoire indispensables au chercheur que ne saurait satisfaire la correction incomplète, et souvent inexacte, des annalistes officiels.

Nous nous sommes servi, avec prudence et seulement après un contrôle sévère, de Boisjourdain, des Mémoires de Richelieu, confectionnés par le trop méprisé Soulavie, et même des pamphlets de l'époque, les *Mémoires pour servir à l'histoire de la Perse*, par

---

(1) Léo Claretie, *Grande Revue*, n° d'avril 1899.

exemple, sans nous dissimuler le peu de valeur historique de ces opuscules. Quant à Saint-Simon, il est devenu banal de dire que le fameux duc ne vit jamais qu'à travers ses haines personnelles, et que, pour ces motifs, on ne saurait trop se mettre en garde contre la mensongère séduction de ses écrits.

Les Correspondances diplomatiques et les pièces des Archives nationales nous ont permis de combler un certain nombre de lacunes laissées par nos devanciers. La Bibliothèque de l'Arsenal nous a procuré la Correspondance du maréchal du Bourg, et les admirables recherches de M. Vandal nous ont renseigné le plus complètement possible sur l'histoire des négociations secrètes entre la France et la Russie à cette triste époque.

Nos documents inédits proviennent de trois sources principales :

1° Les *Annales de Menin*, assemblage de documents — journaux du temps, correspondances inédites, etc. — concernant les cérémonies mêmes du mariage de Louis XV ;

2° Un recueil de pièces relatives à l'ambassade du duc d'Antin et riches en détails sur la mission de l'envoyé du jeune roi à Strasbourg ;

3° La correspondance de Stanislas Leczinski avec le chevalier de Vauchoux.

Les pièces qui concernent le duc d'Antin nous ont

été cédées par M. Charavay; et c'est la vente de la bibliothèque Villeneuve-Bargemont qui nous a livré les lettres de Stanislas. Mais le plus difficile n'est pas de rassembler « un grand nombre de faits vérifiés », c'est d'en « faire éclater le vrai sens » (1). Certes, nous ne saurions nous vanter d'avoir réussi en ceci; au moins avons-nous pu, grâce à la correspondance infiniment précieuse adressée à Vauchoux, corriger des erreurs commises par d'excellents écrivains, erreurs inévitables, d'ailleurs, sans les documents tombés entre nos mains. Et nous devons encore à cette suite de lettres d'avoir pu, selon la jolie expression de Camille Rousset, surprendre l'Histoire à l'état natif dans les sentiments secrets, la vie intime du roi polonais. Car, moins gêné avec l'homme de paille de la marquise de Prie qu'avec un maréchal, Stanislas mettait plus de confiance, plus de sincérité, dans ses lettres à Vauchoux que dans celles à du Bourg.

Que le lecteur ne soit pas effrayé par la liste de nos documents. Nous n'avons pas voulu dresser une œuvre implacablement savante. Nous nous sommes efforcé, au contraire, de donner du pittoresque à ce livre; or, il nous était impossible d'arriver à ce but sans nous livrer à ce que l'on a pu appeler la *recherche*

---

(1) Ainsi s'exprime M. Jules Lemaître, donnant le plus juste éloge « à la critique si sûre, et à l'exposition si liée » des œuvres de Henry Houssaye.

infinie du détail minutieux. « ... Sans érudition, a déclaré fort judicieusement M. Sorel, il n'y a rien, en histoire, que fantasmagorie. »

Il nous reste à remercier MM. les Conservateurs des Archives des Affaires étrangères et des Archives nationales, M. le Directeur de la Bibliothèque Carnavalet qui, sur une vague indication, a pu retrouver les pièces patiemment colligées par Menin, enfin M. Paul d'Estrée, le chercheur habile entre tous à découvrir les documents humains dont l'authenticité, selon la fine remarque de M. Gaston Deschamps, passe en intérêt « les indigestes fictions de nos romanciers ordinaires ».

Quant au portrait de Marie Leczinska qui orne ce volume, il nous a été indiqué par M. Pierre de Nolhac qui a découvert la toile de Belle, et maintes autres merveilles oubliées, dans ce Musée de Versailles dont il est — heureusement pour l'Art et pour l'Histoire — le conservateur.

C'est grâce à ces érudits obligeants que nous avons pu mener à bien notre travail, et nous tenons à leur témoigner publiquement l'hommage de notre gratitude, certain de leur obtenir ainsi la reconnaissance de ceux qui voudront bien nous lire.

H. G.-V.

LE MARIAGE DE LOUIS XV

> « Princesse éprouvée par l'infortune, formée par la sagesse et qui, tombée sans découragement sur les débris de la puissance de son père, s'élève sans orgueil au comble de la prospérité. »
> *Éloge de Louis-le-Bien-Aimé,*
> par l'abbé Talbert, prédicateur du Roi.

CHAPITRE PREMIER

LE MARIAGE AVEC L'INFANTE

Antagonisme de Philippe V et du Régent. — Raisons qui poussaient ce dernier à vouloir marier Louis XV avec l'Infante. — Difficultés de l'entreprise. — Ambassade du duc de Saint-Simon. — L'échange des princesses. — Arrivée de l'Infante à Paris. — Morne accueil du jeune Roi. — Les réjouissances à Paris. — L'opinion publique. — Craintes des esprits sensés. — Critiques de l'hymen projeté. — La politique du Régent mise à jour.

Lorsqu'en 1721 le duc d'Orléans fit des ouvertures à la Cour de Madrid, en vue d'obtenir la main de l'infante Marie-Anne-Victoire pour le roi de France, les partisans de Philippe V eurent vraiment lieu de s'étonner, car il détestait le Régent qui le lui rendait bien. Jamais antipathie ne fut plus violente, ni mieux justifiée. Le roi d'Espagne, en effet, avait eu beau renoncer formellement, par les traités d'Utrecht, à tous ses droits sur le royaume de France, il n'en conservait pas moins la secrète espérance de les faire valoir quelque jour, si le ciel permettait que Louis XV mourût sans postérité. Mais le plus ardent désir du duc d'Orléans était, sinon de changer son titre de Régent contre la couronne, tout au moins (en prévision de la mort du roi) d'assurer à la branche cadette dont il était le chef la succession au trône. De là l'animosité qui armait l'un contre l'autre les deux cousins. Animosité de vieille date, puisque pendant la guerre livrée de 1703 à 1713 le duc d'Anjou (devenu roi d'Espagne, de par le testament de Charles II) réussit à faire retirer à Philippe d'Orléans qu'il prétendait de connivence avec l'Angleterre le commandement des armées françaises qui combattaient pour la monarchie catholique dans la Péninsule; puisqu'il fut de ceux qui l'accusèrent d'avoir contribué aux morts, si avantageuses pour la branche cadette, du Dauphin, du duc de Bourgogne et des ducs de Bretagne; puisqu'enfin, en 1715, il ne put contenir la violence de son indignation en apprenant que, le testament de Louis XIV cassé, son ennemi devenait Régent avec un pouvoir presque illimité.

On se souvient aussi que le duc d'Orléans ayant fait alliance en 1716 avec l'Angleterre (et, l'année suivante, avec l'Empereur) pour entraver les prétentions de l'Espagne, Philippe V fomenta contre lui une conspiration, qui échoua piteusement, du reste, et combattit l'Angleterre sans plus de succès. Battu de toutes parts, il dut, par le traité de Madrid, ratifier les renonciations du traité d'Utrecht et se soumettre, la rage au cœur.

Mais, vainqueur une première fois, le Régent craignit de voir la fortune se tourner contre lui; aussi ne chercha-t-il pas à définitivement accabler son adversaire; il préféra lui enlever tout prétexte à de nouvelles luttes et, dans ce but, projeta un double mariage, celui d'une de ses filles, Mlle de Montpensier (1), avec don Luis, prince des Asturies (2); celui du jeune roi avec l'Infante Marie-Anne-Victoire. Par la première union, il assurait à sa fille l'une des plus belles couronnes d'Europe; par la seconde, ridiculement disproportionnée, puisque l'Infante n'avait que trois ans, il retardait d'une douzaine d'années le jour où la naissance d'un dauphin viendrait détruire les dernières espérances des Orléans (3). Il peut se passer tant de choses en douze ans! Et c'était tout ce que son intérêt exigeait pour le moment.

Le difficile était de faire accepter au roi d'Espagne

(1) Louise-Élisabeth d'Orléans, née en 1709, mariée à don Luis en 1722, morte en 1742.
(2) Philippe V avait eu de sa première femme (une princesse de Savoie morte en 1714) deux fils : don Luis, héritier présomptif du trône d'Espagne, alors âgé de quatorze ans, et don Ferdinand, âgé de huit ans. Sa seconde femme, Elisabeth Farnèse, lui avait donné, outre l'infante demandée pour Louis XV, don Carlos âgé de cinq ans et don Philippe âgé d'un an.
(3) Sur l'absolue désinvolture avec laquelle le Régent décida ce mariage, consulter le récit d'un Conseil de Régence. (Aff. Étrang. correspondance de Rome, t. 632).

l'union de son fils avec Mlle de Montpensier. En effet, si Philippe V pouvait oublier ses anciennes luttes contre le Régent, la fierté espagnole devait mal s'accommoder d'un mariage avec la fille d'une bâtarde légitimée de Louis XIV. Grossière, sans beauté, sans esprit, sans cœur (1), de manières basses, même viles, et étrangement entraînée à l'ordure (2), comment n'eût-elle pas déplu à la Cour de Madrid ?

Mais le duc d'Orléans, qui tenait à l'établissement de sa triste progéniture, avait fait du mariage de sa fille la condition *sine qua non* de celui du roi. Aussi Sa Majesté Catholique, « une bête », constate irrévencieu-

(1) Lemontey, qui consulta le catalogue des livres qu'elle emporta en Espagne, les dit tous des rapsodies de la plus plate mysticité, et tels que les aurait choisis une vieille servante imbécile. Il cite la lettre que la nouvelle princesse des Asturies écrivit à son père le lendemain de son mariage : « Mon cher papa, avant yère, le roy la reine le prince me « vinre voir, je n'étais pas encore arriver ici. Le lendemain ji arriver et « je fut marié le même jour cependant il i a eu aujourd'hui encore des « cérémonies a faire. Le Roy et la Reine me traite fort bien, pour le prince vous en avés acé oui dire », etc.

(2) Ce goût pour l'abject, qu'elle avait contracté, sans doute, au Palais Royal, ne s'atténua jamais. Elle s'avisa une fois de faire tomber, au milieu d'une nombreuse assistance (*Revue Rétrospective*, t. I), les vêtements de sa Camerera mayor « qui se trouva subitement en chemise ». Toujours dépoitraillée dans ce pays où régnait la plus sévère étiquette, elle se promenait volontiers dans les jardins du palais, sans bas, sans jupes ; Lemontey rapporte qu'elle dressait ses suivantes à réciter des litanies ordurières, après quoi tout le monde se livrait à certains jeux au moins suspects. Voltaire, dans une lettre, précise : « Malgré son nez pointu et son visage long, elle ne laissait pas de suivre les grands exemples de Mesdames ses sœurs. On m'a assuré qu'elle prenait quelquefois le divertissement de se mettre toute nue avec ses filles d'honneur les plus jolies, et en cet équipage de faire entrer chez elle les gentilshommes les mieux faits du royaume. » Il est vrai que le correspondant de la présidente de Bernières est fort sujet à caution.

sement Barbier, suivit-elle les conseils de sa femme Élisabeth (1), laquelle, d'abord désireuse d'une autre alliance, s'était peut-être laissé gagner par les largesses du Régent (2). Tout ébloui de la situation offerte à l'Infante, ahuri par l'insistance enragée de Dubois, dont on sait « le diable au corps pour les choses qu'il voulait », le pauvre Philippe V se décida, selon la locution pittoresque de Saint-Simon, « à sauter le bâton ».

Restait à obtenir le consentement de Louis XV. Accepterait-il cette enfant de trois ans? Une parole de lui suffisait pour renverser l'édifice si laborieusement échafaudé par le Régent. Il fut donc circonvenu de toutes parts : dûment exhorté par le duc de Bourbon, conseillé longuement par le verbeux maréchal de Villeroy, chapitré avec une douceur têtue par l'évêque de Fréjus (3), son précepteur, le jeune roi, après une crise de larmes, finit par dire un « oui » qui soulagea grandement le Régent et Dubois.

Quant au mariage de Mlle de Montpensier que l'on porta à sa connaissance quelques jours plus tard, l'en-

---

(1) Belle-fille du duc de Parme, Élisabeth avait souhaité marier don Luis avec une des filles de l'Empereur Charles VI, suzerain de Parme, ce qui eût assuré la succession du duché à l'un de ses fils.

(2) On dit que le régent a fait donner plus de trois millions à la reine pour faire ce mariage. (BARBIER, t. III.)

(3) Ce prélat avait su se concilier les bonnes grâces du jeune roi en ne le faisant pas travailler outre mesure. Au lieu de lui expliquer Quinte-Curce (dont Chevalier remarqua malicieusement que le signet resta longtemps à la même page), le bonhomme apportait un jeu de cartes dans sa soutane pour distraire son royal élève; d'Argenson le rapporte expressément (*Mémoires*, t. II). Toutefois, on ne doit accepter ses dires que sous bénéfice d'inventaire. (Voir p. 68.)

fant égoïste n'y prêta aucune attention, et l'on put poursuivre l'affaire sans difficulté.

A sa grande joie, le duc de Saint-Simon (1), au célèbre récit de qui nous ne pouvons que renvoyer le lecteur, fut chargé d'aller, en ambassade extraordinaire, solliciter de Leurs Majestés Catholiques la main de l'Infante, tandis que Philippe V envoyait le duc d'Ossuna faire la même demande pour Mlle de Montpensier.

Chaque envoyé, reçu magnifiquement, comblé d'honneurs (2), mena un train digne du pays qu'il représentait. Puis, le contrat signé, le marquis de Santa-Cruz conduisit l'Infante jusque dans l'île, déjà fameuse, des

---

(1) Il doit aller faire la demande en Espagne. Il partira avec six seigneurs, huit gentilhommes, douze pages et trente-six valets de pied. On lui fait un gros équipage et cela coûtera de l'argent. (BARBIER, t. III.)

(2) Philippe V remit la Toison d'Or au duc de Saint-Simon ainsi qu'au marquis de la Fare, et fit grand d'Espagne le marquis de Ruffec, second fils du duc. « Beaux présents de noce qui relèveront bien cette maison, et elle en avait besoin » constate Marais, hostile à « Boudrillon » comme il l'appelle d'après des couplets satiriques du temps. Quant au duc d'Ossuna, il fut logé et défrayé, lui et toute sa suite, à l'hôtel des ambassadeurs extraordinaires tout le temps qu'il demeura à Paris, et le fut magnifiquement... « Il donna de belles illuminations et des feux d'artifice dont la beauté, la nouveauté, et la durée, effaça tous les nôtres. » (SAINT-SIMON, t. XVIII.)

C'est pendant une de ces fêtes, dont on verra plus loin le détail, que, le roi restant silencieux et morne à son ordinaire, l'Infante, après l'avoir plusieurs fois tiré par la manche, sans pouvoir le sortir de son mutisme boudeur, finit par lui demander : « Voyons, ne trouvez-vous pas que cela est beau? — Oui », fit-il. Sur quoi, toute surprise et heureuse qu'il eût daigné répondre un mot, la petite Espagnole agita joyeusement les bras, répétant à sa suite : « Il m'a parlé! » Marais, qui rapporte le fait, cite vingt autres traits montrant la grâce enjouée de cette enfant et sa naissante tendresse qui échoua toujours contre l'invincible froideur de Louis XV.

Faisans, partagée par la frontière franco-espagnole, sur laquelle on avait construit un pavillon « avec deux ailes d'égale grandeur sur chacun des deux territoires ». La bonne madame de Ventadour (1) s'y trouvait, avec Mlle de Montpensier, et l'échange des deux princesses se fit le 9 janvier 1722 avec un cérémonial qu'il est inutile de décrire par le menu. Nous rappellerons seulement qu'il dévoila en plein la ladrerie du gouvernement espagnol; car tandis que nos envoyés n'offraient aux caméristes de l'Infante que des cadeaux de trois mille francs au moins (2), les femmes de chambre de Mlle de Montpensier recevaient des tabatières et des montres dont la valeur n'excédait pas 60 pistoles. Pendant que la fille du Régent gagnait Madrid, où son mariage avec don Luis devait se célébrer douze jours plus tard, la fille de Philipppe V se dirigeait vers Paris et obtenait, à Bordeaux (3), à

(1) Charlotte-Éléonore de la Motte-Houdancourt, veuve de Louis-Charles de Lévis, avait emmené avec elle le prince de Rohan, son gendre, ce que les princes lorrains accoutumés à remplir ces fonctions honorifiques, considérèrent comme un passe-droit douloureux.

(2) « Toutes leurs évaluations (des Espagnols) sont toujours exagérées et outrées, et ils n'ont pas de honte pour mettre pour 100 écus ce qui ne vaut que 100 francs » dit expressément une lettre de Dubois. (Arch. Nation. K. 139). Il n'est que juste de signaler le récit de Saint-Simon prétendant au contraire qu'il « mourait de honte » à voir les cadeaux « pitoyables » faits aux Espagnols par le prince de Rohan.

(3) Une relation de la réception de l'Infante d'Espagne en la ville de Bordeaux, conservée aux archives (K. 139.) nous apprend qu'elle entra par la porte Sainte-Julie, fut haranguée par M. de Ségur, puis passa sous un arc de triomphe « de l'ordre dorique » sur lequel on lisait cette inscription à la gloire du Régent :

Philippo Aurelianensi
Regni rectori providentissimo

Chartres (1), pendant tout son voyage, des hommages quasi royaux, « des profusions d'honneurs » selon la remarque vitupératrice de Saint-Simon, qu'elle accueillait avec une juvénile aisance et déjà quelque fierté (2).

Le 2 mars 1722, l'Infante fit son entrée à Paris. Le jeune roi s'en fut à sa rencontre jusqu'au grand Montrouge ; comme, à sa vue, elle s'était agenouillée, il la releva en rougissant et lui dit sans trop de bonne grâce (3) : « Madame, je suis charmé que vous soyez

> Regnum inter utrumque
> Aeternam connubii pacem
> Procuranti.

Les troupes bourgeoises étaient en armes « vêtues proprement ». Aux côtés d'un autre arc de triomphe sis rue des Fossés, « de l'ordre cosmopolite » celui-là, on voyait, outre un joli Apollon unissant la France et l'Espagne, deux statues : la Vertu, représentant la bonne et maniaque Mme de Ventadour, et Mentor, symbolisant cet incorrigible vieux frivole de maréchal de Villeroy.

(1) L'Infante se trouvait à Chartres quand le cardinal de Rohan la vint saluer ; Madame de Soubise l'avait prévenue par manière de plaisanterie que ce prélat était fort laid, plus laid encore que l'évêque de Bazas dont la petite princesse avait eu grand'peur, mais qu'il convenait de n'en rien témoigner. Quant l'enfant vit « la belle Éminence » elle comprit, mais, rapporte Marais, elle ne dit rien ; seulement, en dînant une demi-heure après, elle déclara : « Il faut donner le fouet à Mme de Soubise parce qu'elle a menti. » (MARAIS t. I.)

(2) « L'Infante est infiniment jolie, l'air fort haut et fort décidé ; elle a de l'aisance dans tout ce qu'elle fait et sa phisionomie promet beaucoup d'esprit, » lit-on dans une lettre écrite à Dubois (Arch. Nat. K. 139.)

(3) Il en montra beaucoup, au contraire, lorsque, quelques mois plus tard, il fut sacré à Reims (25 octobre 1722), et cela ne contribua pas peu à enthousiasmer la foule. « On se souviendra longtemps, déclare d'Argenson (*Mém.*, t. II), qu'il ressemblait à l'Amour à son sacre à Reims, le matin, avec son habit long et sa toque d'argent, habit de néophyte ou de roi candidat. Je n'ai jamais rien vu de plus attendrissant que sa figure alors... »

arrivée en bonne santé. » Ce fut tout son compliment, et le cortège aussitôt s'organisa.

Entre deux haies de soldats, Louis XV menait la marche, suivi des princes du sang. Venaient ensuite le guet à cheval et la maison du roi, le duc d'Ossuna, ambassadeur de Sa Majesté Catholique, le duc de Fresmes, gouverneur de Paris, et tous leurs équipages, enfin les officiers de l'Hôtel de ville, précédant le carrosse de la jolie Infante (1), qui, assise sur les genoux de Mme de Ventadour, sa gouvernante, souriait en tenant sa poupée.

Vers trois heures, le cortège arriva au faubourg Saint-Jacques. Le chemin qu'il venait de suivre à travers champs, comme celui qui lui restait à parcourir, suivant un itinéraire arrêté depuis huit jours (2), était bordé de soldats; le régiment du roi déployé en dehors de la ville, le guet à pied et les archers de ville faisant la haie depuis le faubourg Saint-Jacques jusqu'au petit Châtelet. Mais les Parisiens remarquaient, et les Espagnols durent le remarquer bien plus encore, que les troupes ne saluaient des drapeaux qu'au passage du Roi (3). Quant au populaire, aucune différence dans

(1) « Elle m'a paru très jolie, très vive, et pleine de petites grâces », note MARAIS.

(2) Une ordonnance du 23 février indiquait comme parcours la rue de la Lanterne, le pont Notre-Dame, la rue des Lombards, après quoi le cortège retournait par la rue Saint-Denis à celles de la Ferronnerie, Saint-Honoré, jusqu'au vieux Louvre.

(3) Quand le roi a passé on a battu aux champs et tous les soldats avaient la baïonnette au bout du fusil, quand l'infante a passé on a seulement appelé, point de baïonnette au haut du fusil, et les officiers n'ont point salué des drapeaux. (BARBIER t. I.)

son accueil; c'est avec la même ardeur qu'il acclamait le jeune roi et sa toute mignonne compagne, blanche, blonde et rosée comme un lumineux Vélasquez.

Dans leur enthousiasme, qu'avivait encore une ordonnance du lieutenant de police (1), les bons habitants avaient pavoisé leurs fenêtres, fleuri les auvents des boutiques, allumé des feux de joie. « Partout les airs retentissaient des salves de canons, des batteries de tambours, des cris d'allégresse. »

Des arcs de triomphe se dressaient le long du parcours, chargés d'emblèmes, encombrés de figures allégoriques, couverts d'inscriptions latines où l'adulatrice ingéniosité des beaux esprits s'était donné carrière. Le premier occupait l'emplacement de l'ancienne porte Saint-Jacques; le second s'élevait en face du Petit Châtelet; le troisième, qui se trouvait au bas du pont Notre-Dame, représentait, motif tout indiqué en pareil lieu, un rocher percé d'une voûte avec la Seine et ses nymphes. Le plus beau de tous était, sans conteste, celui dont s'enorgueillissait la rue de la Ferronnerie. *Exultat Gallus, pariterque exultat Hibernus*, proclamait l'hexamètre qui l'ornait, avec l'intention d'exprimer la joie des sujets de Louis XV et de ceux de Philippe V. Le motif peint représentait l'Olympe avec un ineffable Mer-

---

(1) L'ordonnance ci-dessus mentionnée adressée au sieur de Baudry lieutenant de police dit formellement : « Sa Majesté a ordonné que le jour de l'entrée à Paris toutes les rues et places qui se trouvent sur son passage soient ornées et les fenêtres des maisons et faubourgs illuminées à la manière accoutumée dans les occasions des réjouissances publiques. »

cure annonçant aux dieux l'heureuse arrivée de l'infante reine ; ce Mercure piétait à droite, soutenant une banderole sur laquelle se lisait : *Miscerique juvat populos et fœdera jungi* (1), tandis qu'à gauche se profilait la déesse de la Nativité, destinée, hélas ! à remplir une sinécure pendant un certain nombre d'années, comme l'indiquait une grenade « qui n'estoit point encore en maturité », symbole corroboré par cette inscription : *Gestat nondum matura coronam.*

Rien de plus commode que le latin pour traduire de manière à satisfaire tout le monde ce qu'on ne saurait affirmer en clair français sans mécontenter force personnes. Qu'il l'ait voulu ou non, le latiniste de l'inscription ne pouvait s'y prendre plus galamment pour manifester, sinon son blâme, du moins son regret, de voir le trône de France sans héritiers pendant un si long temps. *Nondum matura !*

Cela reflétait une importante partie de l'opinion publique, tous les gens de raisonnement droit pensaient de même : « C'est un temps bien considérable que le Roi ne donnera point de postérité », écrit l'avocat Barbier dans son journal ; Lahoussaye-Pegeault (2) regrette, lui aussi, que cette union « recule trop, par le bas âge de l'Infante, la succession de la couronne », et Marais constate d'autre part, que ce mariage surprenant « donne lieu à beaucoup parler ». Déjà Saint-Simon, relatant le Conseil où fut déclarée la fameuse union, avait noté

---

(1) Voir pour tous les détails le *Journal de la Régence* de BUVAT.
(2) Secrétaire du cardinal Dubois.

l'hostilité des maréchaux de Villars, d'Uxelles et de Tallard. « Le gros, dit-il, approuvait la réunion avec l'Espagne, mais était peiné de l'enfance de l'Infante qui retardait si fort l'espérance d'en avoir des enfants. » (Séance du 14 septembre 1721.) Et le jeune roi, lui-même, parut, au souper, « triste, sérieux », affirme Marais, quoique « mangeant bien » (1).

Le lendemain de l'arrivée de l'Infante, les visites officielles commencèrent suivant l'ordre exigé par la condition des personnes et par la bienséance. Le Roi, le premier, se rendit chez la petite reine qui avait couché au Louvre, et lui donna, comme présent de noces, une poupée, seul cadeau possible, mais une poupée splendide qui n'avait pas coûté moins, assurait-on, de vingt mille livres.

Madame la douairière, les princes et les princesses du sang lui succédèrent. Vinrent ensuite, le 4 mars, les ministres étrangers et la délégation de l'Université, puis les Cours: et le Parlement qu'on avait omis de consulter sur le mariage, très mécontent d'une telle mise à l'écart, élabora un compliment aigre-doux dont l'avocat Barbier nous a conservé pieusement le texte (2).

Le 6, ce fut le tour des membres du Grand Conseil et des officiers de l'Hôtel de ville. Le duc de Tresmes conduisait ces derniers, M. Hénault présidait les

---

(1) Ceci n'a rien d'étonnant. On sait, par Narbonne et par plusieurs témoins, qu'il avait alors un excellent appétit.

(2) « Madame, la lettre du Roi nous a annoncé le sujet de votre arrivée; son exemple et son ordre nous déterminent à avancer les respects qui vous sont destinés, etc. »

autres, et sa harangue fut jugée très éloquente. L'Académie s'acquitta la dernière de ses devoirs, mais elle le fit avec d'aimables et savoureuses métaphores. (1)

La petite reine subissait ces discours officiels avec une grâce mutine qui lui conquit dès l'abord les suffrages des Parisiens ; les préventions tombèrent tout de suite quand on vit cette mignonne qui voulait embrasser tout le monde, et ses jolis gestes, sa pétulance de fillette cajolée, ravissaient (2). Le marquis de Cabrière (3) la trouva charmante, et tous pensaient comme lui, et tous s'abandonnaient à un « engouement » qui paraissait fort déplacé au seul duc de Saint-Simon.

Lorsqu'on apprit, dans le public, qu'elle montrait déjà de la réflexion, chacun parut enchanté. Pourquoi fallait-il qu'elle fût si jeune! Assurément, tout permettait d'espérer qu'elle donnerait le jour à des dieux comme le lui promettait l'arc de triomphe de la rue du Chantre, où deux termes soutenant le lambris laissaient lire : *Diis genita, et genitura deos*. Mais qu'elle paraissait éloignée l'heure de cette naissance divine !

Cependant les fêtes continuaient sans interruption.

---

(1) « Madame, vous ne vous êtes détachée du trône de votre père que pour monter sur celui de vos aïeux. Le ciel a prévenu nos désirs; il remplira nos espérances. Destinée à régner avec le plus puissant et le plus aimable des rois sur le meilleur de tous les peuples du monde, déjà l'auguste sang des Bourbons vous en rend digne; et bientôt, conduite par la main même de la sagesse, en unissant leurs couronnes vous rassemblerez leurs vertus. »

(2) Ses petites mains sont toujours en l'air, elle a beaucoup de grâce dans toute sa personne (MARAIS t. I.)

(3) Page de Louis XV, auteur d'un Journal cité par les Goncourt dans leurs *Portraits intimes du XVIIIe siècle*.

Paris s'amusait avec une frénésie dont les mémoires du temps s'étonnent. Le 3, un bal splendide émerveilla les Tuileries; le Roi, les princes et trois princesses du sang y assistèrent, et celles-ci, Mlles de Charolais, de Clermont et de Laroche, dansèrent jusqu'à minuit (1). Aucun prince du sang ne fut des quatorze seigneurs choisis pour danser avec le Roi, ils se tinrent assis derrière Sa Majesté.

Ce fut une cohue magnifique où les habits de drap d'or et d'argent garnis de point d'Espagne resplendissaient au milieu des costumes d'un prix que les nœuds d'épaules suffisaient à rendre inappréciable; parmi les toilettes d'une somptuosité ruineuse, on cita celles du marquis et de la marquise de Nesles, qui ne coûtèrent pas moins de quarante mille livres.

On ne manqua pas d'offrir ce spectacle à la petite Infante, — heureux enseignement, — et sa coquetterie naissante put s'exalter à l'aise au contact de grandes poupées aux vêtures luxueuses.

Le feu d'artifice qu'on tira le 9 eût été d'un réjouissant effet, sans doute, si l'artificier, pris de peur devant la responsabilité d'une telle fête, n'avait perdu la tête et fait tout manquer. Par bonheur, l'illumination des bassins consola de cette déconvenue; et chacun admira le féerique embrasement d'un mont Parnasse que surmontait un Pégase décoratif.

---

(1) « C'est à huit heures que le bal commença. Quinze hommes, dont le Roi, et quinze dames de la Cour avaient été « nommés pour prendre part aux danses. » (Barbier, t. III.)

Le lendemain, second feu et second bal, cette fois à l'Hôtel de ville, « où Sa Majesté et l'Infante soupèrent chacun séparément à leur petit couvert » et où l'on mena grand tapage (1) dès que le Roi fut allé se mettre au lit.

Ce n'est qu'après tant de réjouissances mondaines que les catholiques de la Cour, songeant à Dieu, s'avisèrent de lui consacrer le jeudi. Mais ce fut court, le temps de chanter le *Te Deum* à Notre-Dame, et l'on retourna, la conscience tranquille, aux plaisirs. Le soir même, il y eut un bal au Palais-Royal, et Sa Majesté y continua ses effets de costumes : « Le Roy avoit un habit de drap d'argent avec un point d'Espagne d'or différent de celui qu'il avoit le même jour au *Te Deum*, qui estoit de velours cramoisi avec des attaches de pierreries et le gros diamant de la Régence sur le nœud de l'épaule. »

Le 14, nouvelle fête au Palais-Royal (2), dont la place avait été pour la circonstance couverte de tribunes où s'entassèrent des cohortes de chanteurs et d'instrumentistes ; cependant que le concert faisait rage, des pyramides lumineuses scintillaient et d'innombrables girandoles jetaient sur la devise : « *Nativo junguntur amore* », qui unissait les écussons aux armes de France et d'Espagne, l'étincellement de leurs lueurs.

---

(1) Le tumulte est arrivé après la sortie du roi : les pages ont fait le tapage (BARBIER t. III.)

(2) On tira le feu de la place du Palais-Royal au fond de laquelle était une grande draperie excellemment peinte en forme de velours bleu avec une grande crépine d'or en bas etc. (BUVAT, t. II.)

C'est au duc d'Ossuna que revenait l'honneur de clore la série de ce divertissement; il s'acquitta de sa tâche à la satisfaction générale par un feu d'artifice vraiment prodigieux qui fut tiré sur la Seine devant l'appartement de l'Infante. Au moyen de deux grands bateaux réunis, on avait élevé une sorte de temple à l'Hyménée, recouvert de figures allégoriques et que surmontait un Amour son flambeau à la main. A un signal donné la voûte du temple s'effondra et des milliers de pièces d'artifice en jaillirent. Ce fut une pluie folle de flammèches et de paillettes polychromes; pendant plusieurs minutes, le ciel et le fleuve parurent dévorés par un même incendie.

Devant ces splendeurs, Paris battait des mains, les grands faisaient assaut de faste et se ruinaient noblement; les pages enivrés de bruit « ballottaient » (1) les danseuses de l'Hôtel de ville et jetaient des perruques sur le lustre; le bon peuple, grand enfant, simple encore, admirait de tous ses yeux; un seul Français demeurait maussade, et se renfrognait dans un silence contempteur; c'était le Roi. « Je l'ai trouvé avec un bien mauvais visage et bien pâle, remarque Barbier... Ces fêtes-là le chagrinent. »

Mais tout en prenant la plus large part possible des réjouissances offertes, tout en admirant la petite Infante, les Parisiens que l'union franco-espagnole ne touchait guère n'en prêtaient pas moins une oreille com-

---

(1) Barbier, t. III.

plaisante aux chansons persifleuses. Parmi celles surgies alors, Mathieu Marais cite un couplet parodiant la lettre que l'on fit signer au roi pour enjoindre au cardinal de Noailles de faire chanter un *Te Deum* à l'occasion de l'arrivée de la princesse espagnole :

> Ce que je vois de plus charmant
> Et me touche sensiblement,
> C'est que cette union charmante
> Avec la mirmidone infante
> L'Espagne à la France unira
> Et leur puissance affermira.

Un autre couplet d'une audacieuse ironie osait rappeler la déconvenue subie deux siècles auparavant par une autre fiancée royale, Marguerite d'Autriche, fiancée à Charles VIII, puis renvoyée laidement :

> Toute l'Europe m'applaudit,
> L'empereur lui-même y souscrit,
> Peut-être il s'attend à la niche
> Que l'on fit à Margot d'Autriche.....
> Mais l'a-t-on fait venir ici
> Pour la renvoyer sans mari ?

Clairvoyante satire, qui ressemblait terriblement à une prophétie !

La politique du Régent ne leurrait personne, trop facile, vraiment, à démêler. Pour deviner que, seul, l'intérêt personnel l'incitait à conclure cet étrange hymen, point n'était besoin de vivre au milieu des intrigues de la cour, le bon sens suffisait. « On voit là, constate Barbier, une grande politique de Monsieur le Régent. » On voit aussi quelle confiance cette grande politique inspirait à l'opinion.

CHAPITRE II

M. LE DUC AU POUVOIR.

La mort du Régent. — Le nouveau premier ministre. — Henri de Bourbon et la marquise de Prie. — Leur caractère, leur politique, leurs haines. — Leur tactique pour nuire au duc de Chartres. — L'alliance franco-espagnole. — Ambassade de Tessé à Madrid. — Abdication de Philippe V. — Ses effets. — Tessé à Saint-Ildefonse. — État d'esprit de l'ex-roi d'Espagne et de Louis Ier. — Échec de notre ambassadeur. — Bruits de rupture.

Le jeudi 2 décembre 1723, un peu plus d'un an après l'entrée de l'infante à Paris, celui qui l'avait fait venir d'Espagne pour être reine de France tombait frappé d'apoplexie. La mort du Régent ne surprit personne; ses médecins, impuissants à obtenir qu'il modérât la fréquence et la durée de ses débauches, avaient laissé entendre qu'un dénouement fatal était proche. Aussi M. le Duc (1) veillait. A peine la Sabran, la Falari et les valets avaient-ils donné l'alarme dans le palais de Versailles, que, prévenu par ce « bilboquet » de la Vrillière, il expédiait en grande hâte sa mère chez la duchesse d'Orléans. Et, tandis que les médecins

---

(1) Henri, fils de Louis, duc de Bourbon-Condé, et, par conséquent, petit-fils du grand Condé. Il avait été nommé, sous la minorité de Louis XV, chef du Conseil royal de la Régence, puis surintendant de l'éducation du Roi.

essayaient encore de saigner celui qui n'était déjà plus qu'un cadavre, la vieille rusée étourdissait la douleur de la veuve (1), l'ahurissant de consolations, l'empêchant de penser et de quitter Saint-Cloud. Le duc, pendant ces simagrées, « tirait sur le temps », courait chez Fleury, l'intéressait à sa personne et, fort de l'appui du précepteur qui exerçait une réelle puissance sur l'esprit du Roi, se faisait agréer par Louis XV, auquel il prêtait serment sans perdre une minute. Le cardinal, qui ambitionnait déjà la succession du Régent, avait jugé plus politique de la faire obtenir au Duc.

Sans partager les rancunes excessives de l'abbé de Montgon, il faut reconnaître que Fleury ne manquait pas d'une certaine cautèle. « Il paraît en dehors de toutes les intrigues, dit de cet évêque M. Druon : il ne montre aucun désir de se mêler des affaires; et pourtant, il s'achemine doucement, insensiblement, vers son but; on ne le voit pas remuer, et il avance toujours (2). » Connaissant la nullité de M. le Duc, le prélat, déclare Saint-Simon, espérait « avoir ainsi un fantôme de premier ministre » et gouverner dans l'ombre en attendant l'heure propice de le remplacer officiellement. Cette heure ne pouvait tarder, le Duc devant certainement commettre des fautes dès le début (3).

(1) Madame la duchesse, qui a de l'esprit, était à ses genoux à la consoler... tandis que M. le duc faisait son coup auprès du Roi (BARBIER, décembre 1723).
(2) *L'éducation des enfants de France*, p. 224.
(3) En effet, il se rendit rapidement impopulaire en diminuant la valeur légale des monnaies et de l'intérêt de l'argent, en imposant au

Un triste sire, cet Henri de Bourbon ! Jeune encore (1), mais sans fraicheur, haut sur jambes, maigre (2), la mine dure, ce vilain borgne (3) ne pouvait guère, selon le mot malicieusement expressif de Voltaire, aspirer à régner que sur un peuple d'aveugles. Il avait la laideur *sinistre*, ajoute un autre de ses contemporains. L'étude des affaires ennuyait vite (4) cet homme au « génie peu étendu » (comme disait plaisamment la Palatine) qui n'avait pas pour racheter sa paresse et son ignorance les heureuses intuitions du Régent (5).

Passionné seulement de chasse et de galanterie (6), à la fois hautain et peu délicat dans le choix de ses confi-

cinquième tous les revenus et en édictant d'autres mesures plus ou moins fâcheuses, toutes inspirées, on peut le croire, par Mme de Prie.

(1) C'est en 1692 qu'il était né, à Versailles. Il avait par conséquent, 31 ans.

(2) Mémoires secrets pour servir à l'histoire de Perse, *passim*.

(3) Le duc de Berri, chassant un jour avec le duc de Bourbon, tira sur un étang glacé un coup de fusil dont la charge ricocha ; un grain de plomb égaré creva l'œil de son compagnon (Saint-Simon conte l'accident en détail). On ferait un volume avec les chansons satiriques où l'infirmité de ce « cyclope horrible » est raillée sans miséricorde, comme d'ailleurs celle du prince de Conti « le Borgne et le Bossu, lanturlu. »

(4) Il manquait de patience dans l'examen des affaires, il était peu instruit (BOIS-JOURDAIN, t. II).

(5) MARAIS cite (t. II) une copieuse épigramme dont voici le début :

Ainsi qu'un autre Phaéton,
Plein de faiblesse et d'ignorance,
Nous voyons le duc de Bourbon
Gouverner les peuples de France,
Monté sur un grand char de *prix*
Traîné par les quatre Paris, etc.

(6) « Il aimait les plaisirs », lit-on dans les Mémoires de Noailles. Moins discret que l'abbé Millot, Boisjourdain proclame : « Ce prince avait moins de capacité que le Régent, mais il était presque aussi débauché que lui ». Henri de Bourbon, qui avait été marié malgré lui à sa cousine, la princesse de Conti, était veuf depuis le 21 mars 1720.

dents, il n'avait guère hérité des Condé, dont plusieurs prétendaient qu'il ne descendait pas réellement (1), que leur brutalité terrible (2). Ses amusements ressemblaient à des voies de fait. On conte à ce sujet que, certain soir où il s'enivrait en compagnie de roués et de belles dames, dont Mme de Saint-Sulpice, il avait imaginé, après avoir fait boire outre mesure cette malheureuse, d'allumer un pétard sous ses jupes. La pauvre femme cruellement brûlée, mais grassement payée, n'eut garde de répandre l'aventure ; néanmoins, le public l'apprit ; d'où ce couplet, parmi tant d'autres :

> Au grand Condé terrible en guerre,
> Plus craint cent fois que le tonnerre,
> Bourbon, que tu ressembles peu !
> A trente ans tu n'es qu'un novice,
> Car tu n'as jamais vu le feu
> Qu'à la brèche de Saint-Sulpice.

Son rang à la cour et surtout ses vingt millions gagnés avec Law (3) lui valaient les bienveillances féminines en quantité innombrable ; il promenait de boudoir en

---

(1) Nous verrons plus tard que la conduite de sa mère pouvait expliquer des accusations de ce genre.

(2) Les satires sont unanimes sur le caractère de ce

> Borgne maudit et détestable.
> A tout le monde abominable...

(3) Madame affirme qu'il gagna avec sa mère plus de vingt millions au jeu des actions de la banque de Law (Bois-Jourdain, t. II), ce qui donna lieu à maintes épigrammes dont celle-ci est un spécimen typique :

> Prince, dites-nous vos exploits.
> Que faites-vous pour votre gloire ?
> Taisez-vous, so', lisez l'histoire
> De la rue de Quincampoix.

boudoir l'inconstance de ses rogues hommages lorsque la marquise de Prie réussit à le fixer.

Cette charmeuse redoutable, « la fleur des pois » au dire du grave d'Argenson, tout féru de passion pour elle, était la fille d'un certain Berthelot de Pléneuf qui menait grande vie à Paris, jetant par les fenêtres une fortune acquise avec la plus insigne friponnerie dans les entreprises de vivres. Le marquis de Prie, parrain du Roi, proche parent de la duchesse de Ventadour, mais besogneux et sans scrupules, accepta de devenir le gendre de ce fieffé coquin, et la petite Pléneuf qui parlait italien à merveille le suivit avec allégresse dans son ambassade de Turin, si fière de sa nouvelle noblesse qu'elle traitait sa mère comme une bourgeoise.

La plus terrible des déceptions attendait, à son retour, l'altière ambassadrice. De telles clameurs s'étaient élevées contre son père que l'on avait ordonné une enquête sur les origines de sa fortune ; et, pour éviter la Bastille ou peut-être pis, Berthelot de Pléneuf avait abandonné sans hésitation tous ses biens.

C'était la ruine, la misère, et l'élégante marquise n'entendait pas s'y résigner. Aussi dénuée de scrupules que son mari, vicieuse sans même avoir l'excuse d'une sensualité intense (1), trop soucieuse de ses intérêts pour s'abandonner à quelque passion, cette industrieuse personne, riche en connaissances et assez habile pour les

---

(1) Au fond, elle était grande libertine, et si indifférente sur le vice qu'elle cachait sans efforts le grand nombre de ses affaires (Mémoires d'Argenson, t. I).

cacher, se dit qu'à la cour du Régent une jolie femme serait étrangement sotte de ne point savoir rétablir sa fortune, et, tout d'abord, elle songea au duc d'Orléans. Mais bien vite elle comprit que, maîtresse de ce débauché trop perspicace pour se livrer complètement à une femme, elle ne serait jamais mêlée aux affaires de l'État. Dès lors, son choix se fixa sur le duc de Bourbon, moins intelligent et plus malléable.

Comment s'empara-t-elle de cette proie, on l'ignore. D'aucuns prétendent que, lors d'une rencontre au bal de l'Opéra, elle intrigua le duc, et que le galantin, séduit par tant d'esprit non moins que par la caresse de cette voix « douce avec un timbre enfantin », voulut retrouver à tout prix cette délicieuse inconnue, qu'il n'aurait pu revoir, démasquée, sans devenir éperdu d'amour.

Nul document sérieux ne vient à l'appui de ce racontar, et d'ailleurs qu'importe? Le certain, c'est que la fine mouche était bien capable de tourner une tête, même solide, sans recourir à des moyens de comédie.

D'une taille déliée (« tête de femme sur un corps d'araignée », prétendaient les médisants)(1), avec un ris de nymphe, de jolies joues, des yeux un peu chinois (2),

---

(1) Les chansons contre elle foisonnent, si obscènes qu'on ne sait qu'en citer :

> La de Prie est la plus maigre
> Des p..... de notre temps ;
> Elle a l'esprit par trop aigre
> Avec.......

(2) *Mémoires du président Hénault.*

des cheveux dénoués comme ceux des bacchantes (1), elle dégageait un charme troublant. Bois-Jourdain, qui la représente « simple dans le vice » et lui concède « autant de grâce dans l'esprit que dans la figure », se rencontre avec Duclos (2) qui lui reconnaît « plus que de la beauté ». En réalité, la force de cette froide libertine, c'était sa naïveté perverse, sa fausse candeur presque exquise à force de coquetterie savante.

N'ayant rien à redouter de son complaisant époux qui, par simple acquit de conscience, sans doute, à moins que des raisons d'affaires ne l'y aient poussé, lui donna certain jour « un petit ragoût de coups de bâton (3) », elle régna très à l'aise (4) et sans conteste sur M. le duc. Qu'importait à cette ambitieuse le piètre physique d'un tel amant, de qui Soulavie ridiculise « les jambes de cigogne, le corps voûté, le menton de galoche, les grandes lèvres et l'œil impair » ! Ses répugnances ne cessèrent jamais, s'il faut en croire le président Hénault, mais elle était trop bien mordue par l'ambition pour ne pas les surmonter. Lorsqu'elle voulut des compensations, d'ailleurs, elle ne se fit jamais faute de tromper impudem-

---

(1) *Mémoires de Richelieu.*
(2) *Mémoires secrets.*
(3) Correspondance de la duchesse d'Orléans, lettre du 14 juillet 1713.
(4) Tous s'accordent à reconnaître son intelligence ; Voltaire la couvrit d'abord de louanges :

> Vous à qui donnèrent les dieux
> Tant de lumières naturelles,
> Un esprit juste, gracieux,
> Solide dans le sérieux,
> Et charmant dans les bagatelles, etc.

Disgraciée, il ne la ménagea point.

ment « cet assoté qui croyait ce qu'elle lui disait contre ce qu'il voyait lui-même (1) ». Le comte de Livry, le marquis d'Arlincourt et quelques autres eurent ses faveurs. Des chansonniers prétendirent même qu'elle songea au jeune roi (2), mais rien ne le prouve.

Pour n'accorder aucune affection au premier ministre, la marquise de Prie n'en avait pas moins sa destinée liée à celle de cet homme; elle partagea donc ses haines. Le jeune duc de Chartres, devenu par la mort de son père premier prince du sang, duc d'Orléans et héritier présomptif, fut aussi pour cette créature implacable l'ennemi par excellence. Celui-ci, ulcéré de voir arriver au pouvoir un personnage de moindre naissance que lui-même et surexcité en outre par un parti assidu « à lui mettre le feu au ventre dans toutes les occasions (3) », accablait la favorite de mépris; elle les lui rendait avec usure et l'en détestait davantage.

La jeune princesse de Bade, pupille de l'Empereur, avait été promise au duc de Chartres; lorsqu'en mars 1724 eut lieu la déclaration de ce mariage, les craintes

---

(1) Bois-Jourdain, t. II. Toutefois, s'il la subissait, il ne l'adulait pas au point de l'entourer de vénération. En effet, d'après une tradition qu'on a tout lieu de tenir pour vraie, la guenon qui joue le principal rôle dans les peintures du boudoir dit de la *petite Singerie,* au château de Chantilly, ne serait autre que Mme de Prie, et le duc aurait bel et bien toléré que sa maîtresse fût ainsi tournée en dérision par le décorateur.

(2)   La fille à Pleneuf voudrait bien
   S'appliquer le roi très chrétien...

(3) Barbier (décembre 1723). Marais conte qu'on espérait « presque ouvertement » sa mort, et que des parieurs (anglais naturellement) gageaient qu'il ne passerait pas le mois de mars.

du tout-puissant ministre et de sa maîtresse redoublèrent. L'infante, âgée de six ans, se trouvait « hors d'état d'avoir de longtemps des héritiers », confesse ingénument Marais. Que le premier prince du sang devînt père, que Louis XV mourût sans enfants, et le duc de Bourbon serait le sujet de son rival. Entre les d'Orléans et les Condé, ce fut dès lors une guerre à mort, et l'on peut en suivre les premières escarmouches dans nombre de couplets satiriques (1) étrangement significatifs. A partir de ce moment, l'amant de Mme de Prie songea sérieusement à choisir pour Louis XV une épouse d'âge normal ; sans plus tarder, il entreprit une enquête qui, après maintes longueurs tortueuses, devait aboutir à un dénouement que nul ne pouvait alors soupçonner.

M. de Morville, ministre secrétaire d'État des Affaires Étrangères (2), fut chargé de dresser la liste des princesses à marier qui se trouvaient dans les différentes Cours ; le fils de la comtesse de Furstemberg, M. de la Marck, eut pour mission d'établir des mémoires afin de justifier la nécessité de donner, sans plus attendre, une épouse au Roi.

Mais il nous faut ici revenir un peu en arrière. Lorsque M. le Duc succéda au Régent, Philippe V s'empressa de lui envoyer des félicitations : « Je ne puis cesser de vous marquer ma joye, lui écrivit-il, sur le

---

(1) Marais en cite plusieurs.
(2) Le comte de Morville avait succédé à Dubois aux Affaires Étrangères. Marais le peint : « Homme d'esprit attentif, doux et fort instruit. »

choix que le Roi mon neveu a fait de vous pour l'administration de ses affaires(1). » Et le souverain terminait par ces flatteuses assurances : « Vous pouvez être bien asseuré de votre côté de la sincérité de mes sentiments pour vous, et que je serai fort aise de trouver des occasions de pouvoir vous en donner des marques. »

Deux jours après, notre chargé d'affaires en Espagne, M. de Coulanges, dans une lettre à M. le Duc, revenait encore avec une habile insistance sur la « satisfaction singulière » qu'avaient ressentie Leurs Majestés Catholiques en apprenant l'heureuse résolution du roi. Il représentait que tant de sympathie semblait mériter, comme récompense, la nomination d'un ambassadeur français à Madrid qui, avouait-il avec une modestie surprenante, pourrait mener à bien des affaires que « son peu de capacités et de lumières », à lui, Coulanges, et aussi « l'altération fréquente de sa santé » l'empêchaient de terminer au mieux des intérêts de la France (2). Pour ce faire, il importait que cet ambassadeur se trouvât « incessamment » à son poste.

Enchanté par cette courtoisie surérogatoire que lui témoignait la cour d'Espagne, le duc de Bourbon, ne sup-

(1) Dans cette lettre du 14 décembre 1723, que l'on trouvera *in extenso* à l'Appendice, le roi d'Espagne ne dissimulait pas au nouveau ministre qu'il comptait sur lui pour « haster la consommation » de certaines affaires encore en suspens, et il ajoutait : « J'attends présentement avec bien de la satisfaction que vous seconderez parfaitement les intentions du Roy mon neveu, sur l'amitié duquel je compte aussi entièrement, pour tout ce qui pourra contribuer à resserrer de plus en plus l'union que la proximité du sang et celle des alliances ont mise entre nous, etc... (Arch. Aff. Etr, t. 332.)

(2) Voir à l'*Appendice* cette lettre, et la réponse du duc de Bourbon.

posant guère alors que le mariage royal se pourrait rompre quelque jour, répondit que tous ses soins tendaient à affermir davantage une union établie sous les plus favorables auspices entre les deux couronnes, et nomma ambassadeur le maréchal de Tessé.

Ce vieillard venait de se retirer loin des bruits de la Cour et de la Ville, et vivait à trois lieues de Paris dans une petite maison dépendant des Camaldules « sans rien d'ailleurs d'un ermite ou d'un désabusé ». Sans doute le calme d'une telle retraite offrait peu de charme à ce courtisan de la veille, car il accepta l'offre du duc de Bourbon avec un empressement qui fit sourire (1). Saint-Simon, lorsqu'il parle du maréchal (2), n'est pas précisément tendre pour lui :

« Il sut se maintenir avec Barbezieux, dit-il, comme il avoit été près de son père, et tant qu'il pouvoit dans son éloignement de la cour, il ne négligea de cultiver aucun homme dont il put espérer près ou loin. D'une charge caponne de général de carabins qui n'existoient plus, il s'en fit une réelle de mestre de camp général de dragons, qui le porta à celle de leur colonel général, quand M. de Boufflers le quitta pour le régiment des gardes. »

Ailleurs il ne ménage pas la fureur de son dévouement à Louvois, ni le zèle minutieux à lui tout rapporter, qui fut plus utile à l'avancement qu'à la bonne renommée

---

(1) A propos de quoi, se demande Barbier (t. I déc. 1723), un homme de soixante-quatorze ans qui était retiré aux Camaldules « cherche-t-il des honneurs et se détermine-t-il à faire un pareil voyage? » Cf. Duclos, *Mémoires secrets*, t. II.

(2) T. I, chap. xxi.

du trop adroit Normand. « Manceau digne de son pays, fin, adroit, ingrat à merveille, fourbe et artificieux de même... » Tel est le « crayon » qu'en trace en quelques traits le redoutable portraitiste (1); et, pour achever la ressemblance, il le représente plus loin comme « un homme fort bien et fort noblement fait, d'un visage agréable, doux, poli, élégant, d'un esprit raconteur et quelquefois point mal, au-dessous du médiocre si on en excepte le génie courtisan et tous les replis qui servent à la fortune pour laquelle il sacrifia tout ». Mais on sait les exagérations de ce sensitif, et ses terribles épithètes ne seront prises à la lettre par personne. D'autre part, pour réussir la mission dont on le chargeait, ne valait-il pas mieux que le maréchal fût plus diplomate que guerrier? Tessé avait mené à bien plusieurs missions délicates en Espagne, à Turin et à Rome; au point de vue politique, son choix, en vérité, n'était donc pas si mauvais.

Le 20 janvier 1724, le nouvel ambassadeur s'apprêtait à partir lorsqu'on reçut à Versailles une nouvelle fort inattendue et quelque peu alarmante. Philippe V, « détrompé tout à fait du monde et de ses vanités (2) », selon ses propres paroles, et « uniquement occupé de son salut », comme le soulignait Villars (3) avec quelque

---

(1) Il est trop vrai que, pendant la guerre de la succession d'Espagne, Tessé intrigua vilainement contre Catinat son protecteur, et réussit à faire donner au léger et incapable Villeroy le commandement de l'armée d'Italie.
(2) Voir l'*Appendice*.
(3) Journal du maréchal de Villars.

ironie, Philippe V venait d'abdiquer en faveur de son fils don Luis et se retirait à Saint-Ildefonse.

Ce monarque « presque imbécile », déclare Marais (1), dont le jugement réfléchit assez fidèlement l'opinion commune, laissait au prince des Asturies une lettre, une homélie plutôt (2), toute pleine de considérations sur « le néant de ce monde et la vanité de ses grandeurs ». Protéger l'Église au péril même de la couronne d'Espagne, rester soumis au pape, et maintenir toujours le Tribunal de l'Inquisition, ce « boulevard de la foi », c'est en quoi se résumaient les conseils politiques. Avoir « une singulière dévotion envers la très sainte Vierge » et prendre pour modèle saint Ferdinand, voilà quelles étaient les recommandations suprêmes, édifiantes, certes, mais insuffisantes pour préparer au gouvernement de l'État l'infant Luis jeté sur ce trône imprévu.

Une telle décision, « saillie d'un esprit malade », au dire de Tessé (3), dont la religiosité mondaine s'accommodait mal d'actes pieux aussi ardents, inquiéta vive-

---

(1) T. III.
(2) Voir l'*Appendice*.
(3) « Philippe V abdique, s'écrie le duc de Noailles dans ses *Mémoires*..... Ses vapeurs et sa piété scrupuleuse l'y préparaient depuis quinze années. » Certains contaient que les vapeurs du roi tenaient à son priapisme; on lit à ce sujet dans les *Mémoires* du marquis de Louville (15 août) : « D'Aubenton me dit qu'il attribuait les vapeurs du roy à l'excès de sa passion pour la reine et me pria bonnement de lui apprendre à distinguer l'usage de l'abus sur cet article. » Il s'agissait de la Reine morte en 1714. Et le jésuite donnait ce renseignement : «.....Le Roi Catholique se renferme trois fois par jour dans son intérieur. » Il y a abus, répond avec quelque raison Louville, justifiant ainsi son titre de « modérateur de la monarchie espagnole », décerné par Saint-Simon.

ment, et pour cause, M. le Duc, qui écrivit sans ambages à Philippe V que la nouvelle de l'abdication l'avait affligé autant que surpris, en raison des inconvénients qu'il redoutait « pour la France, pour l'Espagne et pour toute l'Europe (1) ». L'union de la France et de l'Espagne, concluait le ministre, semblait étrangement compromise par cette résolution. (Peut-être faut-il voir dans ces paroles comme la première trace du sujet qui devait aboutir à la trop fameuse rupture que l'on sait.)

La Ville s'émut, non moins que la Cour. Les adversaires du mariage espagnol s'empressèrent de déclarer que le roi de France ne pouvait épouser la fille d'un ex-monarque dont le royaume n'était pas de ce monde; les politiques de café soupçonnèrent Philippe V de songer au trône de France, et les alarmistes prophétisèrent une guerre imminente (2). Il faut reconnaître qu'on avait sujet de craindre : de Madrid, notre agent M. de Marcillac, écrivait, le 24 janvier (3), que les circonstances exigeaient impérieusement un ambassadeur de poids

---

(1) Voir à l'*Appendice* cette lettre *in extenso*.
(2) « N'est-ce qu'une retraite, à la manière de Charles-Quint, d'un prince que les Espagnols ont rendu dévot et qui est tombé dans une espèce d'imbécillité? Cela touche-t-il le dessein de revenir en France, en cas de succession?... Que deviendra notre Infante? Le roi épousera-t-il la fille d'un roi détrôné? Il y a bien des dessous de cartes à tout cela, et nous n'en verrons peut-être le dessus qu'avec la guerre. » (MARAIS, t. III, janvier 1724.)
(3) M. de Marcillac ajoutait : « Quand M. le maréchal de Tessé sera icy, il vous dira que je ne vous ay rien avancé, Mgr, qui ne soit très vrai... Tout autre (ambassadeur) qui n'aurait point ces qualités ne conviendrait pas dans les circonstances présentes. » (Arch. Aff. étr., t. 332.)

« qui devait arriver le plus promptement que faire se pourrait » afin de prévenir les cabales des ministres de l'Angleterre et des partisans de l'Empereur contre l'influence française.

« Je crois m'être aperçu, mandait-il, le 31 du même mois, qu'il y a icy une brigue de gens mal intentionnés pour les deux couronnes qui tâchent d'empêcher que M. le maréchal de Tessé ne soit icy aussy accrédité qu'il seroit nécessaire qu'il le fût pour le bien de l'une et de l'autre... Vous ne pouvés, Mgr, trop hâter le départ de M. le maréchal de Tessé ; il est d'une nécessité absolue que vous ayés icy quelqu'un comme luy d'authorité et de dignité. »

M. le Duc comprit qu'il n'y avait pas une minute à perdre ; aussi, pour gagner du temps, le comte de Morville ne modifia-t-il même pas la teneur des lettres destinées à Philippe V, et dans lesquelles le roi de France déclarait n'avoir « jamais envoyé auprès du Roy Catholique un ministre en qui il aye plus de confiance qu'au Maréchal (1) ». Il n'y eut guère de changés que les noms des destinataires, ce qui d'ailleurs importait peu, les compliments diplomatiques dont cette prose officielle était tramée s'adressant moins à un homme qu'au représentant, quel qu'il fût, de la royauté espagnole.

Quant aux instructions du maréchal, elles restaient les mêmes et se résumaient en une phrase : confirmer les invariables dispositions de Sa Majesté pour l'Infante

(1) On trouvera à l'Appendice le texte complet des lettres emportées par le maréchal de Tessé.

Reine. De plus, on lui recommandait de s'employer de tout son pouvoir à faire revenir l'ex-roi d'Espagne sur son incroyable détermination (1). Enfin, il emportait une autre lettre encore, signée du roi, « pour estre remise un jour ou deux après la première », et contenant les plus formelles assurances relatives à l'union projetée :

« ... Le Maréchal est dépositaire non seulement de tout ce que je pense sur nos intérêts communs, mais encore de tous les sentiments de mon cœur pour Votre Majesté, pour la Reine Catholique, et pour le gage précieux que vous et elle m'avés donné des votres (2). »

Impossible d'être plus net.

Le maréchal partit. Certain de l'amitié de Philippe V pour lequel il avait combattu et qui l'avait fait grand d'Espagne, ce souple courtisan ne doutait pas que son éloquence insinuante n'amenât le roi à reprendre une couronne placée par la France sur la tête du duc d'Anjou au prix de tant d'or et de sang. Mais, avant même d'arriver à Saint-Ildefonse, il reçut de Madrid des avis qui ne laissèrent pas que de l'inquiéter (3).

---

(1) Le maréchal devait également promettre que la France appuierait les droits de don Carlos à la succession du duché de Parme. Ces négociations étant sans rapport avec le mariage de Louis XV, on ne les signale ici, malgré leur importance, que pour mémoire.

(2) Voir l'*Appendice*.

(3) Dans une lettre du 3 février 1724 adressée au secrétaire d'État des affaires étrangères, le maréchal écrit : « Sur plusieurs lettres que je reçois icy de Madrid, l'on m'y paroist persuadé qu'à Saint-Ildefonse l'on ne veut entendre parler ny du passé, ny du présent, ny de l'avenir, et c'est une véritable retraite et abdication de toute affaire jusqu'à se faire une loy de ne point donner de conseils. »

Il lui fallait néanmoins remplir sa mission jusqu'au bout. Le vieillard poursuivit donc sa marche sans autres arrêts que ceux causés « par les plus ennuyeux sables du monde et les chevaux de poste encore plus détestables », et le 23 février il arrivait à Saint-Ildefonse où on le recevait avec une affection démonstrative. Sa venue dans cette retraite ensevelie sous les neiges, retraite « la plus sauvage et la moins bien placée pour la commodité », réjouissait plus qu'un rayon de soleil les malheureux reclus. Car si l'on en excepte le Roi, « soutenu par un fonds véritable de religion » (1), tous les habitants, depuis le marquis de Grimaldo jusqu'aux deux hallebardiers qui formaient toute la garde royale (2), se morfondaient dans un ennui extrême. Et nul n'était plus désespéré que la Reine, « dont le mary dans toute sa dévotion était très défiant et très difficile à servir (3) ».

M. de Coulanges, accouru au-devant du maréchal, fut agréablement surpris des témoignages de sympathie tout particuliers que reçut l'ambassadeur, au grand étonnement des amis et des ennemis de la France, et s'empressa d'écrire qu'un tel accueil lui donnait lieu « de bien augurer du succès des intentions de M. le Duc » (4).

(1) Les détails concernant l'entrevue de Saint-Ildefonse sont empruntés à la relation très détaillée et très intéressante qu'envoya le maréchal au Roi. Cette pièce qui se trouve à l'*Appendice* mérite à tous égards d'être lue attentivement.
(2) Lettre de M. de Coulanges à M. le Duc, 17 janv. 1724.
(3) Lettre du maréchal de Tessé à M. de Morville, 7 avril 1724.
(4) Lettre écrite à M. le Duc le 28 février 1724.

Ce dire était plus que plausible ; cependant M. de Coulanges se trompait.

Notre souple ambassadeur avait reçu force marques d'amitié et obtenu l'attention de Philippe V tant qu'il l'avait conjuré de continuer son appui à l'enfant de quinze ans inopinément élevé sur le trône (1), mais là s'était borné son succès. A peine avait-il parlé des périls de toutes sortes qui devaient résulter d'une abdication prématurée qu'il s'était attiré les protestations de la Reine elle-même. Certes, cette Farnèse ambitieuse souffrait cruellement de la retraite anticipée où on l'ensevelissait, mais, connaissant l'inutilité de toute discussion sur ce sujet, elle tenait à s'acquérir les bonnes grâces conjugales. Grimaldo, de son côté, n'osa pas élever la voix devant son maître, et ce n'est que le lendemain, au cours d'une entrevue particulière avec le maréchal (2), qu'il parla selon son cœur avec quelque énergie.

De la sorte, le pauvre Tessé se heurta, sans auxiliaire aucun, à l'entêtement étroit d'un fanatique, heureux de pouvoir jouer au moine et de n'avoir plus à partager son temps qu'entre Dieu et sa femme (3). Il se consolait en pensant trouver le fils moins obstiné que le père, et

(1) « Le roi régnant consulte son père sur toutes les difficultés qui se présentent », écrit le 24 juin M. de Marcillac à M. le Duc.

(2) « Le marquis de Grimaldo m'a dit, la teste un peu eschauffée : Le Roi n'est pas mort, et je ne le suis pas non plus, et n'ai dessein de mourir. » (Voir à l'*Appendice* la relation de Tessé.)

(3) « On sait que le Roi est à Saint-Ildefonse avec un habit brun qui lui vient jusqu'à mi-jambes et un bourdon qui lui sert de canne... Le Roi a quarante ans, la Reine trente et un ans. Il y a encore bien du temps jusqu'à mourir. Le Roi... a un priapisme perpétuel qui l'épuise, et il aura tout le temps de l'employer. » (MARAIS, t. III.)

il se flattait d'avoir sans trop de peine raison d'un roi encore enfant. Mais admis, quelques jours plus tard, auprès de Luis Ier, il reconnut vite son erreur : ce jeune roi, bien fait, d'agréable figure (1), ressemblait à son grand-père le roi de Sardaigne (2), mais timide au delà de toute expression, lent à parler et peut-être à penser, sans goût pour rien ni pour personne, sauf pour quelques favoris d'assez bas étage, il vivait absorbé comme Philippe V dans les pratiques de la dévotion la plus puérilement minutieuse. Après avoir écouté l'envoyé de France avec attention, à peine sut-il lui répondre, et ce fut « plutôt de mines et de manières que de paroles ». Comment cet enfant défiant et morose, « élevé pour être très secret », ainsi que le constate Tessé, non sans dépit, eût-il été touché par une éloquence affinée ?

Alors que l'influence française était sourdement combattue par les partisans de la maison d'Autriche (3), actifs et « plus nombreux que les rois ne le croyaient eux-mêmes » (4), l'insuccès de notre ambassadeur pouvait avoir des conséquences désastreuses.

(1) Lettre de Tessé (**28 février 1724**).

(2) « Il ressemble infiniment de sa figure à son grand-père de Savoye, mais il n'y a pas moyen d'en tirer un mot. » (Lettre de Tessé à Morville, 6 mars 1724.) Un mois après, le maréchal envoie d'Aranjuez au secrétaire des Affaires étrangères les détails les plus circonstanciés : « Le jeune Roi a été étrangement élevé. Il ne paroît avoir d'inclinations pour rien, excepté pour trois ou quatre des moindres garçons de sa chambre... Assujetti à certains usages d'étiquette, pieux sans sçavoir à fond la Religion... »

(3) Cette espèce de gens, comme l'écrivait de Madrid M. de Marcillac au duc de Bourbon, travaille à « empêcher l'union et la bonne intelligence des deux couronnes. » (21 fév. 1724).

(4) Lettre de Tessé à Morville (17 avril 1724).

La jeune reine qui accorda à Tessé une audience « plus égayée de paroles » ne pouvait lui être d'aucun secours. Tout au contraire, tenue à distance par le grave adolescent à qui on l'avait imposée et que cette évaltonnée de quinze ans scandalisait par ses allures bizarres jusqu'à l'indécence (1), odieuse à la Cour, que son ignorance de l'étiquette consternait, détestée de son entourage auquel elle tenait des propos de corps de garde (2), cette d'Orléans débridée jetait sur le renom français un fâcheux discrédit (*Cf.* p. 4).

« La princesse est certainement mieux de sa figure qu'elle n'estoit quand elle partit de France », se contenta d'écrire le maréchal au Roi. Mais avec le duc de Bourbon, dont il tenait à flatter les rancunes, il se garda bien d'une telle discrétion, et lui narra par le menu que Luis Ier ne pouvait vaincre sa répugnance pour cette impudente fille, toujours dépeignée et plus malpropre qu'une maritorne (3), qui n'était sa femme que de nom (4).

L'alliance « indissoluble » commençait à se dénouer,

(1) « Je vous assure qu'elle a appris bien des choses au Palais-Royal qu'elle n'a pas oubliées. » (Lettre de Tessé à Morville 6 mars 1724)

(2) « Je sçai une dame à qui elle a dit, depuis vingt-quatre heures : Si je voulais devenir p..., voudriez-vous me servir de maq.....? » (*Ibidem*).

(3) « Je me souviens que feu Madame la Dauphine disait que dans toutes les descriptions les princesses estoient si belles que quand on en approchoit on ne trouvoit pas que ce fût la même chose. Entre vous et moy, si pareille personne estoit establie à un troisième estage de la rue Frementeaux ou de la rue des Boucheries, je doute qu'il y eût presse à y porter son denier. » (Lettre de Tessé à Morville, 2 nov. 1724.)

(4) « Je vous répète que dans leur bataille de nuit, il n'y a point encore eu de sang répandu : ce n'est pas faute d'elle. » (*Ibidem.*) Le duc de Bourbon manifestant une certaine incrédulité et s'étonnant que le

et déjà les gens avisés doutaient que pût s'accomplir le mariage de Louis XV et de l'Infante. Le bruit en courait à Madrid comme à Paris (1). C'était le prélude de la rupture, le crépuscule des beaux jours d'union si pompeusement célébrés.

Dès le 8 février, la veuve de Charles II, que Tessé était allé saluer à Bayonne, n'avait pas dissimulé au maréchal que l'état de l'Infante Reine ne lui paraissait plus « si certain qu'il l'estoit avant l'abdication » (2). La reine Élisabeth s'avouait rongée des mêmes inquiétudes que la reine douairière lorsque, faisant part de son abdication à Mme de Ventadour, elle n'osait écrire au roi de France, « craignant de l'importuner » et ajoutait timidement : « J'espère qu'il voudra toujours continuer ses bontés à notre fille. » (3)

Ces alarmes n'étaient pas pour déplaire à M. le Duc; il les trouvait seulement un peu prématurées, et recommandait à Tessé de « les faire cesser *pour le présent* ». Dans une lettre datée du 22 février 1724, la prévoyante Altesse allait jusqu'à dire : « S'il est jamais besoin que les soupçons renaissent, on trouvera aisément le moyen

---

mariage ne fût pas consommé, puisque le Roi partageait le lit de la Reine, Tessé maintint son dire en termes plus explicites encore. (*Appendice*.)

(1) « Le bruit qui s'est répandu à Madrid dans la supposition que vous étiés chargé de travailler à rompre le mariage du Roy avec l'Infante a couru icy comme ailleurs. Il n'est même point encore apaisé, quoique j'aye déclaré positivement qu'il n'avait aucun fondement. » (Lettre de M. le Duc à Tessé, 2 mai 1724.)

(2) « Il lui a échappé un mot... par lequel j'ay cru entendre que cette abdication du trône pouvoit n'estre pas avantageuse à la jeune maîtresse de laquelle le Roy m'a fait domestique. » (Lettre de Tessé à Morville.)

(3) Voir à l'Appendice cette lettre *in extenso*.

de les faire revivre ». C'était marquer à notre ambassadeur (et l'on s'étonne de voir l'insinuation si mal comprise par le subtil Manceau) que le mariage avec l'Infante pourrait fort bien n'avoir jamais lieu.

Tant d'excellentes raisons s'y opposaient !

La fillette ne grandissait pas, restait toute menue, d'aucuns même la prétendaient nouée (1). En tout cas, on ne pouvait songer à la donner comme épouse effective à Louis XV avant sept ou huit ans. Que deviendrait le roi, astreint, pendant ces années d'attente, à un célibat entouré des pires tentations ? A ces graves considérations concernant l'intérêt de l'État, venaient s'en joindre d'autres relatives à l'intérêt de M. le Duc, et qui, on s'en doute bien, ne lui paraissaient pas moins importantes. Si le souverain venait à mourir sans enfants, les Condé, nous l'avons montré déjà, avaient tout à redouter des d'Orléans. Le fils du Régent intronisé, M. le Duc devenait le très humble sujet de l'homme qu'il détestait le plus au monde, et tout portait à croire qu'il lui faudrait « mal passer son temps » (2).

Plus enragée contre les d'Orléans que M. le Duc lui-même, la marquise de Prie attisait encore ses appréhensions et ses haines avec un art perfide, excellant à lui répéter qu'il n'était, en comparaison du premier prince du sang, qu'un « particulier (3). »

---

(1) « Elle est nouée dans les reins et n'est pas propre à avoir des enfants, et toutes ses petites grâces et son esprit ne servent de rien pour cet ouvrage-là. » (MARAIS, t. III.)

(2) MARAIS, t. III.

(3) C'est le mot de Barbier (janvier 1724).

Le renvoi de l'Infante, le duc de Bourbon le souhaitait passionnément, mais il hésitait, tiraillé entre son intérêt et ses craintes, car il ne se dissimulait point la gravité des complications où le précipiterait une rupture avec l'Espagne. Aussi, avant de s'engager dans une telle aventure, voulut-il du moins s'entourer de conseillers et s'appuyer sur des consultations favorables à ses désirs secrets.

Du mois d'avril au mois de juillet, il se fit remettre par le comte de La Marck jusqu'à cinq mémoires (1) relatifs à la rupture des conventions matrimoniales franco-espagnoles. Quoique tous satisfissent à ses secrètes aspirations, — car La Marck était diplomate trop ingénieux pour ne pas tourner sa réponse d'une manière agréable au ministre, — un sixième mémoire fut encore demandé au premier commis du comte de Morville, à l'érudit Pecquet. Les conclusions de celui-ci se trouvèrent, bien entendu, conformes à celles de son ministre et du comte de La Marck.

Cependant M. le Duc hésitait encore.

---

(1) Voir au chapitre VIII l'analyse des Mémoires rédigés par ce gendre du duc de Rohan, que Lemontey nous dépeint subtil, travailleur, fort au courant des intrigues nouées dans les diverses cours de l'Europe.

CHAPITRE III

DANS LES INTRIGUES.

Nouvelles réflexions sur le mariage avec l'Infante. — L'intérêt de l'État et les intérêts de M. le Duc. — Inquiétudes et hésitations de ce dernier. — Exigences de sa maîtresse. — La grandesse du marquis de Prie. — Singulière commission imposée à un ambassadeur. — Tessé aux abois. — Mésaventure d'un mari complaisant. — Petits dessous d'une grave affaire. — Les expédients du diplomate manceau. — Comment la colère de Mme de Prie détermina le renvoi de l'Infante. — Une lettre de Luis Ier. — Dangereuses promesses.

Aux suggestions de l'intérêt ne tardèrent pas à s'ajouter les rancœurs de la vanité blessée. Un refus digne et froid opposé par la cour d'Espagne à d'impudentes prétentions poussa jusqu'à son paroxysme la malveillance de la marquise de Prie, partant celle de son trop docile amant.

Le marquis de Prie usant envers sa femme d'une complaisance qui, même en cet entourage d'époux productivement trompés, ne laissait pas que d'étonner par son cynisme, la belle désirait lui marquer sa reconnaissance. D'ailleurs, le duc de Bourbon ayant reçu la Toison d'or, grâce aux démarches de Tessé, elle jugeait équitable que son mari (1) fût par la même entremise honoré d'une haute dignité. C'est pourquoi, avec

---

(1) Déjà pourvu du cordon bleu en février 1724.

l'impertinence d'une favorite accoutumée à tout obtenir, elle n'hésita pas à faire demander au roi d'Espagne la Grandesse pour l'inavouable marquis (1).

En chargeant Tessé de cette négociation scabreuse, M. de Morville, qui ne se dissimulait pas de quelles difficultés elle était entourée, stimula le zèle du maréchal par les flatteries les plus sensibles à son amour-propre. En même temps, il lui recommandait une discrétion absolue :

« ... Cette petite négociation qui ne tient nullement aux affaires d'État n'en demande pas moins toute votre dextérité et toute la délicatesse des insinuations que vous avés toujours l'art de placer mieux que les autres... Vous ne pouvés douter que cela ne fist un extrême plaisir à S. A. S... Mais en même temps elle désireroit que son nom ne fût point compromis, tout en vous permettant de laisser voir qu'elle y seroit très sensible. Elle souhaitteroit néanmoins que cela ne pust jamais avoir l'air d'une demande qu'elle feroit (2). »

Le duc de Bourbon était si « sensible » au succès de

---

(1) Un des récents historiens qui se sont occupés du mariage de Louis XV, M. Paul de Raynal, a confondu la question de la Grandesse et une mystérieuse « Affaire des Charbons », dont fut également chargé le maréchal de Tessé, et qu'on trouvera exposée tout au long dans l'*Appendice*.

(2) Dans sa lettre envoyée de Chantilly le 11 juin 1724, Morville insiste sur l'importance qu'attache M. le Duc à ne point paraître mener cette affaire : « Son Altesse Sérénissime pousse la délicatesse jusqu'à désirer qu'il parust en quelque sorte et que le roi d'Espagne pust croire qu'elle l'ignore ; je sçais, Monsieur, toutes les difficultés de ce que je vous expose, mais ce n'est qu'à ces conditions que Son Altesse Sérénissime veut bien entrer dans l'affaire, et il n'y a que vous seul au monde capable de l'entreprendre... »

cette louche négociation, malgré l'apparat de sa réserve, que, cinq jours après la lettre de Morville, il écrivait lui-même au maréchal, et d'une manière fort explicite (1).

« Comme il faut, Monsieur, qu'il vous passe par les mains des affaires de toutes espèces, en voicy une toute nouvelle : Mme de Prye désire ardemment que son mary ait un rang qui contribue à l'établissement de ses enfants, et moy je le désire fort aussi. Si vous n'étiés pas habitant des Camaldules, je vous dirois pourquoi ; mais comme vous l'êtes, je vous le laisse à deviner. Elle avoit d'abord songé au duché ; mais comme il s'y rencontre des inconvéniens insurmontables, elle souhaiteroit à cette heure une grandesse. Elle vous écrit sur cela par ce courrier. C'est à vous à manier cette affaire avec votre habileté et votre dextérité ordinaire; d'autant plus que je ne voudrois pas que mon nom y parust. Vous pourrés bien laisser entendre que cela ne peut pas manquer de me faire plaisir, mais de manière que l'on ne croye pas que je sois instruit des démarches que vous ferés pour la réussite de cette affaire ; en sorte que si elle se fait, je puisse dire que je ne m'en suis pas meslé... »

M. le Duc, on le voit, ne cédait pas sans quelque confusion aux fantaisies les plus audacieuses de sa maîtresse. A cette missive, Tessé s'empressa de répondre, en courtisan de race, que le projet de la marquise lui

---

(1) Cette lettre, écrite entièrement de la main de M. le Duc, est datée de Chantilly, 16 juillet.

paraissait de tous points admirable et que, d'ailleurs, il l'avait conçu déjà de son côté. Mais, s'empressait-il d'ajouter, afin de se ménager une retraite, l'obligation de ne point prononcer le nom du roi, ni même celui du duc, rendait le succès de l'affaire plus malaisé.

« Il est bien sûr qu'en parlant au nom du Roy ou en votre nom, c'est une affaire que je croirois finir aisément. Vous me deffendés comme de raison d'en parler de la part du Roy, vous ne voulés pas que j'en parle de la vostre directement, il ne me reste donc d'expédient que de faire entendre, moitié figue, moitié raisin, que cette grâce que vous ne voulez pas demander directement ne laisseroit pas de vous faire le même plaisir que si vous pouviés ou osiés la demander (1). »

Notre ambassadeur se trouvait là en un étrange embarras; et vraiment les surprises de la politique ne pouvaient lui créer de difficultés plus complexes et plus fatigantes que ce caprice de femme en mal de gratitude. Le même jour, il écrivait à Morville pour insister sur les embarras de la négociation (2) dont il souhaitait le succès, assurait-il, au moins autant que le premier ministre, et qu'il promettait de mener d'une façon « vive, pressée et fidelle », avec toutes les qualités des mamamouchis, « la force des serpens et la prudence des lions. »

---

(1) Une partie de cette lettre, en date du 28 juillet, se rapportant à l'Affaire des Charbons, on la trouvera dans l'*Appendice*.

(2) On ne pouvait ignorer à Madrid le décri où était tombé ce mari complaisant, surnommé, nous apprend Marais : « Monsieur Ravi de ça » (t. I).

Sur la divertissante stratégie employée pour rendre ses démarches plus aisées, qu'on lise le passage suivant :

« L'on m'a fait dire en arrivant icy qu'un des principaux points de mes instructions estoit de ne point souffrir que l'on fist aucune grâce à aucun des sujets du Roy, à moins que S. A. S. ne me l'ordonnast ou ne me le fist ordonner de sa part. Les Cardinaux de Rome ne peuvent assister au conclave qu'alors que le Pape leur ouvre la bouche. Il faut donc ou que l'on me l'ouvre ou que je siffle. Il paroist que l'on ne veut pas me l'ouvrir, je ne sçai pas trop, Monsieur, comment accorder l'impossibilité de parler, ny méme la facilité de siffler intelligiblement ».

Toute une face de cet homme à plusieurs visages ne se découvre-t-elle pas en cette phraséologie, évidemment d'un Scapin supérieur ? Et le vieux bel esprit, concluant avec le rondeau qu'il faut pourtant qu'une porte soit ouverte ou fermée, s'égayait respectueusement de cette demande qui ne devait pas avoir l'air d'une demande ; enfin il priait qu'on lui donnât « un peu plus d'étoffe si possible ».

Mais le duc de Bourbon tenait beaucoup à tailler les morceaux de près. Courrier par courrier, Son Altesse répondit au négociateur embesogné que, sous aucun prétexte, il ne devait découvrir ses mandants. Assurément, le ministre amoureux désirait de tout son cœur que cette grandesse fût accordée au gentilhomme pour lequel il ressentait une légitime reconnaissance, et il indiquait même à Tessé des arguments nouveaux à faire valoir (1); mais il défendait avec insistance que son nom fût prononcé, dût le résultat des démarches en souffrir : « A toute extrémité, j'aimerais mieux que cette grâce fût retardée qu'avancée, si ce ne pouvait être qu'en la demandant en mon nom. »

L'affaire, déjà plus ardue que ne l'avait soupçonné le maréchal, menaçait de devenir inextricable. Pour en indiquer nettement les difficultés au duc, le malheureux Tessé imagina de lui narrer, sans omettre un détail, la mésaventure du comte d'Albert. Cet autre mari complaisant demandait, lui aussi, la grandesse, soutenu par l'électeur de Bavière, comme M. de Prie par le duc de Bourbon, et pour les mêmes motifs d'abnégation conjugale; mais en dépit des démarches, il n'avait reçu que de belles paroles, et ne recevrait rien de plus (2).

« Si, dans ces conjectures, dit Tessé, j'avois parlé de l'affaire que vous souhaités, j'aurois mal pris mon tems... Je n'ai donc encore dit mot, je laisserai repartir l'envoyé du comte d'Albert et je prendrai le loisir d'avoir de nouveaux ordres de vous... et de jeter l'hameçon, que je souhaite passionnément que l'on prenne (3). »

---

(1) « Vous pouvés vous servir aussi... de l'avantage que M. de Prye a d'être le parrain du Roy et de la satisfaction qu'aurait Mme de Ventadour de voir accorder à une personne de sa famille une grâce de cette espèce. » (Versailles, 15 août 1724.)

(2) « Les deux (rois Philippe et Luis) ont pris la résolution de faire des réponses très polies... En un mot, l'envoyé repartira avec de belles paroles et une honneste négative. »

(3) Cette lettre du 21 août 1724 se trouve à l'*Appendice*.

Des ordres nouveaux, des instructions plus précises, M. le Duc était décidé à n'en point donner. Il le manda à Tessé avec une certaine sécheresse, le 5 septembre.

« Il ne m'est pas possible de vous laisser plus de liberté que je vous en ai donné... sur l'affaire dont vous dites que vous désirez la réussite plus que moi-même... Je vous prie de ne point vous écarter du plan. » Toujours ce fameux plan qui consistait à demander la grandesse pour M. de Prie en insinuant que M. le duc serait enchanté qu'on accordât cette faveur au mari de sa maîtresse, mais en laissant croire que le ministre ignorait cette démarche (1) !

La correspondance se poursuivit sur ce ton pendant près d'une année, le ministre s'obstinant à ne pas vouloir paraître officiellement intéressé aux démarches du maréchal, celui-ci continuant à déplorer qu'il lui fallût manœuvrer sans l'appui de Versailles.

Le 25 décembre, après avoir probablement essuyé un refus catégorique sur lequel il crut devoir se taire, notre négociateur aux abois fit part à M. le Duc, sans doute pour le préparer à la mauvaise nouvelle qu'il allait être contraint de lui transmettre, d'une prétendue conversation avec la Reine. A l'en croire, celle-ci lui aurait tenu ce langage :

« ... Si jamais vous estes chargé de demander quel-

(1) « Vous trouverés plusieurs occasions d'insinuer que ce que l'on voudrait bien faire pour M. de Prie à cet égard ne peut manquer de me faire grand plaisir et que vous ne doutés pas que je n'y fusse très sensible » (Lettre de M. le Duc à Tessé, le 15 avril 1724.)

que chose pour M. et pour Mme de Prie, fiés vous à moi que le Roy vous répondrait avec aigreur et négativement. »

Et il enveloppait ce propos dans une finale où l'on ne retrouve pas sa matoiserie des grands jours : « Voilà, Monseigneur, ma confession. Oubliez-la. »

Cette « confession » se croisa avec une lettre impatiente de M. le Duc qui, quotidiennement harcelé par Mme de Prie, enrageait de voir l'affaire traîner ainsi en longueur :

« J'espère qu'avant votre départ, vous aurez eu enfin quelque conférence avec le Roy d'Espagne sur l'affaire que vous sçavez, et qu'à votre arrivée vous pourrez m'informer de quelque chose de plus que ce que vous m'avez marqué jusques à présent sur ce sujet » (2 janvier 1725).

Mais, quoique fatigué par cette négociation, le maréchal n'était pas à court d'esprit ; à ce billet d'homme énervé, il répliqua par une explication d'ironie finaude : « En Espagne, écrivit-il, tout ce qui s'appelle attachement ou de corps ou de cœur est un crime qui exclut d'une grâce ». C'était tirer un parti imprévu de la couleur locale et jouer en maître des habitudes dévotes imprimées à la Cour par Philippe V. « Le Roy d'Espagne, continuait le diplomate, pour nulle raison de considération, ne se détermineroit à faire des grâces à quelqu'un, ou à quelqu'une, qu'il croiroit en péché mortel. » Puis, après avoir insinué à M. le Duc que Madrid n'était pas si éloigné de Paris qu'on n'y pût entendre quelque écho des on-dit de la Cour (1), le vieux Manceau osait cette phrase qu'il ne traça certainement pas sans un sourire de malice : « Ce que Votre Altesse peut appeler un mauvais office est simplement une connaissance que le Roy croit avoir qu'elle (la marquise de Prie) peut faire avec vous au delà de dire son chapelet... »

On pense si cet euphémisme narquois exaspéra M. le Duc, et surtout l'altière marquise que le refus de la cour d'Espagne atteignait (2) directement. Jusque-là, le renvoi de l'Infante n'avait rien encore de certain, cette avanie méritée le rendait irrévocable.

Vers la fin de juillet 1724, un incident était survenu, bien propre à redoubler encore les perplexités de ceux qui machinaient ce renvoi.

A plusieurs reprises, le premier ministre, qu'agitait sans cesse sa haine pour le jeune duc d'Orléans, avait

---

(1) Il faut connaitre la teneur de cette déclaration volontairement entortillée, si normande :

« De vous dire qu'ils ne soient pas informés de la Cour de France d'une infinité de choses qu'ils sçavent, ou faussement ou augmentées, Votre Altesse Sérénissime doit croire qu'ils sont instruits, mais de vous dire par où ou comment, c'est ce qu'ils ne me diront pas et ce que je ne devineroy point. » (24 janvier 1725.)

(2) Une amusante lettre de Mlle Aïssé montre en quel mépris était tenu le Sganarelle volontaire pour qui M. le Duc avait osé faire demander la Toison d'or : « M. de Prie étoit l'autre jour dans la chambre du roy, appuyé sur une table; la bougie alluma sa perruque. Il fit ce que bien d'autres auroient fait en pareil cas : il l'éteignit avec les pieds : l'incendie fini, il la remit sur sa tête. Cela répandit une odeur très forte. Le roi entra dans ce moment, il fut frappé du parfum, et, ignorant ce que c'étoit, il dit sans aucune malice : « Il sent bien mauvais ici; je crois qu'il sent la corne brûlée. » A ce discours, la noble assemblée fit des éclats de rire désordonnés. Le pauvre cocu n'eut point d'autres ressources que ses jambes et s'enfuit bien vite. » (Lettre III.)

manifesté la crainte que la princesse de Bade (1) ne fût nommée surintendante de l'éducation de l'Infante. Le 30 mai, il mandait à Tessé de s'enquérir « s'il ne se faisait pas à Madrid quelque démarche afin d'engager Leurs Majestés Catholiques à demander cette place » pour elle, ajoutant bien vite que le maréchal ne devait rien omettre pour les détourner de ce projet (2).

Informé de ces craintes et désireux de les dissiper, le jeune roi Luis Ier s'empressa d'adresser au duc de Bourbon une longue lettre autographe, le 27 juillet 1724, dans laquelle il lui affirmait que, loin de songer à la fille de la margrave, la cour d'Espagne réservait les fonctions de surintendante à la propre mère du duc.

Cette missive débutait par des compliments qui ne furent pas sans gêner le destinataire; en effet, on le félicitait avec effusion d'apporter tous ses soins à ce mariage franco-espagnol dont, précisément, il préparait la rupture.

La lettre de Luis Ier est d'une importance historique telle qu'on nous saura gré d'en détacher les passages essentiels.

(1) Son mariage avec le duc d'Orléans avait été déclaré officiellement le 20 mai.
(2) Avec une insistance qui prouve combien la question lui tenait au cœur, le duc de Bourbon recommandait à Tessé d'examiner particulièrement cette grave affaire, et de représenter à Leurs Majestés Catholiques que le Roi ne pourrait consentir à confier une place de cette importance à une jeune princesse étrangère élevée dans des principes différents des manières de France et qui ne pourrait nullement convenir (30 mai).

Mon Cousin,

« L'asseurance que tant de fréquentes occasions me donnent du véritable zèle avec lequel vous sollicités la bonne et plus ferme union des deux couronnes, si importante à la plus grande gloire et avantage de notre maison et au plus grand bonheur et utilité de deux nations, m'excite à vous témoigner l'estime toute particulière que j'ay de vostre bonne intention, et la reconnaissance que j'en conserve; et d'apliquer en même temps mes soins et désirs à rechercher tous les moyens qui étant de vostre aprobation, soient les plus propres à rendre cette union plus forte. »

Après ce début élogieux, le roi demandait au Duc de faire en sorte :

« ... Que mon cousin le Roy Très Chrétien nomme et déclare Mme la Duchesse de Bourbon vostre mère pour surintendante de la Reyne ma sœur, en accordant en même temps la survivance et l'exercice de cet employ, en cas d'absence ou de maladie, à Mme la Princesse de Conti, parce que deux personnes d'un rang si élevé et si fort de vostre confiance et de ma propre satisfaction, pourront par leurs aproches et influences à L. M. Très Chrétiennes fomenter et maintenir nos bonnes intentions.

« J'ai bien volu (*sic*) vous le proposer, en vous priant en même temps de vous en servir, comme très utile à tous les deux; et parce qu'il est juste d'avoir tous les égards qui sont dus au mérite, et à la satisfaction de

Mme la Duchesse de Ventadour il me semble qu'il faudrait luy accorder la survivance de son mesme employ pour une de ses petites-filles, celle qu'elle voudrait choisir; et je vous prie et vous recommande que de vostre costé, vous preniés toutes les mesures, précautions et réserves que vous jugerés les plus nécessaires pour rendre plus solide cette union si désirée et si importante, en vous asseurant que de ma part, je vous soutiendrai avec toute la rigueur dont je serai capable, et que toutes mes forces me permettront. »

L'embarras de M. le Duc ne fit que croître lorsqu'il prit connaissance de la deuxième partie de la lettre royale; sous une forme courtoise, mais très nette, elle constituait une véritable mise en demeure.

« Par ce mesme motif, j'ai cru que je devois vous prier aussi, et recommander, comme je le fais avec tout l'effort possible, de disposer dès à présent (comme une affaire la plus importante à l'union si nécessaire et utile de ces deux Couronnes) les choses en sorte que d'abord que l'Infante Reyne ma sœur aura atteint l'âge de sept ans accomplis, on fasse les fiançailles de son futur mariage avec mon cousin le Roy Très Chrétien, et comme je suis bien seur que vous le désirés beaucoup, je ne doutte point que vous ne vous y appliquiés avec tous les efforts que son importance requiert et demande, et vous devés estre tout à fait persuadé et convaincu de l'ardeur, aplication et sincérité, avec la qu'elle je tâcherai et procurerai en toutes occasions de vous faire plaisir dans ce que vous souhaiterez, pour vous marquer l'estime particulière avec laquelle je vous traite (1).

« Luis. »

C'est le 19 août seulement que M. le Duc, fort mal à l'aise, on peut le croire, se décida à répondre aux offres royales. Après un préambule où il assurait Luis Ier de sa plus vive reconnaissance et de son zèle le plus ardent, il exposait les motifs qui le forçaient à ne point accepter les propositions si flatteuses de Sa Majesté au sujet de la surintendance :

« Mme la Duchesse ne jouit pas d'une santé aussi parfaite que je le désirerois, elle est obligée de garder de grands ménagements peu compatibles avec l'employ dont elle seroit chargée, si elle n'était secondée par Mme la Princesse de Conti, et elle serait privée quant à présent de la consolation de la pouvoir substituer quelquefois à sa place. C'est avec un regret infini, Sire, que je me vois obligé d'en expliquer la raison à Votre Majesté. Elle n'a que trop été informée des malheureuses divisions survenues entre M. le Prince et Mme la Princesse de Conti. Ma sœur s'est retirée depuis longtemps au couvent de Port-Royal, M. le Prince de Conti ne l'en veut laisser sortir qu'à la condition qu'elle reviendra habiter avec luy, et je suis forcé d'avouer à Votre Majesté que l'esprit de ma sœur est encore trop aigri pour oser espérer qu'elle puisse y consentir, préférant jusqu'à présent, malgré toutes nos représentations, de

---

(1) Lettre envoyée du Retiro le 27 juillet 1724.

passer sa vie dans le couvent plustost que de revivre avec son mary. Cela ne se pourrait donc que par l'autorité du Roy, mais comment proposer à Sa Majesté de deffendre à un mary de voir sa femme? La piété et la religion suffisent pour s'en convaincre. Voilà donc, Sire, quelle est ma situation présente par rapport à l'affaire dont il s'agit. La santé de Mme la Duchesse ne lui permettroit pas d'accepter un employ aussi flatteur que celui que Votre Majesté lui destine, tant qu'elle seroit dans l'impossibilité de se faire représenter par Mme la Princesse de Conti, toutes les fois qu'elle ne pourroit par elle-même satisfaire à des fonctions si agréables pour elle..... »

Il semble qu'en s'étendant avec cette prolixité sur les indispositions de sa mère et le mauvais caractère de sa sœur, le duc de Bourbon ait voulu gagner du temps, retarder le plus possible les éclaircissements qu'il lui fallait donner sur la date des fiançailles de l'Infante. Mais quelle défaite eût pu s'admettre, touchant ce sujet si délicat? Il prit donc le parti d'abonder dans le sens du roi d'Espagne.

« Votre Majesté doit être convaincue que je n'oublierais rien pour engager le Roy à lui donner cette satisfaction, et que je préparerais avec tout l'empressement possible ce qui peut être nécessaire pour qu'au moment que la Princesse aura l'âge requis par les Canons, la cérémonie des fiançailles puisse se faire sans être retardée d'un seul instant. Je n'aurais jamais rien plus au cœur que de donner à V. M. en cela comme en toute autre chose des preuves incontestables du zèle et du respect avec lequel je suis..... »

C'était s'engager par des promesses fort difficiles à rompre alors qu'il ne restait plus que six mois avant la date assignée aux fiançailles de l'infante !

CHAPITRE IV

LOUIS XV ET SON ENTOURAGE.

Mort imprévue de Luis Ier. — Intrigues espagnoles et intrigues de Tessé.
— On propose à Philippe V de reprendre la couronne. — Bermudez
à l'œuvre; Tessé joué par une consulte de théologiens. — Désespoir
et intervention énergique de la reine Élisabeth. — Autre consulte
de docteurs. — Philippe V remonte sur le trône. — Portrait de
Louis XV. — Son éducation, ses mœurs, ses plaisirs. — Tentatives
galantes dirigées contre lui.—Inquiétudes générales sur la santé du roi.

Mais soudain M. le Duc reçut de M. de Marcillac les plus alarmantes nouvelles de la santé du roi d'Espagne. De même que son cousin Louis XV, Luis Ier se tuait de fatigue à la chasse, battait les guérets pendant de longues heures, malgré la chaleur intense, « comme un simple valet de limiers ». Le 15 août, il s'était évanoui pendant la messe, et quelques jours après, il avait été atteint de la petite vérole. Bénigne au début, la maladie, qui d'abord n'inquiétait guère, empira bientôt de façon à faire craindre un dénouement fatal. Marcillac, qui, le 28 août, annonçait que l'éruption était « sortie » fort heureusement et que Sa Majesté se trouvait « sans fièvre et hors de tout danger », mandait deux jours plus tard au Duc : « Sa Majesté Catholique est actuellement à l'agonie, et hors de toute espérance de guérison. » Le 31 août, le jeune roi mourait.

Si le second fils de Philippe V, don Ferdinand, montait sur le trône, c'en était fait de l'influence française, les partisans de l'Autriche avaient beau jeu à circonvenir un enfant de onze ans, que, déjà, ils projetaient de donner comme époux à une fille de l'empereur Charles VI. Il fallait donc à tout prix décider Philippe V à reprendre la couronne. Le maréchal de Tessé le comprenait si bien qu'avant de recevoir les instructions du Duc, il épiait le dernier soupir du petit roi pour courir à Saint-Ildefonse (1). Il ne négligerait rien, certes, pour décider l'ex-souverain à reprendre le gouvernement du royaume, du moins jusqu'à la majorité de don Ferdinand. Car, pensait-il avec raison, sous le règne d'un enfant abandonné à la conduite des grands, c'est-à-dire en un désordre pareil à celui qui régnait sous Luis Ier (2), l'Espagne serait « aussi peu hospitalière pour les Français que les sables d'Arabie (3) ».

Mais Philippe V ne voulait remonter sur le trône, sa déclaration était formelle, que si ses principaux sujets l'en sollicitaient ; aussi lui avait-on envoyé une députation à Madrid, où il était revenu dès la mort de son fils. D'autre part, le Père Bermudez venait de déclarer à son royal pénitent qu'il ne pouvait lui donner l'absolution si l'ex-souverain ne reprenait la couronne et le gouvernement comme avant son abdication (4).

(1) « M. le maréchal de Tessé partira pour Saint Ildefonse dans l'instant qu'il apprendra que le roi d'Espagne a expiré. » (Lettre de M. de Marcillac à M. le Duc, 30 août 1725.)
(2) VILLARS, *Journal*.
(3) Lettre de Tessé, 3 septembre 1724.
(4) Ce sont les expressions du maréchal de Villars, qui dans son Journal suit pas à pas le récit fait par Tessé dans les lettres des 5 et 6 septembre

Étant donné l'empire de ce Jésuite retors (1) sur l'ex-monarque, il semblait donc que la réinstallation de Philippe V sur le trône ne dût souffrir aucun retard, si bien que le maréchal crut pouvoir envoyer à Versailles, le 5 septembre, à midi, les plus rassurantes nouvelles.

Mais sa confiance dura peu, et le Manceau dut reconnaître qu'en dépit de sa subtilité, il n'avait pas sondé jusque dans leurs profondeurs secrètes « les abysmes de la cabale espagnole ». La Junte de Castille, que réjouissait secrètement la perspective de gouverner sous un roi mineur, gagna le confesseur de Philippe V, les événements ne tardèrent pas à le prouver.

Le Père Bermudez commença par déclarer au naïf souverain que, pour autoriser en conscience la députation du conseil de Castille, il fallait y ajouter l'avis des théologiens, qui ne pouvait différer, à l'en croire (2). Il arriva néanmoins que les docteurs, choisis par le Jésuite, opinèrent pour la négative. Le roi Philippe ayant abdiqué ne devait en conscience reprendre sa couronne, déclarèrent-ils; tout au plus pouvait-il « estre supplié d'avoir le règne de son fils, le roy Ferdinand, pour deux ans », ce qui impliquait la formation d'un conseil pour gouverner l'État (3).

---

(1) Il avait succédé à un Français choisi comme confesseur du roi par Louis XIV lui-même, le P. Daubenton.

(2) La perspicacité du maréchal fut si bien mise en défaut par la rouerie du Jésuite, qu'il écrivait, quelques heures avant la déclaration des docteurs : « On a voulu une nouvelle consulte de théologiens qui seront certainement du mesme avis. » (5 septembre).

(3) Toutes ces citations sont empruntées à la lettre écrite le 5 septembre au soir par Tessé.

Il fallait bien se ranger à l'avis des théologiens, soupira alors le fourbe Bermudez. Et comme la reine Élisabeth, toute frissonnante à l'idée de s'enfermer de nouveau entre les murs de Saint-Ildefonse, demandait que l'on prît au moins l'avis du nonce Aldobrandini, le confesseur du roi répondit cauteleusement « qu'une telle démarche donnerait trop d'autorité au Pape sur la monarchie espagnole ».

La Reine se désespérait (1), Tessé ne se consolait pas d'avoir été joué par Bermudez; quant à Philippe V, comment aurait-il songé à discuter la décision solennellement rendue par une consulte où jésuites, cordeliers et dominicains avaient mis en commun leur science théologique et leur intégrité?

« Le Roy m'a appelé, conte le maréchal, et m'a dit qu'il étoit résolu, puisque sa conscience ne lui permettoit pas de remonter sur le trosne, de s'en retourner à Saint-Ildefonse, et de ne se mesler de rien; que son âme lui estoit plus chère que la couronne, et que puisque les théologiens décidèrent qu'en conscience il ne pouvoit pas remonter sur le trône, que pour luy il n'en vouloit point. Que n'ay-je point dit? De quelles raisons imaginables ne me suis-je pas servi; et qu'est-ce que de son côté la Reyne n'a pas fait? A tout cela le Roy n'a rien répondu sinon : « L'on dit en conscience que je ne le puis pas, je ne veux pas me damner, et je m'en vais. Ils feront de mon fils et de mon royaume ce qu'ils

---

(1) « Régner était tout pour elle. » (Duclos, *Mémoires secrets* t. II.)

voudront, mais je sauverai mon âme. » — « Mais au nom de Dieu, lui ay-je dit, n'y a-t-il au monde que le Père Bermudez qui sache la théologie? Quoi, Sire, vos enfants, la Reine que voilà, vos peuples, qui vous demandent, vous sacrifieriez tout cela pour une demie douzaine de fripons qui vous trompent! » — « Je n'en ferai ni plus, ni moins. »

Et il annonça que le soir même il rentrerait à Saint-Ildefonse.

Tessé se retira, consterné, mais la Reine, cette Farnèse obstinée, tint bon; elle remporta un premier succès en obtenant du Roi qu'on ne partirait que plus tard, et elle insista avec un véritable acharnement pour qu'on consultât en dernier ressort le nonce. Aussi bien, répétait-elle, le Pape est notre père commun, et c'est lui qui juge les rois; n'est-ce pas à lui que Charles II s'est adressé pour savoir s'il devait appeler un des enfants de France à sa sucession? Puis, venant à parler du Jésuite auteur de l'intrigue qui ruinait ses espérances, elle éclata : « Votre père Bermudez est un fripon auquel je vous déclare que je ne parlerai jamais, qui vous déshonore par les scrupules qu'il vous met dans la tête et que je regarde si bien comme un Judas que s'il m'apportait la communion, je ne voudrais pas la recevoir de lui. Croire que par complaisance pour un pareil fripon vous sacrifiez vos enfants, votre fille qui est en France, et vos peuples, je ne le souffrirai pas, sans vous l'avoir au moins représenté (1)! »

(1) Tessé n'assista pas à cette discussion, mais il relate les paroles de

LOUIS XV ET SON ENTOURAGE 61

Le Roi, qui vacillait dans de perpétuelles hésitations, fut ébranlé par ces paroles véhémentes (1). La Reine gagnait ainsi du temps, et notre envoyé savait le mettre à profit. Tandis que le nonce Aldobrandini (2), qui avait reçu l'ordre de maintenir les bonnes relations entre la France et l'Espagne, accomplissait des merveilles de diplomatie, le maréchal opposait aux théologiens achetés par la Junte de Castille quatre autres docteurs gagnés par Versailles, et ces derniers décidèrent, eux, que le Roi était obligé de reprendre le gouvernement, sous peine de péché mortel (3). Une fois encore, les grands étaient vaincus, le parti de la France l'emportait; Philippe V allait signer une déclaration conforme à la consulte nouvelle (4) et disait à Tessé, doublement ravi puisque le père Bermudez (cet « Espagnol jusque dans les moelles, si pernicieux pour les intérêts de la France ») (5) se trouvait réduit à gri-

la Reine telles qu'elle-même les lui rapporta le 6 septembre au matin « en robe de chambre ».

(1) « Le Roi était seul avec la Reine et la senora Louisa, sa nourrice. Cette femme hardie a dit au Roi qu'il était honteux de se laisser gouverner par un fripon, et d'abandonner son fils à une minorité dont la junte profiterait pour anéantir totalement l'autorité royale. Cette nourrice parlait avec tant de violence que la Reine, s'apercevant que le Roi pâlissait, lui dit : « Nourrice, laissez-nous, vous ferez mourir le Roi de chagrin. » La courageuse nourrice a répondu : « Qu'il meure; ce n'est qu'un homme de perdu au lieu que, s'il abandonne le gouvernement, ses peuples, ses enfants, son royaume sont perdus. »
VILLARS (*Journal*).

(2) « Le nonce, homme de beaucoup de mérite, l'a converti sur les frivoles scrupules que lui inspirait son confesseur. » (VILLARS.)
(3) Voir à l'*Appendice* le texte de cette nouvelle consulte.
(4) Voir à l'*Appendice* cette déclaration.
(5) SAINT-SIMON.

macer une joie feinte (1) : « Toutes les difficultés sont levées... » *Te Deum laudamus*, pouvait écrire le maréchal, après tant d'incertitudes douloureuses, le 6 septembre à minuit (2).

Le soulagement fut considérable en France, et M. de Morville exprima l'unanimité des éloges en écrivant à l'heureux négociateur : « Tout ce que je pourrais vous dire n'exprimerait qu'imparfaitement la satisfaction du Roy, de M. le Duc et de toute la Cour, en apprenant le succès de l'entreprise que vous aviez faite de remettre le Roy d'Espagne sur le throsne. Je vous répète, Monsieur, que c'est sans vouloir vous flatter que je vous assure que tout le monde rend à ce succès la justice qui lui est due et le qualifie du plus grand service qu'un sujet du Roy pût rendre à la maison royale, à la France et à l'Espagne.,. Dieu en appelant à luy le Roy Louis a voulu que vous vous trouvassiés en Espagne ; grâces lui en soient rendues et à vous qui estes l'instrument dont il s'est servi pour prévenir la perte de cette monarchie (3). »

---

(1) « Je voudrais que vous eussiez pu voir, écrit Tessé le 6 au soir, tous les tours d'oreille et de satisfaction que le père Bermudez a affecté d'avoir suivant les différentes conjonctures. »

(2) « *Te Deum laudamus!* Je le dis contre usage à minuit. Car vous pouvez compter qu'à huit heures du soir tout estoit encore en l'air. Bref le roy m'a fait appeler sur les dix heures et m'a dit : Monsieur le maréchal, vous serez content : toutes les difficultés, et si vous voulez même les scrupules que j'avais sont levés, et *pleno jure*, et du consentement des théologiens. Je ne puis pas en conscience m'empêcher de remonter sur le throsne, et cela y sera déclaré demain matin. »

(3) Cette lettre envoyée de Fontainebleau le 10 septembre reporte sur Tessé tout le succès. « Vous n'en partagés le mérite avec personne,

Cet événement venait de révéler au Duc le caractère faible, indécis et timoré de Philippe V, et cette découverte lui fit penser qu'il pourrait, sous le couvert de raisons religieuses et morales, faire accepter la rupture par ce roi « silencieux, réservé, timide et défiant de lui-même (1) ».

La grandesse refusée à M. de Prie, le projet que venaient de former les d'Orléans de faire épouser au nouveau prince des Asturies Mlle de Beaujolais, promise à Don Carlos (2), tout l'y poussait.

Les différentes maladies du jeune roi allaient lui fournir, d'ailleurs, un motif des plus sérieux.

Louis XV, alors âgé de quinze ans, était, dit le père de Linières, « d'une taille aussi haute et aussi formée, et d'un tempérament aussi fort et aussi robuste, que s'il avait trois ou quatre ans de plus (3) ». Villars le déclarait également dans son Journal « plus fort et plus avancé à quatorze ans et demi que tout autre jeune homme à dix-huit ans ». Il était doué d'une figure,

---

car quoique... on voye que la reyne d'Espagne n'a rien épargné pour déterminer le roy son époux, et quoique le Nonce soit intervenu pour la même fin, l'on est bien convaincu ici que sans vous les efforts de cette princesse auraient esté inutiles, et que le roy Philippe serait actuellement à Saint-Ildefonse. »

(1) Duclos, *Mém. secrets.*

(2) *Filius Hispaniarum reginæ primogenitus hujus, descendentes masculi ex legitimo matrimomio nati in omnibus dicti proximi succedunt.* Traité de 1718, art. V. Une lettre envoyée à Tessé le 18 septembre 1724 montre clairement M. le Duc hostile à ce mariage projeté de la fille du régent avec don Ferdinand, ainsi qu'à l'union de don Carlos avec Mlle de Chartres.

(3) Lettre du P. de Linières au P. Bermudez. Arch. nat., K, 139 B, n° 24.

ajoute le père de Linières, « la plus aimable du monde ». Richelieu ne le peint pas sous de moins séduisantes couleurs, « beau comme l'Amour, avec de longs cils qui frisent, un joli teint, une charmante petite bouche » (1). Et Moufle d'Angerville complète ainsi le portrait : « l'air noble, le regard plus doux que fier » (2).

Louis XV était né chétif et, jusqu'à douze ans, il eut un « mauvais visage ». Le Docteur Cabanès dit en parlant de son enfance : « Presque tous les mois on est obligé de le purger pour évacuer le trop-plein (3). » Mais, comme nous allons le voir tout à l'heure, il se livra à l'exercice de la chasse avec tant d'ardeur qu'il ne tarda pas à se fortifier merveilleusement (4). Il prit la musculature et l'appétit d'un garde suisse. Lors du conseil qui se tint au sujet de son mariage, Villars put dire : « Dieu pour la consolation des Français a donné un roy si fort qu'il y a plus d'un an que nous pourrions en espérer un Dauphin (5). »

---

(1) « Toutes les formes de son corps, écrit Richelieu, étaient si parfaites et si accomplies qu'il était réputé le plus bel adolescent de son royaume. La nature n'avait rien oublié ni dans les détails ni dans l'ensemble; et ce grand tempérament que nous lui avons connu dans la vieillesse, il l'avait eu dès l'âge de quatorze ans. »

(2) Tome I.

(3) Dr Cabanès. *Cabinet secret de l'histoire*, 1re série.

(4) Même à douze ans, rapporte la duchesse d'Orléans, c'était un bel enfant lorsqu'il se trouvait bien. « Il a de grands yeux très noirs, ajoute-t-elle, le visage rond, une jolie petite bouche qu'il tient cependant un peu trop souvent ouverte, un nez si bien fait qu'il serait difficile d'imaginer mieux, de jolies jambes ainsi que les pieds. » *Correspondance complète de Madame, duchesse d'Orléans*, Brunet, t. I, p. 152.

(5) *Cf.* p. 75, n. 1.

Au temps des légendes, on n'eût pas manqué de conter que les fées s'étaient réunies autour de son berceau pour faire de ce roi un jeune dieu paré des plus exquises séductions. A la vérité, s'il avait reçu d'heureux dons au physique, s'il mettait son chapeau *comme Louis XIV* (1), il était d'une intellectualité plutôt médiocre. Malicieux jusqu'à la gaminerie, tout lui paraissait permis, et il s'accordait facilement de la méchanceté. Fatiguer le maréchal de Noailles par une marche prolongée, jeter du fromage mou à la tête d'un abbé *bouffon* l'amusait beaucoup. Certain jour, il trouva plaisant de décocher une flèche sur le ventre de M. de Sourches ; une autre fois, de couper les sourcils à ses écuyers (2). C'était alors un « enfant mal élevé », affirme avec raison la duchesse d'Orléans. Il giflait volontiers, et l'un de ses divertissements favoris consistait à déchirer les manches de ses courtisans, à couper les cravates, les chemises, les habits, à briser les agrafes (3).

Plus tard, à l'âge viril, son espièglerie devient un travers fâcheux, celui « de parler d'un air de joie, déclare d'Argenson, de la mort ou de l'extrémité de ses serviteurs. » Un jour, dans le cercle qui l'envi-

---

(1) L'expression est de la duchesse d'Orléans.
(2) Marais, t. II, 307, 428 ; t. III, 75, 100. Cf. aussi le *Journal de Calvière*.
(3) Druon, *Éducat. des princes dans la maison de Bourbon*, II, p. 218.

« Un jour, tout en s'entretenant avec M. de Maurepas, il lui déchire une de ses manchettes de dentelle. M. de Maurepas prend l'autre, la met en pièces et dit froidement : « En vérité, cela ne m'a fait aucun plaisir. » D'Allouville, *Mém. secrets*, I, 113.

ronne, raconte Cheverny (1), il voit un officier fort souffrant : « Sénac, dit-il tout haut à son médecin, regarde-moi cet homme si maigre et si jaune; il a le foie obstrué, il n'en a plus pour un mois à vivre. » L'officier se retire tout ému.

Les mémoires de Luynes content une anecdote qui achève de peindre la bizarrerie, le manque de tact de Louis XV : certes, il aurait dû être le dernier à penser que les pensions du maréchal de Villars ne fussent pas méritées; il osa lui demander, cependant, combien il gagnerait à sa mort : « Sire, répondit le vainqueur de Denain, je ne sais pas ce que Votre Majesté y gagnera, mais le feu roi aurait cru y perdre (2). » C'est après avoir relevé nombre de réflexions de ce genre, toutes plus ou moins égoïstes, sinon cruelles, que les historiens se sont crus en droit de conclure : « Il promet, en ces premiers commencements, ce Louis XV qui fera le plus vilain métier, le métier de roi, le plus à contre-cœur possible (3) ».

Gardons-nous de rien exagérer. On s'est un peu trop hâté de prêter à ce roi des instincts cruels parce qu'à l'âge de douze ans il avait tué une biche familière qui ne mangeait que dans sa main (4). Le comte Fleury fait

---

(1) *Mémoires*, I, 174.
(2) Luynes, *Mém.*, II, 223. *Cf.* aussi : *Mémoires de* Ségur, de Saint-Simon (XI, 401), de Villars (278), *Journal* de Buvat (237-282).
(3) Cette assertion, à notre avis exagérée, est tirée des *Portraits intimes du XVIII° siècle*, II, 115, tracés par les Goncourt qu'on affectait, jadis, de mépriser comme historiens et dont il semble que l'on veuille aujourd'hui faire trop de cas.
(4) Barbier, après avoir insisté sur cette cruauté naissante, conclut en

bonne justice des propos qui ont couru à ce sujet : « Lemontey entre tous, dit-il, s'est appliqué à montrer un Louis XV triste, morne, presque sauvage. Il dénigre les personnes qui ont présidé à l'éducation du prince, ajoutant : « S'il eût profité de cette éducation, il serait devenu un monstre » ; il s'acharne à insister sur les côtés farouches du caractère de l'enfant. A-t-il à citer Dangeau ? il prend pour l'exemple ce passage daté du 18 avril 1716 : « Le roi vit dans la salle des Suisses un petit vol d'oiseaux qu'on avait dresé à prendre des moineaux », et il le dénature ainsi : « Dans une vaste salle remplie d'un millier de moineaux, des oiseaux de la fauconnerie lâchés en sa présence en faisaient un facile carnage et lui donnaient en divertissement l'effroi, les cris, la destruction des victimes et la pluie de leur sang et de leurs débris. » En faut-il plus pour déclarer que dès sa plus tendre enfance Louis XV avait les goûts cruels, et que plus tard la passion absorbante de la chasse revêtait chez lui des formes de raffinement sanguinaire ?... Et ce sera d'exemples ainsi travestis, dus à l'imagination de Lemontey, que la plupart des historiens, en les reproduisant trop complaisamment, prendront texte pour établir leurs sombres portraits (1) ».

On représente aussi le jeune roi comme ennemi du

ces termes : « On commence à craindre que le caractère du Roi ne soit mauvais et féroce. » De tels propos justifient la spirituelle réflexion de M. Léo Claretie : « On peut dire que le dépôt des papiers de Barbier chez son parent l'abbé d'Increville était aussi compromettant que la cassette confiée par Orgon à Tartufe. » (*Grande Revue*, avril 1899.)

(1) Comte Fleury, *Louis XV intime et les petites maîtresses*. Le passage de Lemontey est extrait du t. II de l'*Hist. de la Régence*.

travail, partant sans instruction profonde, ne connaissant bien que le cérémonial de la messe « qu'il récitait comme un petit abbé (1) ». Ici encore il faut se défier des exagérations. Parce qu'un volume de Quinte-Curce resta ouvert pendant plusieurs jours à la même page (2), il ne s'ensuit pas que le royal élève ait passé ses heures d'étude à mettre des papillotes dans les cheveux gris de son précepteur (3). La preuve, c'est que les devoirs de Louis XV, corrigés de la main même de Fleury, forment plusieurs volumes. Dangeau et Buvat qui rapportent ce détail reconnaissent, d'ailleurs, la régularité des leçons (4). C'est Villeroi, gouverneur malhabile, qui détourna le jeune roi de l'étude.

« Au lieu de lui enseigner ses devoirs envers les peuples, il l'entretenait surtout de ses droits, dit M. Druon, et ces droits, d'après Villeroi, étaient à peu près sans limite. Le jeune roi s'habituait à se considérer comme

---

(1) « Son instruction ayant été entièrement négligée de peur de fatiguer trop les organes de son enfance, il avait l'esprit peu orné et n'avait point acquis ce goût de l'étude d'une si grande ressource en tout temps et dans tous les rangs. Il avait un éloignement invincible pour les affaires, dont il répugnoit même à entendre parler. » *Mémoires du duc de Richelieu*, t. III. « Ah! si j'étais lieutenant de police, dit-il un jour, cela ne se passerait pas ainsi! » rapporte M. Druon. « Et s'il s'en tient à cette réflexion. » *Op. cit*, II, p. 252.

(2) *Mémoires du marquis d'Argenson* (t. II), déjà cités p. 5.

(3) *Mémoires du cardinal de Bernis*, Ed. F. Masson, t. I, p. 49. Fleury, habile à prendre son élève, d'ailleurs courtisan intelligent, ne négligeait pas de divertir le jeune roi quand il le jugeait nécessaire. Il a pu l'amuser souvent par des tours de cartes, se prêter même à quelques-unes de ses fantaisies, et faire une fois le simulacre de sauter sur le petit cheval de bois qui servait au roi pour prendre ses leçons de voltige (Luynes, *Extraordinaire*, oct. 1745); sa condescendance ne l'empêcha point de remplir ses devoirs de précepteur.

(4) Druon, t. II, p. 212.

un être à part, n'ayant rien de commun avec le reste des hommes » (1).

Ce système d'éducation, qui eût gâté le mieux doué des princes, peint le courtisan sans esprit qu'était Villeroi (2). « Jaloux de son autorité, gonflé de son importance, dit M. Dufresne de Beaucourt, Villeroi veillait avec une sollicitude inquiète sur le jeune roi ; il ne permettait pas qu'on l'approchât de trop près ; il l'entretenait, s'il faut en croire Saint-Simon, dans de perpétuelles craintes d'empoisonnement. Il comprimait son intelligence et ses facultés, ne faisait que flatter sa vanité et lâcher la bride à ses caprices. Le Régent, qui parait avoir eu pour Louis XV une véritable affection, qui voulut s'occuper lui-même de son instruction, se fatigua enfin des minuties et des puérilités du gouverneur, et le chassa en août 1722 » (3). Mais il était déjà trop tard. L'admirable *Petit Carême* de Massillon (4) n'avait pu

---

(1) Dangeau, XVII, 386 ; XVIII, 244. — Buvat, I, 422-442.
(2) Quand parurent les *Caractères* de La Bruyère, certains voulurent voir dans Villeroi l'original du portrait de « Ménippe, l'homme paré de divers plumages qui ne sont pas à lui ».
(3) *Revue des questions historiques*, t. III, année 1867.
(4) C'est en 1717 que Massillon fut chargé par le Régent de prêcher devant le petit roi. Le célèbre oratorien en profita pour parler des obligations qui s'imposent à ceux que leur naissance appelle à gouverner. « Si simple que se fit Massillon, dit excellemment M. Druon, il est cependant difficile de croire que le *Petit Carême* n'ait pas dépassé bien souvent l'intelligence d'un auditeur de sept ans. Mais le prédicateur parlait en même temps aux grands : les pénétrer des pures maximes de la morale et de la religion, c'était, d'une manière indirecte sans doute, mais sûre pourtant, former l'âme du jeune roi ; car s'ils avaient donné les leçons si efficaces de l'exemple, si ceux qui étaient particulièrement chargés de son éducation avaient eu le sentiment exact de leurs devoirs, Louis XV, on peut l'affirmer, ne serait pas devenu ce qu'il fut : il n'a pas été scu-

atténuer les pernicieux effets de l'éducation donnée par le maréchal; l'enseignement religieux de Fleury ne détruisit aucun des défauts du jeune roi.

Montbarey affirme que l'éducation de M. de Fréjus retint longtemps Louis XV dans « les bornes strictes de ses devoirs » (1), et c'est possible ; mais ce dont on ne peut douter, c'est qu'en ses meilleurs jours l'élève de Fleury n'eut jamais qu'une dévotion extérieure. La vraie piété lui demeura inconnue.

Il manqua non moins fâcheusement d'énergie morale : « S'il se montre si inférieur aux fonctions royales, dit le savant auteur de l'*Éducation des princes dans la maison des Bourbons* (2), ce n'est pas par défaut d'intelligence. D'autres princes, avec moins de lumières naturelles, ont su mieux tenir leur place. Au fond, il juge assez bien ceux qui l'entourent et dont il se sert; il voit assez clair dans les affaires quand il veut bien y regarder. C'est ainsi qu'il comprend mieux que ses ministres combien il importe de protéger la Pologne contre ses envahissants voisins, et de la maintenir comme nation ; il laissera cependant le partage s'accomplir; il ne sait pas vouloir. Pour diriger, diriger surtout avec suite, il faudrait sortir de son inertie; il lui est plus commode de laisser tout aller. Son règne n'aura été qu'une per-

---

lement la victime de ses propres inclinations, mais aussi de la corruption des autres et des flatteurs. » *Op. cit.* II, p. 221.

(1) MONTBAREY, *Mémoires*, I, p. 151. Et le prince ajoute : « Les conseils de ses courtisans, les facilités qu'ils lui donnèrent, le firent bientôt sortir de cet état d'innocence. »

(2) T. I, p. 251.

pétuelle abdication. Ce qui lui manque, c'est la décision et le ressort (1).»

Dès le début de 1726, le caractère de Louis XV se développa; on en relève des indices certains dans la correspondance échangée entre le duc de Richelieu, alors ambassadeur à Berlin, et le marquis de Silly (2). « Malgré tout, conclut M. du Fresne de Beaucourt (3), Louis XV ne devenait pas un roi; il ne devenait pas même un homme. On remarquait à la cour « qu'il était *enfant* des pieds à la tête ». — « Être enfant, observe à ce propos d'Argenson, c'est avoir cette partie de l'imagination qui conduit à s'égayer de bagatelles et avec une inconstance soudaine, espèce de joli défaut qui va quelquefois durer jusqu'à cinquante ans (4). »

Cet enfantillage avait toujours poussé le roi à fuir toute contrainte, il ne l'avait jamais empêché d'être triste. « Il a des vapeurs, écrit sa gouvernante en 1716, et il en a eu dès le berceau; de là ses airs tristes et ses besoins d'être réveillé. Naturellement il n'est pas gai. » Il est opiniâtre; « il montre une hauteur étonnante, il sait fort bien ce que c'est que respect et ce qu'on lui doit (5).»

(1) Montbarey l'avait aussi remarqué : « Le défaut de fermeté, écrit-il, causa toutes les agitations et tous les ennuis qui troublèrent le repos dans lequel Louis XV eût désiré de passer sa vie. » *Mémoires*, I, p. 340. Et, un peu plus loin : «... Mais sa bonté, qui dégénérait en faiblesse, l'avait rendu peu propre au gouvernement de vingt-quatre millions d'hommes. »
(2) Voir *Pièces historiques*, t. II, p. 231, une lettre du 9 février 1726, et les *Mémoires du duc de Richelieu*, t. IV.
(3) *Caractère de Louis XV, Revue des questions historiques*, t. III.
(4) D'ARGENSON, t. II.
(5) La PALATINE, lettre du 22 septembre 1716.

Pouvait-il en être autrement? Si de lui-même il n'avait pas connu, en se voyant l'objet de tous les hommages, qu'il était au-dessus de tout ce qui l'entourait, sa gouvernante aurait eu soin de le lui faire remarquer, en croyant lui inspirer par là les sentiments dignes d'un roi. C'est ainsi qu'un jour en jouant il laisse échapper un louis; il veut le ramasser : « Non, dit-elle; l'or tombé de vos mains ne doit plus vous appartenir. »

La timidité du jeune roi n'était pas moins intense que son orgueil; aussi vivait-il concentré et, en dehors de son entourage, se tenait-il de telle manière qu'il paraissait presque maussade. Quant à de l'égoïsme, il en avait une assez forte dose, mais il ne tomba jamais cependant dans l'insensibilité bestiale, comme on l'a trop complaisamment répété. Lorsqu'il ne parut point touché des transports que la population parisienne lui manifestait après sa maladie, son indifférence, on peut le soutenir, était plutôt apparente (1). « On en fait tout ce qu'on veut, » écrivait en 1716 sa gouvernante, Mme de Ventadour, à Mme de Maintenon, « pourvu qu'on lui parle sans humeur. » Par malheur, l'année suivante, l'inepte Villeroi voulut diriger seul l'éducation du jeune roi (2).

(1) « Le roi, lit-on dans les *Mémoires du duc d'Antin* (*Soc. des biblioph.*), n'a pas été touché de l'amitié qu'on lui a montrée dans cette occasion (1721). Il ne sera sensible à rien. » C'était juger vraiment trop vite. En avançant dans la vie, en devenant un débauché, Louis XV augmenta son égoïsme sans parvenir à sécher complètement son cœur. S'il est exact qu'il oublia très vite la Pompadour (*Mémoires du président Hénault*), il est non moins exact qu'au jour des obsèques de cette femme il ne put retenir ses pleurs. (*Mémoires de Cheverny*.)

(2) L'enfant pleura en quittant son affectueuse gouvernante, et, à ses

En somme, le caractère de celui-ci était surtout indécis, insouciant et inégal. Louis XV appartenait à la série des *glorieux-timides*, selon l'heureuse expression de Saint-Simon. Il lui fallait, par conséquent, des distractions qui satisfissent son amour-propre tout en l'arrachant à lui-même (1). On s'explique que la chasse soit devenue sa passion favorite aussitôt qu'il put s'y livrer.

C'est en 1720 qu'il fit ses débuts et ses premières prouesses, nous apprend Dangeau (2); bientôt il ne voulut plus d'autre passe-temps. Par la pluie, par le soleil, mettant à bout de force, sans s'en inquiéter, ses officiers et ses courtisans, semblant prendre à tâche de mériter les louanges pédantes du Père Tournemine (3) et la médaille cynégétique frappée en son honneur — *et habet sua castra Diana* — il courait au milieu de la nuit jusqu'à Rambouillet, à Marly, à Meudon, tromper cet indolent

---

appels à la raison, il répondit par ce vrai cri du cœur : « Ah ! maman, je ne reconnais plus de raison quand il faut m'éloigner et me séparer de vous. » *Correspond. de la duchesse d'Orléans*, I, 318. — DANGEAU, XVII, 23.

(1) Il se passionnait aussi pour le jeu, et, d'après M. Druon, il s'y montrait intéressé, âpre au gain, serrant dans sa cassette l'or gagné. (DRUON, *Éducation des princes dans la maison de Bourbon*, p. 219.) Sur le caractère du roi, consulter encore : *Portraits historiques de Louis XV et de Mme de Pompadour*, par Georges LE ROY, lieutenant des chasses ; *Portrait de Louis XV*, dans *l'Hist. de Georges III*, par H. WALPOLE ; *Anecdotes de Toussaint*, Mss. F. fr., 13781 ; *Mémoires de Dufort de Cheverny*, l'excellent volume du comte FLEURY, *Louis XV et les petites maîtresses*, et le *Cabinet secret de l'histoire* du Dʳ CABANÈS.

(2) Le roi, qui était monté à cheval pour la première fois au mois de mai, commença de tirer en juillet. (DANGEAU, XVIII, 283, 314, 324.)

3) Ce Jésuite publia une dissertation afin de prouver que l'inclination pour la chasse est, dans un jeune prince, le présage d'une vertu héroïque.

ennui « qui devait empoisonner ses jours les plus brillants (1) ».

Cette passion, il la devait à M. le duc qui la lui avait communiquée pour l'arracher à des plaisirs moins avouables. En juin 1724, à l'étonnement ironique plutôt que scandalisé de la cour, le jeune duc de la Trémouille, premier gentilhomme de la chambre du Roi, avait été exilé pour « lui avoir servi plus que de gentilhomme et avoir fait de son maître un Ganymède (2). »

A La Trémouille se joignaient le petit d'Épernon, fils de Mme de Toulouse, le comte de Gisors et le petit de Gesvres, neveu du cardinal de Rohan, qui enseignaient au jeune roi les mystères de la tapisserie et d'autres jeux encore.

Passons vite : La Trémouille, « jeune homme fort poli, dit Villars, de beaucoup d'esprit et d'une figure très agréable », dominait, en vrai chef, la petite bande ; ce fut sa perte. Un jaloux fit des révélations complètes. On rendit les polissons à leurs familles, et on les maria avec l'agrément du Roi, « qui sacrifia bientôt ses amours (3) ».

Le premier danger écarté, n'enlèverait-on pas au roi cette horreur des femmes que lui avait peut-être ensei-

---

(1) MARAIS, t. III, juin 1724. C'est Voltaire qui, dans une lettre à la présidente de Bernières, (voir l'*Appendice*), conte l'incident en termes d'une précision cynique. Au reste, les Mémoires du temps fournissent des détails scabreux sur l'incident que Villars relate à l'aide de cet euphémisme discret : « Il y avait apparence de quelques familiarités. »

(2) MOUFLE D'ANGEVILLE.

(3) MARAIS, t. III.

gnée le vil Maurepas? Quoique pubère depuis 1721, ce qui ne l'inquiéta pas peu lorsqu'il s'en aperçut (1), il ne prêtait nulle attention aux dames de la Cour (2). Et Dieu sait pourtant si le nombre était grand de celles qui eussent voulu commettre la bonne action de le rendre moins dédaigneux. Mais il fuyait la société des femmes « comme la peste », selon certain propos que Soulavie ne laissa pas perdre. Cependant, dans son entourage, on entendait remédier à une indifférence taxée d'excessive, et le moment parut favorable pour tenter un essai lorsque le Roi séjournerait à Chantilly.

Parti le 30 juin 1724, il devait y rester un mois, « plus ou moins, selon qu'il s'y plairait », nous apprend Marais, et y chasser avec M. le Duc. Mais il y avait bien des sortes de chasses préparées, continue l'historiographe (3), sans compter celle qu'on n'attendait point. Le but du voyage, « très croustilleux », avoue joyeusement Barbier, était « de donner au Roi le goût pour les femmes (4) ». Quinze princesses aspiraient à ce royal

---

(1) « Le roi a eu un mal fort plaisant et qu'il n'avoit point encore ressenti. Il s'est trouvé homme. Il a cru être bien malade et en a fait confidence à un de ses valets de chambre, qui lui a dit que cette maladie étoit un signe de santé. Il en a voulu parler à Maréchal, son premier chirurgien, qui lui a répondu que ce mal n'affligeroit personne, et qu'à son âge, il ne s'en plaindroit pas. On appelle cela en plaisantant le mal du roi. » MARAIS, fév. 1721.

(2) « Le roi ne tourne point encore ses beaux et jeunes regards sur aucun objet », observe Villars (juillet 1724), et il ajoute : « Les dames sont toujours prêtes... »

(3) MARAIS, t. III, 30 juin 1724.

(4) BARBIER, t. I « ...et de lui faire perdre son... avec un... On espère, ajoutait-il gracieusement, que cela le rendra plus traitable, plus poli. » (juin 1724).

honneur. Parmi elles se trouvaient Mlle de Charolais, belle et charmante (1); Mme de Grave, la plus laide de toute la liste; la duchesse d'Épernon, très désirable et toute jeune; Mlle de Clermont, vive et fringante. Pour que le prince naïf n'échappât point aux galantes embûches qu'on lui préparait dans l'ombre, il fallait qu'un entremetteur de haut goût, un stratège habile, s'en mêlât; Mme La Vrillière, qu'on surnommait le « moineau », fut spécialement chargée de la commission (2).

Elle consistait, cette mission de confiance, à favoriser la rencontre du Roi et de Mme d'Épernon; mais, au cas où la jeune duchesse, il convient de tout prévoir, ne pourrait faire « tout ce qu'il faut pour cela », l'accorte La Vrillière le prendrait pour elle, étant jolie et femme d'expérience. « Elle mènerait le roi dans quelque bosquet et lui ferait faire... (3). »

Néanmoins l'intrigue échoua. Aux légers scandales qui se produisirent à Chantilly, le roi ne fut point mêlé, et tout porte à croire qu'il revint comme il était parti, sans avoir voulu tâter (4) de ce que lui auraient offert avec une complaisance infinie toutes ces obéissantes sujettes.

(1) Notons pour être complet que la sémillante marquise de la Vrillière — mais peut-être se vantait-elle — fut signalée par plus d'un « mirliton » contemporain comme ayant réussi. Le gazetier Prévost de Maisons, entre autres libellistes, le mentionne expressément (27 mars 1725).

(2) On trouvera à l'*Appendice* les chansons amusantes, mais lestes, qui furent composées à cette occasion.

(3) Ce détail, comme ceux qui précèdent, sont empruntés à Barbier, *loc. cit.*

(4) MARAIS, août 1724.

Malgré sa robuste constitution, Louis XV n'échappait pas à des indispositions, à des accès de fièvre parfois inquiétants. En août 1721, il ressentit, à son réveil, des souffrances à la tête et à la gorge ; un frisson survint, et, dans l'après-midi, son état empirant, le malade se mit au lit (1). Il ne se serait probablement pas relevé sans Helvétius. « Les médecins avaient perdu la tête : il conserva seul la sienne ; il opiniâtra une saignée au pied dans une consultation, où M. le duc d'Orléans fut présent, il l'emporta (2) » et guérit le Roi (3). En février 1723, nouvelle indisposition, « dont la cause était d'avoir trop mangé (4) ». Mais celle-là fut sans gravité, en dépit de l'imprudence du jeune monarque qui préféra, conte Villars, une promenade

---

(1) SAINT-SIMON, t. XVII. Ch. XIII, p. 260.

En août 1721, Dubois écrivait pour rassurer les agents de la France à l'étranger sur la santé du roi : « Soyez certain que tout ce que vous entendez débiter malignement sur la foiblesse du tempérament du roi, et sur sa mélancolie, est entièrement faux. Sa santé est parfaite. Il se fortifie tous les jours, et il n'y a aucune de ses journées où, après avoir donné la matinée à ses études, il ne prenne quelque nouveau divertissement l'après-midi, et entre un très grand nombre de seigneurs jeunes qui sont autour de Sa Majesté. Il n'y a personne qui ait plus de gayeté qu'elle. »

Cette dépêche prise aux Archives du Consulat de Venise est citée par les Goncourt dans leurs *Portraits intimes du XVIIIe siècle*.

(2) SAINT-SIMON, *ibidem*.

(3) « Les médecins, réunis à son chevet, explique le Dr Cabanès, proposent une saignée. Maréchal s'y oppose énergiquement, mais, sur l'intervention d'Helvétius, qui déclare que « si c'était son fils, il le saignerait à l'instant », la Faculté, représentée par Dumoulin, Sylvo, Camille et Falconet, décide qu'on piquera la veine. . . . . Grâce à Helvétius, qui prescrivit une dose assez forte d'émétique, le roi eut une terrible évacuation par en haut et par en bas, qui le soulagea incontinent. » *Cabinet secret de l'histoire*, p. 31 et 32.

(4) *Mémoires du maréchal de Villars*, t. III.

au remède proposé, ce qui lui valut la fièvre. Un lavement et une saignée eurent vite raison de cette indigestion fébricitante. Le malaise qui donna les plus vives inquiétudes se déclara en février 1725.

« Le 19 de ce mois, écrit Menin, le Roi se trouva incommodé d'un rhume qui augmenta considérablement le 20, et fut accompagné d'une fièvre, de sorte que ses médecins se déterminèrent à le faire saigner au bras vers les quatre heures après midi. Le mal de teste continuant, ils consultèrent, et Sa Majesté fut saignée au pied à onze heures du soir. Cette dernière saignée et une potion qu'on lui fit prendre le 21 au matin ont eu tout l'effet favorable qu'on en attendait : la fluxion a été détournée, et le Roi est hors de tout danger. »

Cette indisposition fut très commentée dans le public, et l'on se remit à craindre que le roi ne pérît sans postérité, si on lui faisait attendre la nubilité de l'Infante (1). Une telle conjecture valut, on le devine, de pénibles angoisses à M. le Duc, toujours en alarmes quand il songeait à la situation qui lui serait faite si le Roi venait à mourir sans héritier. Ses perplexités et ses terreurs, le récit de Duclos les dépeint non sans agrément :

« Si Monsieur le Duc s'occupoit comme il pouvoit des affaires de l'État, il étoit encore plus attentif à ce qui l'intéressoit personnellement. Quelque bien affermi que fût son ministère, il sentoit que sa puissance

(1) Villars, t. III (1725).

tenoit à la vie du Roi qui avoit à peine quinze ans, et que l'Infante n'en ayant encore que huit, il se passeroit encore plusieurs années avant que ce prince eut des enfants. Si dans l'intervalle on avoit le malheur de le perdre, la couronne passoit au roi d'Espagne ou dans la maison d'Orléans ; et dans l'un ou l'autre cas M. le Duc n'étoit plus maître. Le jeune prince ayant eu une fièvre avec des symptômes qui paraissoient dangereux, fut saigné deux fois. La maladie ne fut pas longue, mais tant qu'elle dura, M. le Duc fut dans les plus grandes alarmes. Comme il couchoit dans l'appartement au-dessus de celuy du Roi, il crut une nuit entendre plus de bruit et de mouvement qu'à l'ordinaire. Il se lève précipitamment et monte tout effrayé en robe de chambre. Maréchal, premier chirurgien, qui couchoit dans l'antichambre, étonné de le voir paroître à une telle heure, se lève, va au-devant de lui et lui demande la cause de son effroi : M. le Duc, hors de lui, ne répond que par monosyllabes : « J'ai entendu du bruit... le Roi est malade... que deviendrai-je ? » Maréchal eut peine à le rassurer et l'engagea à aller se coucher ; mais tout en le conduisant, il entendit, comme un homme qui croit ne parler qu'à soi-même : « Je n'y serai pas repris ; s'il en revient, il faut le marier. »

La résolution du Duc fut dès lors arrêtée ; il allait s'efforcer activement de nouer une autre union.

CHAPITRE V

LE RENVOI DE L'INFANTE.

M. le Duc à l'action. — L'abbé de Livry est chargé d'annoncer la fâcheuse nouvelle à Leurs Majestés Catholiques. — Rappel de Tessé. — Lettre de Louis XV au pape. — Lettre du P. de Linières au P. Bermudez. — Les instructions de M. le Duc. — Angoisses et désespoir de Livry. Il annonce la rupture. — Colère de Leurs Majestés. — Représailles de l'Espagne. — Livry reçoit l'ordre de sortir du royaume. — Nouvelles instructions de M. le Duc. — Mots de l'Infante. — On lui déguise la vérité. — Voyage du retour. — Une boutade prophétique. — Arrivée en France de la veuve de Luis Ier et de Mlle de Beaujolais. — Mauvais tour que leur joue M. le Duc. — Les envoyés espagnols et les présents français. — Suites du renvoi de l'Infante. — La guerre évitée. — Mélancolie de Tessé.

Tout retard pouvait devenir funeste. On était en février 1725, l'Infante allait avoir sept ans, il faudrait alors tenir la promesse faite à l'Espagne et célébrer les fiançailles. Le public s'en souvenait. « Cette princesse, disait-on couramment, sera fiancée à Sa Majesté le deuxième du mois d'avril prochain, et quelques jours après l'on croit que le Roy formera sa maison (1). »

C'eût été une faute aux conséquences énormes que d'attendre davantage pour revenir sur un engagement si formel. Le premier ministre cessa donc d'hésiter, et l'on décida que le roi de France annoncerait lui-même

(1) *Annales de Menin*, 7 février.

par lettre sa résolution au roi d'Espagne. Cette missive ne pouvait guère être remise par Tessé lui-même, que Leurs Majestés aimaient profondément, certes, mais qui ne savait rien des délibérations déjà tenues. Connaissant son ardent désir pour l'alliance espagnole, M. le Duc craignait en outre un refus de sa part (1); d'ailleurs le maréchal, fatigué des intrigues au milieu desquelles il se débattait, soupirait après une retraite, cette fois définitive, et demandait instamment son rappel. Aussi confia-t-on cette fort désagréable mission à l'abbé Sanguin de Livry, notre chargé d'affaires en Portugal, obligé de quitter Lisbonne à la suite de difficultés d'étiquette soulevées par Jean V, monarque aux entêtements bizarres (2).

Ce fils du premier maître d'hôtel de Louis XIV, descendant d'un échevin de Paris, prestolet sans surface qui n'avait pu, sous le feu roi, devenir auditeur de rote, ne passait pas, s'il faut en croire Marais, pour l'abbé le plus catholique du clergé (3). Il ne manquait ni d'esprit

(1) « J'avais représenté très fortement qu'il fallait charger M. de Tessé d'apprendre cette nouvelle au roi d'Espagne », dit Villars ; mais on épargna ce chagrin suprême au vieux maréchal ; une lettre de lui que nous citons plus loin, prouve qu'on lui laissa tout ignorer, et le président Hénault commet une erreur manifeste en avançant que Tessé « fut rappelé pour avoir net refusé la commission ».

(2) Le roi de Portugal ne consentait pas à ce que son secrétaire d'État Mendoza fit, le premier, une visite à notre chargé d'affaires, comme le voulait l'usage.

(3) Dès 1710, le chef de la maison française de Philippe V écrivait au duc de Saint-Aignan, à propos de Livry : « On était au moment de vous l'envoyer comme adjudant pour vous tenir le menton dans les affaires qu'on croirait difficiles, mais j'ai représenté l'homme comme beaucoup moins capable de vous tenir le menton que de vous manger dans la main. »

ni de savoir, mais ses qualités diplomatiques trop peu solides ne lui permettaient guère de représenter brillamment la France en Espagne, et de plus, « il n'était pas connu du Roi ni de la Reine ». On le prit faute de mieux ; il fallait bien que la commission se fît. Enfin, pour faciliter les voies au nouveau mandataire, M. de Morville, en rappelant Tessé (1), le pria de faire sonner bien haut la prétendue « confiance que M. le duc avoit en l'abbé de Livry » et de recommander fortement à Philippe V ce médiocre successeur, qui avait évidemment besoin d'être appuyé. Le roi ressentit une peine très vive du départ du maréchal, et il lui témoigna son estime par des attentions pleines de délicatesse : M. de Tessé prit dans l'ordre de la Toison d'or la place que laissait vide la mort de Luis Ier, et reçut, avec l'épée, la toison de ce prince, que la Reine lui « planta au cou », ce sont ses propres paroles, en le relevant de lui faire sa révérence. « Vous jugerez des diamants, ajoute-t-il, car pour moi je ne m'y connais point du tout ; je ne me connais qu'à la manière et à la grâce dont cela s'est passé (2). »

Pendant ce temps, M. le Duc dépêchait un courrier au cardinal de Polignac, à Rome, pour le charger de défendre les intérêts de la France auprès du Saint-Siège et d'y bien faire ressortir tous les dangers que courrait le

---

(1) Insistons sur ce point que trop d'historiens ont méconnu : Tessé demanda lui-même son rappel, instamment, obsédé des cabales et des intrigues espagnoles, à bout de force et de courage ; le 11 décembre 1724 il écrit à M. le Duc: « Tirez-moi de ce labyrinthe, car je n'y puis durer. »

(2) Arch. Aff. Étr., t. 335.

jeune Louis XV, s'il lui fallait attendre que l'infante fut en âge d'être mariée. De son côté, le Roi demandait au pape, par lettre, de vouloir écouter favorablement son représentant.

« Très Saint Père, disait-il, c'est dans le sein du père commun des fidèles que je viens déposer aujourd'huy une résolution que l'intérest de la religion, la tranquillité de mon royaume et même celle de l'Europe, enfin les instances réitérées de tous mes sujets, m'ont forcé de prendre pour satisfaire à ce que je leur dois et à ce que je dois à moi-même. Le cardinal de Polignac est chargé par moi d'instruire Votre Sainteté de mes plus secrètes intentions. Je la supplie de l'écouter avec ce zèle de charité et de religion qui attire l'amour et le respect de tout le monde chrétien. Le cardinal de Polignac confiera tout à la fois à Votre Sainteté ce qu'exige de moi un devoir nécessaire et ma juste douleur de ne pouvoir concilier dans cette occasion un intérest si pressant avec la satisfaction que le Roi d'Espagne eust eu de voir effectuer mon mariage avec l'Infante sa fille. Mais Votre Sainteté sait également ce qu'un roy doit à son peuple et ce qu'un chrétien doit à sa conscience. J'espère que quand elle sera parfaitement informée des motifs de ma détermination, elle la jugera aussi indispensable qu'elle l'est en effet.

« Votre très dévôt fils (1),   « Louis. »

Benoît XIII donna audience le 6 mars au cardinal, et c'est dans le plus grand secret, toutes portes closes, que

---

(1) Archives Nationales K. 139, n° 24⁹⁹.

celui-ci annonça au Souverain Pontife le dessein du Roi. « Le Pape de temps en temps joignait les mains et levait les yeux au ciel (1). » Les raisons de cette rupture ne lui échappaient point, et il le montra bien lorsqu'il dit à son interlocuteur : « que tout le monde avait été surpris et fâché qu'on eût poussé si loin toutes les marques extérieures d'un engagement qui ne pourrait s'accomplir sans exposer la France et l'Europe à des malheurs infinis et qui ne pouvait se rompre sans risquer une inimitié cruelle entre les deux couronnes ; que le mal étant fait depuis longtemps, il voyait bien qu'on ne pouvait ni reculer ni se dispenser de choisir entre ces deux extrémités, et qu'il avouait que la seconde était encore moins dangereuse que la première (2). » Aussi le Saint-Père promit-il de recommander à Dieu cette affaire et d'écrire de sa main à Philippe V (3).

Le 8 du même mois, le cardinal recevait la copie de cette lettre. Le pape, après y avoir communiqué au roi d'Espagne « l'agitation de son cœur », le priait instamment « de ne point refroidir l'amour que le sang lui inspirait pour Louis XV, et de faire encore une fois au Seigneur le sacrifice de son royal cœur ». Puis il lui demandait, au nom de la divine sagesse, « d'admettre avec bonté ses paternelles insinuations ».

La déception de l'abbé de Livry fut cruelle lorsqu'il arriva, en mars, au terme de son voyage. Ce plénipo-

(1) *Lettre du cardinal de Polignac au duc de Bourbon* (Archives Nationales, K. 139, n° 24^{90}).
(2) *Ibidem.*
(3) *Ibidem.* On trouvera cette lettre à l'*Appendice.*

tentiaire improvisé était parti pour l'Espagne, tout joyeux, presque enivré par sa nouvelle fortune, et il trouvait au débotté, avec un volumineux paquet de M. le Duc, une première lettre qui l'informait de la pénible mission qu'on attendait de son dévouement. Dur réveil! Après lui avoir exposé les motifs de la rupture, le Duc de Bourbon ajoutait :

« Lorsque le courrier que je vous dépesche vous aura remis le paquet dont il est chargé, vous demanderés une audience particulière au Roi et à la Reine d'Espagne. Vous trouverés Leurs Majestés dans la plus vive douleur, et je la ressens moy-mesme au-delà de tout ce que je puis vous dire. Vous ne peindrés qu'imparfaitement celle de Sa Majesté en employant les termes les plus forts pour la représenter au roi et à la reine d'Espagne : mais vous leur ferés envisager la multitude des motifs qui forcent l'inclination de Sa Majesté et l'envie qu'elle a toujours eue de ne rien faire qui pust peiner ou blesser un prince qu'elle aime et qu'elle chérit. Vous représenterés qu'à cette peine se joint celle de consentir à l'éloignement d'une princesse qui dès l'âge le plus tendre lui annonçoit une société prétieuse, et au royaume un gouvernement heureux. Vous leur demanderés de se dépouiller, autant qu'il est possible, de la tendresse paternelle pour plaindre la situation de S. M. plutost que de lui reprocher un événement aussi contraire à son goût personnel.

« Vous réfléchirés sur ce qu'il est bien triste pour le Roy de se trouver dans des conjonctures où il semble que

S. M. ne puisse pas suivre le mouvement de son entière confiance pour le roy d'Espagne et le consulter luy-même sur une détermination que les vœux des sujets du Roy, leurs représentations, les devoirs de la royauté, et peut-être même les considérations les plus sérieuses de la religion ont rendue indispensable.

« Vous exposerés à LL. MM. combien S. M. espère et désire que cette circonstance ne diminue en rien la bonne intelligence et l'union si nécessaire au bien des deux couronnes. Vous assurerés LL. MM. qu'il n'est rien que le Roy ne fasse pour adoucir leur peine, en leur donnant en toutes occasions les marques les plus essentielles de sa tendre amitié pour elles (1) ».

Et comme s'il eût pris en pitié la situation lamentable de l'infortuné qu'il chargeait d'un rôle si ingrat, M. le Duc s'efforçait de lui indiquer les raisonnements capables de calmer un trop légitime courroux :

« L'affaire est en elle-même si douloureuse pour le roi et la reine d'Espagne que je ne serois point étonné que vous n'ayés pas tout le temps nécessaire pour vous faire écouter; mais employés tout ce que votre habileté et votre patience pourront vous suggérer pour faire entendre ce que vous pourrés des raisons que vous avez à employer pour calmer LL. MM.

« Enfin s'il ne vous estoit pas possible d'y réussir autant qu'il seroit nécessaire, employés tous les canaux par lesquels vous pourrés faire passer à Leurs Majestés les motifs de la résolution du Roy...

---

(1) Arch. nat. K. 139 B n° 24^{30}.

« Si dans l'audience que vous aurés du Roy et de la Reine d'Espagne ils vous disoient quelque chose qui supposast qu'ils me croiroient intéressé personnellement dans la résolution de marier le Roy, vous leur ferés entendre que, lorsque j'ay cédé aux représentations publiques, je n'ai point songé à m'en prévaloir pour des veues particulières (1). »

M. le Duc supposait les Espagnols capables de se livrer à de tels excès de rage déçue qu'il recommandait à l'abbé de Livry de « faire le mort », si Tessé était déjà en route pour la France, et de ne remettre ses lettres que lorsque celui-ci aurait eu le temps de passer la frontière (2). En même temps, il conseillait au vieux maréchal de gagner la France en brûlant les étapes (2). Bien plus, comme il eût été impolitique de négliger le confesseur de Philippe V, il ordonna au Père de Linières

(1) Arch. nat. K. 139 B.
(2) « Depuis que le paquet est fermé, disait-il, je juge à propos, Monsieur, de vous mander de supputer si M. le maréchal de Tessé peut estre sorti d'Espagne. Au cas où il ne peut pas l'estre, différés l'exécution de vos ordres jusqu'à ce que vous crussiés qu'il pust estre hors d'Espagne, pourvu que cela n'excédât pas 4 jours ; et s'il est encore à Madrid, suivés ce que je vous mande pour mes autres lettres et dites seulement à M. le maréchal de Tessé de brûler toutes les lettres particulières que je lui ai écrites. » Arc. nat. K. 139 n° 2484.
(2) « J'ai ordonné, Monsieur, écrivait-il, au courrier que je despeche aujourd'hui à Madrid de vous remettre cette lettre en chemin s'il vous y trouve, et aussitost que vous l'aurez reçue, si vous êtes encore en Espagne, pressés votre marche de manière que vous soyés sorti de ce royaume dans le tems que Bernières arrivera à Madrid. J'ai des raisons particulières pour vous donner cet avis, et vous les apprendrés à votre arrivée icy. Et si vous étiés encore à Madrid, lorsque cette lettre vous sera rendue, vous saurés par celle que l'abbé de Livry vous remettra le sujet de l'expédition de ce courrier et quelles sont les intentions de Sa Majesté sur ce qui y a rapport. » *Ibidem*, n° 2486.

d'écrire une lettre pressante au Père Bermudez. Le prêtre français obéit, en insistant avec une vigueur habile sur l'irréligion et sur les mauvaises mœurs de la Cour auxquelles il importait d'arracher le jeune roi :

« MON RÉVÉREND PÈRE,

« J'ay été averti qu'on devoit dépescher un courrier demain à Madrid, pour un sujet sur lequel j'ai cru qu'il était à propos de prévenir Votre Révérence, parce que je prévois la peine extrême qu'il ne peut manquer de faire au Roy auprès de qui vous avés l'honneur d'être. (Il donnait ici les raisons de la rupture.) Faut-il, continuait le P. de Linières, que le roi ait encore huit ans à attendre avant de donner des héritiers à ses sujets? Et pourquoi la Providence n'a-t-elle point ménagé les choses pour qu'une princesse si digne de lui vint au monde six ou sept ans plutost? Le Roi est au milieu d'une Cour où la Religion ne domine pas et où tous ceux et toutes celles qui la composent cherchent à lui plaire, et plusieurs peut-être à le séduire. Quels dangers ne peut pas courir l'innocence d'un jeune prince dans une telle situation! Et si une fois il était assez malheureux pour donner dans les écueils où tant de jeunes gens dont il est environné peuvent le précipiter par leurs mauvais exemples et leurs mauvais discours, quelles suites funestes pour sa conscience et pour l'intérest d'un État! Or, pour peu qu'on soit instruit des vices et des passions qui règnent dans cette Cour, on peut penser avec raison qu'il faudroit un miracle aussi grand que celui des trois enfants préservés du feu dans la fournaise de Babilonne, pour qu'un jeune prince pust pendant huit ans se conserver dans la crainte de Dieu et dans l'innocence, s'il n'est point retenu par les liens du mariage. C'est ce qui doit faire impression sur Sa Majesté Catholique auprès de qui les raisons éternelles ont plus de poids que toutes les considérations humaines... Que serait-ce qu'un Roy dont le cœur seroit gasté et sans Religion ?

« J'ay cru dans les circonstances où j'ay appris qu'estoient les choses devoir vous instruire de tout ce que j'ay l'honneur de vous marquer. J'espère que vous ne les désapprouverés pas et que vous me saurés même quelque gré de mon zèle et de ma confiance. Vous en verrés mieux que moi l'usage que vous en pouvés faire (1). »

On ne sauroit dire les angoisses et le désespoir de l'abbé de Livry lorsqu'il eut pris communication de ces terribles dépêches. M. le Duc lui écrivait « de se conduire de manière que ses démarches et ses discours portent le caractère de la plus sincère douleur (2) ». Recommandation superflue, le malheureux envoyé se trouvait trop atterré pour ne pas ressentir une douleur sincère. C'est la tête perdue, tout en larmes, qu'il se jeta aux pieds de Leurs Majestés Catholiques, lorsque le jour fatal arriva (le 9 mars) de leur exposer les raisons pour lesquelles le roi de France était obligé de prendre une détermination si contraire à son attachement pour le roi d'Es-

(1) Arc. nat. K. 139 B, n° 24⁸⁷.
(2) Arc. nat. 2ᵉ lettre de M. de Livry, 1ᵉʳ mars.

pagne. Philippe V, plein de colère, mais digne, ne voulut même pas recevoir les lettres de Louis XV et de M. le Duc. Quant à Élisabeth, blessée, humiliée dans son amour-propre de reine et dans son affection de mère, elle ne put contenir ses imprécations contre « la race des Bourbons » et tomba malade bientôt après.

L'affront d'une telle rupture appelait des représailles, elles ne se firent pas attendre. Le renvoi de la jeune reine douairière d'Espagne, veuve de Louis Ier, fut fixé au 15 mars, et l'on décida que sa sœur, Mlle de Beaujolais, promise de Don Carlos, partirait avec elle. Quant à l'infortuné Livry, il reçut l'ordre de quitter Madrid dans les vingt-quatre heures et l'Espagne dans un délai de quinze jours, et cette mesure s'étendit à tous les consuls français. Enfin, on se hâta de rappeler tous les ministres d'Espagne en France (1).

Parti le 20, l'abbé de Livry reçut, le 23, en route, un courrier d'Henri de Bourbon renfermant une nouvelle lettre de Louis XV pour son oncle et la traduction de la lettre du pape à Philippe V. M. le Duc ignorait les décisions prises en Espagne, et ne se doutait point qu'elles pussent être aussi rapides et aussi implacables ; aussi envoyait-il au malheureux plénipotentiaire de nouvelles instructions.

---

(1) « Tout a changé en Espagne ; ils se sont vraiment fâchés et ont renvoyé la reine douairière et la princesse de Beaujolais, qui sont arrivées à Bayonne sans qu'on en ait rien su et qu'on ait envoyé au-devant. L'abbé de Livry, le comte Robin qui étoit là assez malgré lui et qui étoit un commis du cardinal Dubois, que l'Espagne a fait comte, et tous les consuls français sont aussi renvoyés. » (MARAIS, t. III, avril 1725.)

« Quoique vous paroissiés craindre, lui disait-il, que désormais tout accès auprès de LL. MM. ne vous soit fermé, je ne puis croire qu'Elles vous refusent l'audience que le Roy veut que vous leur demandiés. Si vous l'obtenés, comme je l'espère, épuisés de rechef tout ce que vous avés lu dans ce que je vous ai écrit ; ajoutés-y ce qu'un serviteur de deux Roys aussi fidèle et aussi zélé que vous l'estes peut imaginer sur une semblable matière. Si la qualité de ministre d'un Roy dont vous avés la dignité à soutenir apportoit le moindre obstacle à l'onction qu'il est nécessaire en cette occasion de mettre en vos discours, Sa Majesté veut bien que vous vous réduisiés à parler en ministre d'un Neveu. En un mot, elle veut que vous ne mettiés aucune borne à vos instances pour obtenir au moins de ce prince qu'il lise non seulement la seconde lettre du Roy, mais surtout la première, et celle que j'ay pris la liberté de lui écrire... En cas qu'il vous devînt impossible d'approcher de Sa Majesté Catholique, cherchés quelque voye pour lui faire parvenir cette seconde lettre du Roy comme pourroit estre le canal du marquis de Grimaldo ou celui du P. Bermudez. L'un et l'autre vous manquant, recourés à l'entremise du nonce (1). »

Et dans une seconde lettre du même courrier, plus personnelle, il ajoutait : « Je désire et même la volonté du Roy est que vous demeuriés en Espagne aussi longtemps que vous le pourrés. Ne prenés pas pour un ordre

---

(1) Arc. nat. K 139 B, n° 24^{88}.

l'interdiction que le Roy Catholique pourroit vous faire signifier de son palais, et à moins qu'il ne vous fasse dire expressément de vous mettre en chemin, ne quittés point Madrid. Les ruptures se raccommodent aisément tant qu'il y a un ministre de l'une des puissances chez l'autre, au lieu que les réconciliations se font difficilement et lentement quand il n'y a plus moyen de communiquer ensemble...

« Supposant que l'audience vous soit accordée et que le roy d'Espagne vous demandast si vous lui apportés quelque meilleure nouvelle, vous lui répondriés que vos ordres se bornent à engager Sa Majesté Catholique à lire la lettre du Roy et la mienne, Sa Majesté ne doutant pas qu'elle ne se rende aux raisons qui y sont expliquées (1). »

Le Duc recommandait en même temps à notre chargé d'affaires d'assurer au roi d'Espagne qu'il n'avait eu, lui, premier ministre, « aucune vue particulière ou personnelle, et qu'il n'était conduit en tout ceci que par les raisons d'État et les intérêts du roi (2). »

Honteux et désespéré du rôle qu'on lui avait fait jouer par surprise, l'abbé de Livry n'eut pas le courage de revenir sur ses pas ; qu'aurait-il pu, d'ailleurs, contre la colère du monarque ? Continuant sa route, il se borna

---

(1) Arc. nat. K 139 B, n° 2489.
(2) M. le duc avait si peur d'un tel soupçon chez le roi d'Espagne qu'il écrivit au marquis de Monteleon à ce sujet. On trouvera cette lettre à l'*Appendice*, avec la réponse habile du marquis.
Au mois d'août de la même année Fleury écrivit également au roi d'Espagne. Voir à l'*Appendice* cette longue lettre plus adroite et plus ferme d'accent que ne l'est d'habitude la correspondance de Fleury.

donc à envoyer au marquis de Grimaldo la lettre de Louis XV. Le marquis la retourna, Philippe V n'avait pas voulu la lire.

Revenons à l'Infante et voyons quelles réflexions le bruit de son prochain renvoi inspirait aux Parisiens.

« Le bruit s'est répandu, écrit Marais, que la résolution étoit prise de renvoyer l'infante en Espagne et de marier le roi à une autre princesse de son âge, afin qu'il puisse bientôt donner des successeurs à la couronne. Le conseil s'est tenu hier où étoient le roi, le duc d'Orléans, M. le Duc, le maréchal de Villars, l'ancien évêque de Fréjus et le comte de Morville, et où ce parti a été pris. Cela donna lieu à bien des discours bons et mauvais (1). » A la vérité, on convenait dans le public de la chétivité de l'infante et de son jeune âge; on reconnaissait sans peine qu'il se passerait encore trop de temps avant qu'elle pût être mariée à Louis XV, mais la raison dernière de son renvoi ne trompait personne : « Si le roi garde l'Infante, il n'aura d'enfans de 7 à 8 ans d'ici : il peut mourir. La branche d'Orléans régnera et celle de Condé sera disgraciée et rejetée bien loin. Il faut donc renvoyer l'Infante (2). » Nous avons rappelé plus haut combien la minuscule princesse séduisait par sa grâce ingénue, ses mots gentils de fillette à l'esprit précoce; Marais rapporte à ce sujet une anecdote charmante.

— « Maman, dit la royale enfant à Mme de Venta-

(1) Marais, t. III.
(2) *Ibid.*, mars 1725.

dour, en se plaignant de la froideur du roi, ne nous aimera-t-il jamais?

— « Quand il sera votre mari, répondit la duchesse, il vous aimera. » Quelques jours après arrive une lettre de son frère Don Carlos, et elle y lit la belle affection de celui-ci pour Mlle de Beaujolais. — « Maman, s'écrie-t-elle aussitôt, ils ne sont pas mariés, et ils s'aiment (1)! »

Très aimante, elle aussi, son bonheur était réel de posséder « un petit dauphin, homme de cire qui lui servoit de poupée » (2). Par de telles qualités d'esprit et de cœur, elle avait fini par conquérir tous les Français. Aussi « non seulement la nation n'avoit pas une impatience qu'on lui supposoit, dit Moufle d'Angeville, mais elle s'habituoit déjà à voir croître sous ses yeux sa reine future. Elle commençoit à s'y intéresser (3). » Quant aux gazettes de Hollande, écho du sentiment public, elles ménagèrent peu les artisans de la rupture (4).

---

(1) Marais, t. III, mars 1725.
(2) *Journal du marquis de Calvière.*
(3) *Vie privée de Louis XV*, t. I.
(4) Rédigée à Clèves, la *Gazette sans privilège*, qui n'est tenue à aucun ménagement, imprime ce qui suit (p. xxii) : « Rien ne serait bien fait à la Cour si les dames ne s'en mêlaient. Deux entr'autres ont joué dans cette affaire (la rupture du mariage avec l'infante) un rôle de galanterie dont elles tireront quelque profit. Mais je sens que je vais m'écarter de ma simplicité. Je voulais dire bonnement que la marquise de Prie, maîtresse du duc de Bourbon, et la marquise de la Vrillière seraient élevées à la dignité de duchesses et ensuite de dames de Palais de la future reine de France. La première l'a bien mérité par ses sollicitations pour le renvoi de l'infante, et la seconde pour avoir rendu sensible le jeune monarque qui a pris avec elle des ébats amoureux qui lui ont donné le goût pour le mariage, ce qui lui a fait croire que le roi était en état d'avoir une

Il n'était pas admissible qu'on annonçât brutalement son renvoi à la pauvrette ; on recourut à l'adresse, seule possible ; mais ce ne fut pas sans quelque perfidie : on lui conta que ses parents visitaient leur royaume, « qu'ils viendroient près de Bayonne, et qu'ils auroient bien envie d'embrasser leur fille, venant si près de la France ». Elle fit la réponse attendue, « qu'elle seroit bien aise de les voir, et le tour fut joué. C'est ainsi qu'on lui mit en tête l'idée de ce long voyage, vraie trahison de cœur (1). »

La petite princesse, déjà trompée, partit donc, convaincue qu'elle allait simplement embrasser le roi et la reine d'Espagne. Mme de Ventadour « fit la malade » pour ne pas l'accompagner de nouveau, et la maréchale de Tallard dut remplacer la bonne duchesse dans la fonction de « maîtresse des voyages » (2). Quant au roi, il s'était rendu à Marly pour ne point dire adieu à celle que tant de raisons l'obligeaient à répudier avant qu'elle eût été réellement son épouse.

Deux voitures du roi, huit carrosses pour la suite et les officiers de la cour (3), plus cinquante gardes du

femme qui payât à la nature le tribut périodique, à quoi sont sujettes les filles nubiles. Ce dernier article donne une belle matière à la broderie ; mais la matière est trop grasse, et nous sommes en carême. »

(1) Marais, t. III.

(2) Le duc de Duras, M. de Lesseville et le maître des cérémonies des Granges avaient été officiellement désignés pour faire partie du cortège.

(3) « Elle est conduite par la duchesse de Tallard, sous l'escorte d'un détachement de 50 gardes du roi, commandé par M. de Lafonds, lieutenant de la Compagnie de Charost, et par deux exempts. Le reste de l'équipage est proportionné aux honneurs que le roy a jugé à propos de rendre à cette princesse. » (*Annales de Menin.*)

corps, composaient le cortège. Le départ eut lieu le 5 avril. De Versailles on se dirigea sur Bordeaux, où les magistrats de la ville vinrent saluer au passage cette reine, déchue avant d'avoir régné, qu'ils avaient reçue si magnifiquement, quelques années plus tôt. Puis, comme on voulait éviter la route de Saint-Jean-de-Luz, suivie lors du voyage d'arrivée, on prit celle qui mène à Saint-Jean-Pied-de-Port. C'est là que, le 17 mai seulement, et non le 13 comme on le souhaitait (1), le marquis de Santa-Cruz reçut, des mains de Mme de Tallard, cette Infante qu'il avait lui-même, en 1721, remise à Mme de Ventadour.

La petite princesse n'avait-elle rien deviné? Sa gouvernante espagnole, dona Maria de Nieves, ou sa confidente favorite, la Loysa Sicardo, n'avait-elle rien révélé? Ou, très fière déjà, dédaigna-t-elle de montrer qu'elle n'était pas dupe du mensonge qu'on lui contait? Toujours est-il qu'en quittant Mme de Tallard, elle la pria de l'attendre. Cependant, la fillette brûlait de ne plus quitter ses parents, et l'on peut admettre avec Marais qu'elle vit dans ce prétendu voyage un renvoi selon l'étiquette. En effet, « elle dit au roi et à la reine qu'elle vouloit demeurer auprès d'eux et ne se point marier, ou, si on la vouloit marier, que son mari vînt la chercher, parce qu'elle ne vouloit plus être renvoyée (2). »

---

(1) Le 13, le cortège n'était qu'à Bayonne. Il s'y reposa trois jours, pendant lesquels l'infante, descendue à l'archevêché, fut entourée de soins par la veuve de Charles II.
(2) Marais, t. III.

Quoi qu'il en soit, l'affaire était terminée, et, après l'échange des actes officiels, les Espagnols se hâtaient d'emmener la fille de leur roi. « Le mariage de l'Infante finira comme le système de Law, » avait déclaré peu d'années auparavant le duc de Noailles. La boutade, payée de l'exil, se trouvait être un pronostic.

La jeune reine douairière d'Espagne et Mlle de Beaujolais arrivèrent à Saint-Jean-Pied-de-Port quelques jours seulement après que l'Infante eût quitté cette ville (1). M. le Duc, leur ennemi juré, ayant refusé d'expédier à Vittoria, où elles les attendaient, les carrosses de la Cour, sous le misérable prétexte que l'usage interdisait de faire voyager les souverains étrangers aux dépens du Roi (2), les filles du Régent se seraient trouvées dans un pénible embarras, si la duchesse mère d'Orléans ne leur avait envoyé ses équipages. Grâce à ces retards, les cortèges ne se rencontrèrent pas, et la grossièreté haineuse du duc de Bourbon eut du moins cet heureux résultat d'éviter « la jonction des deux

---

(1) L'Infante était destinée à régner; le prince brésilien qu'elle épousa plus tard devint en 1750 roi de Portugal. Au contraire, la veuve de Luis Ier, qui n'avait été reine que pendant sept mois, termina chez les Carmélites de la rue de Grenelle une vie des moins édifiantes.

(2) Dans un numéro dépareillé du *Nouvelliste sans fard*, retrouvé aux Archives de la Bastille par M. Paul d'Estrée, cette vilenie du du de Bourbon est appréciée vertement. « On attribue ce retardement à un principe d'économie. Ce prince (M. le Duc) trouve, dit-on, qu'il en coûterait trop au roi de France si Sa Majesté défrayait la reine des frontières d'Espagne jusqu'à Paris. Quelle pitié ! Ne semble-t-il pas qu'on parle de quelque petit roitelet des Indes ? Il est aisé de voir qu'on veut voiler quelques raisons secrètes et politiques sous ce prétexte si peu spécieux; mais, j'avoue mon ignorance, je ne suis pas assez pénétrant pour les développer. A vous la balle, messieurs les gens de Cour ! »

accompagnements », pour parler comme la duchesse de Tallard (1).

Pendant que la veuve de Luis Ier et sa sœur s'acheminaient à petites journées vers le château de Vincennes, en compagnie de la princesse de Bergues, fille du duc de Rohan, de Mmes de Conflans et de Nangis, l'Infante courait en poste jusqu'à Madrid, se consolant avec les pierreries que lui avait données Louis XV et que les envoyés de Philippe V ne s'étaient pas fait prier beaucoup pour accepter (2). Bien plus, les Espagnols, manifestant leur parcimonie comme en 1722, emportaient sans scrupules, après qu'ils avaient juré, dit Marais, qu'ils ne prendraient rien, et quoiqu'ils n'eussent offert aucun présent aux Français de l'escorte, « la quantité prodigieuse d'habits, de linge, de toute sorte de provisions que le roi avait fait acheter pour cette princesse (3). »

---

(1) Toutefois, le duc crut devoir envoyer au-devant des deux princesses le prince Charles de Lorraine, grand écuyer de France, et une escorte d'officiers de la Cour. C'est à Étampes que la rencontre eut lieu. Les filles du Régent furent escortées jusqu'au château de Vincennes, où la jeune reine devait résider, « emprisonnée dans la grandeur. »

(2) Ces envoyés « se firent faiblement tirer l'oreille pour accepter », écrit à Morville le duc de Duras.

(3) La garde-robe neuve dont Sa Majesté fait présent à cette princesse, raconte Menin, est composée de 3 robbes de jour en étoffes d'or et d'argent de différentes couleurs, de 4 robbes de chambre de semblables étoffes, de 2 habits habillés en brocart d'or et d'argent, d'une robbe avec le corps de robbe de drap d'or, de 5 escharpes, tabliers et palatines, de raiseaux d'or et d'argent, de 2 habits de chasse complets avec leurs chapeaux, plumets et grands raiseaux qui en dépendent, de 27 paires de bas de soie, 12 douzaines de paires de gants et d'autant de paires de mitaines, de 4 toilettes de point, de 2 couvre-toilettes, l'un de drap d'or surhaussé de broderie, l'autre de velours cramoisi brodé

Les suites du renvoi de l'Infante sont dans toutes les mémoires. Le roi d'Espagne et son ancien rival l'empereur Charles VI signèrent un traité auquel notre premier ministre répondit par l'alliance de Hanovre conclue avec l'Angleterre, la Prusse et les Provinces-Unies ; des préparatifs de guerre eurent lieu à la frontière, et Sa Majesté Catholique publia un manifeste belliqueux (1). Rappelant que, sur la simple demande du Régent, il avait jadis révoqué et fait sortir de ses États le cardinal Alberoni, Philippe V affirmait n'en pas vouloir à la nation qui, tant de fois, avait versé son sang et dépensé son or pour l'Espagne. Mais il voulait tirer vengeance du ministre sans foi, qui, mû par de vils intérêts, venait de rompre des engagements solennels, et il demandait la révocation de M. le Duc, persuadé que la France entière lui donnerait raison. Devant cette indignation, en somme légitime, notre gouvernement observa la plus grande modération, espérant toujours que Philippe V hésiterait à s'engager dans une guerre trop incertaine, et que le pape parviendrait à adoucir son ressentiment.

De fait, M. de Marcillac put bientôt envoyer à Versailles des notes rassurantes, affirmant que le roi d'Espagne renonçait à « en venir à une rupture de guerre » (2). En même temps, on « travaillait » l'esprit

d'un point d'Espagne. Le linge de jour et de nuit est garny des plus belles dentelles.
(1) Voir l'*Appendice*.
(2) Arch. des Affaires étrangères, Espagne, **1725-1726**, t. CCCXLIII.

public à Paris (1), où, bientôt, l'opinion s'accrédita que, selon la spécieuse comparaison de Marais (2), le Roi, en somme, n'était pas « de pire condition qu'un de ses sujets qui romprait un mariage accordé par son tuteur contre les intérêts de son pupille et par abus de son autorité ». Dans ce hourvari belliqueux, le conciliant Tessé dut ressentir de poignantes alarmes ; trop bon patriote pour ne pas déplorer la rupture de l'alliance franco-espagnole, courtisan trop docile pour manifester bruyamment sa déception, il écrivait à Versailles sur un ton de mélancolie résignée : « Je ne raisonne point... Dieu dans la main duquel est le cœur des rois les dispose comme il lui plaît. J'espère qu'il soutiendra le mien pour le peu de temps qui me reste à vivre... (3). »

Puis il rentra dans sa petite maison des Camaldules, cette fois pour n'en plus sortir (4).

(1) On trouva même des poètes — on en trouve pour toute besogne — qui acceptèrent de célébrer ce manque de parole. Dans son *Clovis*, le piteux Saint-Didier ne ménage pas la louange à M. le Duc, consentant au renvoi de l'Infante afin que pût refleurir la tige royale...
(2) Lettre au président Bouhier.
(3) Archives des Affaires étrangères, Espagne, t. CCCXXXIX.
(4) Il mourut très peu de temps après être rentré en France, le 30 mai 1725.

CHAPITRE VI

A LA RECHERCHE D'UNE PRINCESSE A MARIER.

Les rapports du comte de La Marck. — Première liste des princesses à marier. — Curieuses conclusions du diplomate rapporteur. — Les sœurs de M. le Duc. — Encore l'hostilité contre les d'Orléans. — Premier conseil secret. — Opinions d'Uxelles, de Villars et de Fleury sur le mariage du roi. — Mémoires du duc à Louis XV. — Classement des candidates au trône. — Commentaires sur leurs personnes. — Dernière liste. — Les quatre. — Second conseil secret. — Ingéniosité du premier ministre.

On s'en souvient, c'est dès l'avènement du roi Luis que M. le Duc mit à l'étude le renvoi de l'Infante.

Le comte de La Marck, auquel il s'adressa d'abord, traita la question en cinq mémoires (20 et 30 avril, 26, 28, 30 juillet 1724) (1) sur lesquels il convient de revenir avec quelque détail.

Dans le mémoire du 20 avril, le fin diplomate montrait les avantages d'un prompt mariage du roi ; mais craignant, d'autre part, une brouille avec l'Espagne, il conseillait de faire valoir par-dessus tout à Sa Majesté Catholique les raisons d'ordre moral, les dangers qui résulteraient très certainement d'un trop long célibat imposé à Louis XV ; pour donner plus de poids encore

---

(1) Les deux premiers se trouvent aux Archives des Affaires étrangères, les trois derniers aux Archives nationales.

à ces motifs, il lui paraissait bon qu'on gagnât le confesseur de Philippe V.

Dans le mémoire du 30, il examinait les princesses qui pourraient convenir au roi de France, et recommandait particulièrement une sœur de M. le Duc, ou une fille du duc de Lorraine, sans dissimuler sa préférence pour la seconde de ces princesses, à cause des reproches qu'on pourrait adresser au premier ministre s'il devenait le beau-frère du roi (1).

Le premier mémoire de juillet porte ce titre : *Raisons à donner dans le public.* Convenait-il de rompre le mariage projeté entre le roi et l'Infante? Et, en cas de rupture, quelle princesse choisir? Voilà ce que M. de La Marck y examinait. « L'incertitude de la succession et les dissensions domestiques dans les maisons des souverains, qui ont toujours été l'origine des plus grands maux dans les États, » motivaient le renvoi. En effet, un pays où l'ordre de la succession est incertain ne trouve guère à contracter des alliances avec les puissances étrangères, et les ennemis du gouvernement se trouvent affermis dans leurs mauvaises intentions.

« Quoique le Roy jouisse, Dieu mercy, ajoutait La Marck, d'une santé parfaite et d'une force de tempérament au-dessus de celle qui est ordinaire à son âge, cependant les puissances étrangères, soit qu'elles n'en soient pas instruites aussi bien que nous qui en sommes

---

(1) Il n'est plus du tout question de la princesse de Lorraine, mais d'une *princesse de Condé*, sans spécification de Sens ou de Vermandois, dans le rapport de juillet, classé aux Arch. nat. K 139 B, n° 24.

témoins, soit qu'elles craignent les accidents qui entraînent tous les jours les plus jeunes comme les plus vieux, et les plus forts aussi bien que les plus faibles, sont retenues et bien moins vives depuis quelque temps à prendre des engagements avec la France par l'incertitude où elles sont de ce qui arriveroit, si par un malheur et une fatalité extrême le Roi venoit à manquer sans enfans...

« Un royaume tel que la France ne sauroit être regardé indifféremment par aucune puissance. Les unes, déjà considérables par elles-mêmes et désirant ou de s'agrandir encore ou d'avoir la première et principale influence dans les affaires de l'Europe, sont jalouses de la grandeur de la France qu'elles regardent comme la seule capable de porter obstacle ou d'arrester leurs desseins, et dans ce principe on peut et doit les compter pour ennemies nées et irréconciliables de cet État; et si certaines conjonctures ou des traités qui ne peuvent subsister les empêchent de faire paroistre leur mauvaise volonté, l'on peut être assuré qu'elles chercheront sous main toutes les occasions qu'elles pourront trouver de traverser la tranquillité du royaume et d'en diminuer la force et la grandeur.

« Tels sont l'Empereur et l'Angleterre. Il y a d'autres puissances qui étant voisines de la France souhaitent ardemment dans le fond de leur cœur de voir susciter des embarras à ce royaume, soit au dedans, soit au dehors, qui puissent lui enlever une partie de ses forces qu'elles ne peuvent s'empêcher de craindre, ou au moins lui oster pour longtemps la pensée et les moyens d'empiéter sur eux. Ces puissances doivent encore être regardées comme les véritables ennemies de cet État. Telles sont la Hollande et le royaume de Sardaigne. Or il est constant que toutes ces puissances seront charmées de voir le Roy sans enfans, et feront même indirectement et sous main tout ce qui dépendra d'elles pour détourner et traverser le dessein qu'on pourroit avoir de procurer au plustost des héritiers au Roy par un nouveau mariage, parce qu'elles espèrent toutes que, les choses demeurant en l'état où elles sont, le Roy peut venir à manquer avant que l'Infante soit en état de donner un successeur. »

Puis, en venant aux dissensions à craindre parmi les sujets, aux rivalités de partis, M. de La Marck ajoutait cette phrase interminable, mais assurément bien faite pour charmer M. le Duc :

« Toujours est-il certain que les choses restant sur le pied qu'elles sont, c'est-à-dire le Roy sans espérance d'avoir des enfans de lontemps, M. le duc d'Orléans conserve sa qualité d'héritier présomptif de la couronne ; ce qui, joint au peu de ménagements qu'on voit au roy pour sa santé, retient dans le parti de M. le duc d'Orléans tous les gens mal intentionnés ou mécontents, et lui laisse tout loisir d'en attirer encore des autres de cette espèce, dont le nombre et la qualité peuvent s'augmenter à un point que le Gouvernement trouveroit des contradictions perpétuelles dans tous ses projets, ce qui produiroit un empêchement total, ou au moins un retardement considérable et nuisible à toutes les opérations qu'on voudroit faire pour le rétablissement d'un royaume qui en a cependant un besoin si essentiel après les cruelles guerres qu'il a soutenu pendant tant d'années, et après les secousses violentes qu'il a essuyé dans l'administration de feu M. le duc d'Orléans, qui a toujours travaillé sur de faux principes, tant pour le dedans que pour le dehors du royaume. »

Un prompt mariage s'imposait donc, mais quelle héritière choisirait-on? Pour résoudre cette deuxième question, plus difficile que la première, M. de La Marck établit une liste des princesses à marier, avec leur âge, leur religion, leurs alliances. On verra plus loin quelques-unes des notes et réflexions qui l'émaillent.

Notre excellent diplomate n'optait pour personne. Prudemment il s'en tenait aux noms et aux détails de sa liste ; ses conseils se bornaient à préconiser le choix d'une princesse qui pût par ses alliances affermir le gouvernement « au point de ne plus laisser de doutes sur sa stabilité ».

Le mémoire (1) du 30 juillet, dit « Mémoire particulier », porte ce titre caractéristique : *Sur l'intérest qu'a Mgr le Duc de rompre le mariage réglé par M. le Duc d'Orléans entre le Roy et l'Infante d'Espagne.* Très étendu, il ne comprend pas moins de neuf articles. L'intérêt de M. le Duc, au dire du comte de La Marck, exigeait le prompt mariage de Louis XV. Le premier ministre n'avait pas de meilleur moyen, en effet, pour affermir

---

(1) Arch. nat. K. 139 B, n° 24^{75}.

en France son autorité, conserver du crédit sur l'esprit du roi et, d'autre part, ravir au duc d'Orléans ses chances de régner. La dernière raison, très curieuse, vaut qu'on la cite tout entière.

« C'est que, le Roy étant marié, quand même il viendroit à manquer sans enfans, la Reine se déclarant alors sur le champ et en plein parlement être grosse, cela arresteroit du moins pour quelques semaines la succession de M. le Duc d'Orléans à la couronne, et même la déclaration de la régence du royaume, qui seroit disputée entre la Reyne et luy, jusqu'à ce qu'on vit l'événement de cette grossesse; et cet interval (*sic*) de quelques semaines pourroit suffire à M. le Duc pour n'estre pas accablé tout d'un coup, et pour lui donner le temps de se reconnoistre et de prendre ses mesures d'une façon ou d'une autre. »

Mais cette rupture n'entrainerait-elle pas des conséquences graves et dangereuses? M. d'Orléans pourrait, dans sa colère, se rapprocher de l'Espagne, et si la guerre éclatait, on ne manquerait pas de reprocher à M. le Duc de l'avoir provoquée. Philippe V se joindrait sans doute à l'Empereur; et il était à craindre que la Suède et la Russie, prêtes encore à s'allier avec la France tant qu'elles la croyaient unie à l'Espagne, ne vinssent à se retirer.

M. de La Marck ne se laissait point effrayer par ces objections, qu'il reconnaissait d'ailleurs très fortes, mais qu'il renversait cependant avec une grande facilité. A ses yeux, le danger consistait dans la rupture avec l'Espagne. Répétant ce qu'il avait déjà dit dans le mémoire d'avril, il conseillait de gagner le P. Bermudez pour faire naitre par ce jésuite dans l'esprit d'un prince timide et dévot « des scrupules sur le besoin que le Roy a déjà actuellement de se marier, sur le danger qu'il y a que le Roy ne prenne des goûts et des habitudes préjudiciables à sa santé et au salut de son âme ». D'ailleurs, si l'Espagne, qui n'avait pourtant aucun intérêt à se brouiller avec nous, ne voulait point accepter les raisons qu'on lui donnerait, la France pouvait encore s'unir à la Suède et à la Russie, et s'assurer la neutralité de l'Angleterre en rapprochant celle-ci du czar. Certes, de telles alliances feraient réfléchir l'Espagne et l'obligeraient à se tenir en repos.

Mais, enfin, il fallait se décider à choisir une princesse. Pourquoi M. le Duc ne mettrait-il pas une de ses sœurs sur le trône? finit par insinuer M. de La Marck.

Le seul obstacle possible à ce mariage, c'était que M. le Duc manquât de temps pour prendre les engagements nécessaires et tout prévoir. Mais il fallait au roi, sans retard, une postérité, et il importait que la princesse élue assurât en même temps des alliances utiles à l'État, et à M. le Duc les moyens de toujours conserver son crédit. C'est ce que le premier ministre ne devait pas oublier, quelque parti qu'il prît; après l'avoir nettement indiqué, le diplomate courtisan terminait son mémoire par ces considérations qu'inspirait la crainte des chances de régner attribuées au duc d'Orléans :

« Mais si les risques et les inconvénients spécifiés au-dessus qui ont couru en renvoyant l'Infante, et en lui substituant soit une princesse de Condé, soit une autre, paroissoient trop grands, et les remèdes qu'on a proposé trop peu seurs et trop faibles, il reste encore un moyen à Mgr le Duc de se mettre à couvert de la mauvaise volonté de M. le Duc d'Orléans et de ses partisans, qui seroit de chercher à conserver son crédit sur l'esprit du Roy par les sages précautions qu'un prince de son rang et premier ministre peut prendre, tant pour étouffer les cabales de cour en leur naissance que pour ne laisser approcher du Roy que ceux dont les sentiments ne lui sont pas suspects, et pendant ce temps prendre des mesures secrètes avec le Roy d'Espagne pour le faire venir en France ! en cas de maladie du Roy, afin d'être seur par ce moyen de n'avoir jamais M. le Duc d'Orléans pour maître. »

M. le Duc, nous l'avons dit, voulant connaitre d'autres avis, consulta en mai M. de Morville, secrétaire d'État des Affaires étrangères. Le fils du garde des sceaux d'Armenonville s'en référa à son premier commis Pecquet, lequel, après un mois de travail et avec l'approbation de son supérieur, présenta un mémoire dont les conclusions reproduisaient à peu près, nous l'avons dit plus haut, celles de M. de La Marck. Fort au courant des affaires espagnoles, qu'il avait pu étudier sur place (1), Pecquet préconisait, lui aussi, pour arrêter la colère de Philippe V, une puissante alliance dans le Nord.

(1) Il avait accompagné Saint-Simon à Madrid lors de l'ambassade de 1721.

Néanmoins, M. le Duc attendit encore, et l'on sait qu'il ne se décida à rompre le mariage que poussé à bout par le refus de la Grandesse au marquis de Prie et par les projets matrimoniaux des d'Orléans. Le 29 octobre 1724, il réunit un premier conseil secret, composé de Fleury, des maréchaux de Villars et d'Uxelles, de M. de La Marck, de M. de Morville et de Pecquet Nous connaissons l'avis des trois derniers, voyons ce que pensaient les autres.

Certaine conversation tenue entre M. d'Uxelles et un envoyé du premier ministre se trouve rapportée dans une lettre adressée au duc de Bourbon (1). Partisan déclaré de la rupture, le maréchal insistait sur l'habileté et la prudence dont il fallait user dans une pareille affaire, d'autant plus que la France — il n'en faisait pas mystère — n'avait ni armée solide ni grandes ressources.

Pour remplacer l'Infante, le maréchal souhaitait une fille du prince de Galles; Mlle de Vermandois, il le reconnaissait, était belle, bien faite et vertueuse, mais il craignait les dangers qu'un tel mariage ferait courir à M. le Duc.

M. de Villars désirait ardemment que le roi eût des enfants; quant à Fleury, il se contenta d'accepter le renvoi. C'est après avoir exposé au conseil les raisons de marier Louis XV et le moyen de calmer la colère de l'Espagne par une alliance avec le czar, l'Angleterre

---

(1) Arch. nat. K. 139, n° 24.

et la Prusse, que le duc de Bourbon prit les avis ; il y eut unanimité absolue sur le renvoi de l'Infante.

Le 31 du même mois, le premier ministre rédigea son rapport au roi :

« J'ai consulté, disait-il à Sa Majesté, les personnes que j'ai cru les plus éclairées et les plus attachées à votre personne et à l'État ; je n'en ai cependant pas pu consulter autant que je l'aurois désiré, la nature de l'affaire ne me permettant d'en parler qu'à des gens du secret desquels je fusse sûr. Tous ont été unanimement d'avis que le salut de l'État dépendoit de vous marier promptement, et leurs raisons sont comprises dans le mémoire cy-joint dont je vais rendre compte à Votre Majesté. »

Ce mémoire (1) était intitulé : *Raisons de marier le Roy*.

« La religion, *base des empires*, la santé du Roy *à laquelle les dissipations du célibat sont presque toujours contraires*, le vœu de la nation qui se fortifie à mesure que Sa Majesté croit, la tranquillité de l'intérieur, *le peuple n'envisageant point sans frémir la guerre qui suivroit la perte du Roy*, le besoin d'avoir la confiance des puissances étrangères qui aiment à s'appuyer non point sur une *jeune plante mais se reposent avec confiance sur un arbre qui jette plusieurs branches*, le danger des entreprises funestes que l'on pouvait craindre des mécontents et des ambitieux, » tels étaient les motifs présentés à Louis XV par M. le Duc, qui ajoutait :

« Je leur ai expliqué les inconvéniens du renvoy de

---

(1) Arch. nat. K. 139 B, n° 2468.

l'Infante qui seroit vraisemblablement suivi d'une brouillerie avec l'Espagne. Nous les avons bien pesés et nous croyons tous que le Roy Catholique, ayant autant de religion qu'il en a, se rendra aux raisons incontestables qui auroient engagé Votre Majesté de prendre le party qu'Elle aura pris, quand elles lui seront bien expliquées ; mais, de plus, nous savons tous qu'une brouillerie avec l'Espagne seroit encore bien plus dangereuse que si Votre Majesté demeuroit huit ans hors de portée de donner des successeurs à son royaume, surtout si l'on estoit assuré des principales puissances étrangères par de bons traités et de bonnes alliances. C'est dans cette opinion que j'ai tant pressé l'alliance entre Votre Majesté, le Czar, l'Angleterre et la Prusse, et elle est maintenant assez avancée pour qu'il y ait lieu de se flatter qu'elle se concluera, suivant toutes les apparences, en très peu de temps. »

Suivait la liste des princesses à marier qu'avait dressée M. de Morville. Marie Leczinska n'y figurait que « parce que son père avait été pendant les dernières révolutions du Nord reconnu roi de Pologne par la plupart des puissances de l'Europe ».

Dans une première liste, le secrétaire des Affaires étrangères avait réuni cent noms, ne donnant comme détails que l'âge et la religion des princesses. On en élimina tout de suite quarante-quatre qui, ayant vingt-quatre ans et plus, ne pouvaient convenir ; une deuxième réduction enleva vingt-neuf candidates âgées de douze ans et moins ; une troisième raya dix princesses allemandes, de branches cadettes, ou si pauvres que leurs pères et frères étaient obligés de servir d'autres puissances. Il en restait donc dix-sept sur lesquelles le roi de France pouvait jeter les yeux. C'étaient l'Infante du Portugal, une princesse de Danemark, les deux filles du prince de Galles, les deux filles du czar, la fille du roi de Prusse, les deux nièces de l'oncle paternel dudit monarque, le margrave Albrecht, quatre autres princesses allemandes (1), la fille aînée du duc de Lorraine, une fille du duc de Modène (2) et les deux sœurs de M. le Duc, Mlle de Sens et Mlle de Vermandois.

Parmi les considérants dont chaque nom était suivi (3), nous avons choisi les plus typiques.

« Le but en mariant le roi promptement, dit le rapport sur l'Infante du Portugal, étant d'assurer au plus vite une postérité à Sa Majesté qui mette le royaume à l'abri des malheurs quasi inévitables qui naîtraient de la mort du Roi sans enfants, la Princesse de Portugal paraît peu propre à remplir cette vue, puisque la mauvaise santé répandue dans sa famille et qui a souvent produit

---

(1) Charlotte-Guillelmine et Christine-Guillelmine, filles du duc de Saxe-Eisenach; Marie-Sophie, fille du duc de Mecklembourg-Strelitz; Théodore, fille de Philippe, frère du prince de Hesse-Darmstadt. La mère de celle-ci, assurait-on gravement dans le public, accouchait alternativement « d'une fille et d'un lièvre ». Théodore ne pouvait donc être choisie. Les trois autres princesses, toutes luthériennes, étaient écartées à cause du peu de fortune de leur famille.

(2) On mettait aussi de côté Henriette de Modène, sous le prétexte que sa maison, d'ailleurs peu importante, avait abusé des mésalliances. A la vérité, on ne pardonnait pas au duc de Modène d'avoir épousé une fille du Régent, Mlle de Valois.

(3) Arch. nat. K. 139 B, n° 2472.

des égarés donne sujet d'appréhender qu'elle n'ait pas d'enfants ou qu'ils ne viennent que trop tard; que s'ils viennent, ils ne meurent bientôt après leur naissance, ou enfin que cela n'introduise dans la maison royale les mêmes indispositions qui sont dans la maison de Portugal. Mais quand cela ne serait pas, il paraîtrait toujours nécessaire de faire attention : 1° qu'en rompant le mariage qui avait été réglé entre le Roi et l'Infante d'Espagne, on ne peut éviter de se brouiller avec l'Espagne au moins pour quelque temps; 2° que les ennemis secrets de la France chercheront sous main à augmenter ces brouilleries et peut-être même à trouver occasion d'en faire naître une guerre s'ils peuvent; 3° qu'une alliance avec le Portugal en ces circonstances serait plus propre à entretenir ces mésintelligences avec l'Espagne qu'à les faire finir, car l'ancienne antipathie des Espagnols contre les Portugais s'étendrait en plus grande partie contre la France, et les secours du Portugal seraient en ce cas d'une faible ressource. »

Anne et Amélie-Sophie-Éléonore, filles du prince de Galles, suscitaient d'autres craintes non moins légitimes. Le roi Georges consentirait-il à ce qu'elles quittassent la religion anglicane, ou tout au moins ne mettrait-il pas à leur conversion des conditions très onéreuses? La princesse de Prusse, Frédérique-Augusta-Sophie, d'ailleurs luthérienne, était promise au fils aîné du prince de Galles; il n'y avait donc pas à songer à elle. Quant aux nièces du margrave Albrecht, calvinistes celles-ci, « quoique leur naissance semble les mettre à portée de pouvoir s'allier avec un roi, cependant, n'étant que les cousines germaines du roi de Prusse, il paraît qu'elles ne convenaient pas, puisque cela ne formerait pas une alliance assez étroite avec ce prince pour compter de pouvoir par ce mariage l'engager à entrer de bonne foi dans les mesures qu'on croirait nécessaires pour en tirer les secours et les diversions dont on pouvait avoir besoin dans les suites, et que cela ne l'empêchera pas de suivre les engagements qu'il a pris avec le roi d'Angleterre. »

M. le Duc trouvait des raisons péremptoires pour repousser le choix d'Élisabeth de Lorraine (1) : « 1° l'exemple même des princesses de Lorraine qui ont été reines de France et qui ont donné naissance et occasion à des troubles et guerres civiles par le crédit et l'autorité que cela a procurés aux princes lorrains établis en France; 2° les liaisons intimes de la maison de Lorraine avec la maison d'Autriche et sur le point de se confondre peut-être l'une dans l'autre; 3° le mariage avec cette princesse n'étant accompagné d'aucun avantage pour l'époux le sera naturellement de la part de l'épouse de l'affection pour la maison où elle a pris naissance, et

---

(1) Léopold avait offert sa fille aînée. Voir à l'*Appendice* la lettre de M. d'Audiffred à M. le Duc, en date du 5 avril 1725. Le comte D'HAUSSONVILLE^r(*Histoire de la réunion de la Lorraine à la France*, t. IV), en publiant la réponse du duc de Bourbon, ajoute justement : « Une sourde mauvaise humeur, dont la cause n'était pas avouée, quoiqu'elle s'aperçût trop bien, en dicta tous les termes. » La véritable raison qui fit écarter la princesse lorraine, Mathieu Marais la donne sans ambages : « La mère est d'Orléans, et les Condé qui sont les maîtres ne cherchent qu'à abattre la maison d'Orléans. »

le penchant incompatible avec l'intérêt qu'elle doit épouser deviendrait une source intarissable de méfiances et d'inconvénients ; 4° le mécontentement des ducs et des grands du royaume qui craindraient que cette alliance ne donnât moyen aux princes lorrains établis en France d'obtenir des avantages et prééminences encore plus considérables qu'ils n'ont déjà aujourd'hui sur eux. »

Marie Petrowka, fille aînée du czar, était fiancée au duc de Holstein-Gothorp. Élisabeth, la cadette, quoique d'une beauté réelle, n'obtenait cependant pas la préférence, à cause « de la bassesse de l'extraction de sa mère » ; « de plus, ajoutait le rapporteur, elle est élevée dans des façons et coutumes éloignées de celles de ce pays. » Mais ce qui méritait encore une attention particulière, « c'était le caractère de son père, étant à craindre que cette alliance de sang une fois faite, on ne se trouvât engagé d'honneur à soutenir le czar ou à le tirer de quelque mauvais pas dans lequel son esprit entreprenant et ambitieux l'aurait engagé, ce qui pourrait déranger les mesures qu'on voulait prendre pour la tranquillité du dedans et du dehors du royaume. »

Quant à Mlles de Bourbon-Condé, si le rapport remarquait qu'on pouvait dire quelque chose sur la taille de Mlle de Sens (Thérèse-Alexandrine), il décernait force éloges à Mlle de Vermandois.

« La figure est telle, déclarait-il, qu'on la peut souhaiter ; ses mœurs ont répondu à son éducation ; sa vocation pour la retraite est un témoignage de sa sagesse et de sa religion. Elle est d'un caractère doux et d'un esprit aimable. Son âge qui peut être objecté la rend plus propre à donner des héritiers, et il pourrait mieux convenir de préférer une personne dont on connaît l'esprit et le caractère à une autre dont on les ignore. Si l'on regarde sa naissance comme un obstacle (1), on peut répondre que Louis XIV a fait le mariage de Mme la duchesse d'Orléans avec le duc d'Orléans son neveu, et celui de M. le duc de Berry, son petit-fils, avec Mlle d'Orléans, de qui les deux sœurs ont ensuite épousé le roi d'Espagne et l'infant Don Carlos, et qu'enfin M. le duc d'Orléans et M. le duc de Chartres, l'un mari et l'autre fils d'une fille légitimée par Louis XIV, étaient destinés par des traités authentiques et connus à succéder à la couronne; que, par conséquent, Mme la duchesse d'Orléans, fille légitimée, fût devenue reine de France, M. de Chartres (2) devenu duc d'Orléans, peut-être encore roi. Dans les différentes conférences et assemblées tenues au sujet du mariage de Votre Majesté, les personnes consultées n'ont trouvé que des obstacles qui me sont personnels. Les principaux sont qu'on pourrait dire que ce sont mes intérêts qui m'auraient fait agir, et que, dans le cas où il n'y aurait pas de postérité, on m'en rendrait personnellement responsable, et Votre Majesté même pourrait en conserver quelque ressentiment. »

(1) Les sœurs du duc étaient filles d'une bâtarde, la duchesse de Bourbon ayant pour mère Mme de Montespan.
(2) Cousin germain de Mlle de Vermandois.

Pour les raisons qu'on vient de lire, cette liste de dix-sept noms fut définitivement ramenée à quatre :

Anne, fille du prince de Galles ;

Amélie-Sophie-Éléonore, fille du même ;

Mlle de Vermandois ;

Thérèse-Alexandrine (Mlle de Sens).

On devine assez pour laquelle le duc formait des vœux.

En novembre, eut lieu un second conseil secret. Ceux que M. le Duc avait déjà consultés comprirent bien ce qu'il désirait ; aussi, à l'exception de M. de Fréjus, qui préféra la princesse d'Angleterre, portèrent-ils tous leur choix sur Mlle de Vermandois. Le 6 du mois, le premier ministre rendit compte au roi de cette séance, après lui avoir présenté de nouveau la liste des dix-sept princesses (1).

« Votre Majesté voit par les avis, dit-il en terminant, que les personnes consultées jugent que votre choix ne peut tomber que sur l'une des deux, savoir Mlle de Vermandois à laquelle ils inclinent tous, et les princesses d'Angleterre, en cas que Votre Majesté ne juge pas à propos de suivre leurs avis sur Mlle de Vermandois ; aussi il ne me reste plus qu'à vous demander vos ordres, afin que j'agisse en conséquence. »

Tous ces mémoires, tous ces rapports furent rédigés, il faut en convenir, par des artistes en flatterie. Mais nul n'est allé plus loin, dans cet art, que M. de La

---

(1) Arch. nat. K. 139 B. Rapp. du 6 novembre 1724. (Voir *Appendice*.)

Marck. Rien de plus curieux que la gradation nuancée dont il usa pour détruire les objections que l'on aurait lieu d'adresser à l'union de Mlle de Vermandois et de Louis XV. C'est la servilité élevée au style. Et tel était le siècle que les quelques hommes dont l'honnêteté se refusait à trop fortement appuyer une Bourbon-Condé exprimèrent comme à voix basse leur humble avis, afin de ne point paraître courtisans indociles. M. le Duc, qui jetait trop au vent sa lourdeur d'esprit lorsque ses intérêts particuliers se trouvaient en jeu, déploya, pour renseigner le roi sur le résultat des enquêtes, une ingéniosité à laquelle n'était pas étrangère, certainement, sa délurée et intelligente maîtresse. On ne pouvait mieux donner à Mlle de Vermandois le pas sur les autres princesses, on ne pouvait montrer plus nettement les dangers d'une alliance avec une princesse de Galles, ni faire ressortir plus galamment les avantages d'une union avec une sœur du ministre.

Il ne restait plus, semblait-il, qu'à appliquer la conclusion d'un problème que M. le Duc avait déjà élucidé à part soi, au moment où il le posait aux autres, assez sournoisement; tout portait donc à croire que ses souhaits allaient être enfin exaucés. Mais la vie d'un ambitieux réserve force surprises.

CHAPITRE VII

D'ÉCHEC EN ÉCHEC.

Nouvelles craintes de M. le Duc. — Il se tourne vers l'Angleterre. — Rapport de M. de Morville sur les filles du prince de Galles. — M. le Duc feint de n'en pas voir les objections et charge notre ambassadeur à Londres d'informer Sa Majesté Britannique des intentions de la France. — Efforts superflus de M. de Broglie. — Il ne réussit qu'à faire admirer le portrait de Louis XV. — Georges Ier décline la proposition de M. le Duc. — Déception de ce dernier. — Ses lettres au duc de Broglie. — Servi par la fortune. — Le duc d'Antin. — Pâris Duverney. — Mémoires de l'intarissable d'Antin. — Simulacres de scrupules. — Mlle de Vermandois. — Prétendue visite que lui fit la marquise de Prie. — Encore un mariage manqué.

Contrairement aux prévisions les plus plausibles, les plus logiques même, la première démarche pour marier le roi fut tentée du côté de l'Angleterre. Quels motifs décidèrent M. le Duc à ce brusque revirement? C'est ce qu'aucun mémoire du temps ne laisse deviner, ce dont aucune pièce officielle ne parle, si peu que ce soit. Nous ne savons même pas comment Louis XV accueillit la lecture du dernier rapport.

Une hypothèse vraisemblable permet cependant de s'expliquer ce changement imprévu dans la tactique du premier ministre. M. de Fréjus, on se le rappelle, avait seul, dans le fameux conseil, manifesté sa préférence pour une princesse d'Angleterre. L'opposition de ce prélat doucereux et jaloux qui influençait Louis XV jusque dans ses pensées les plus intimes fit probablement réfléchir M. le Duc. Les dangers qu'il encourait en mettant sa sœur sur le trône lui apparurent plus nettement sans doute. L'Espagne apprenant qu'on avait renvoyé la fille de Philippe V avant tout pour donner sa place à une sujette, sœur du ministre, atteindrait au paroxysme de l'irritation ; il le comprit, et ses anciennes craintes l'assaillirent de nouveau. Si la guerre éclatait, c'est assurément lui qu'on accuserait de l'avoir provoquée pour la satisfaction d'un désir tout personnel. Qui sait, d'ailleurs, si le roi, plein de confiance en son précepteur, ne dédaignerait pas l'épouse que lui présenterait le duc de Bourbon?

Comme on le soupçonna plus tard à Madrid, cet homme n'avait jamais songé qu'à son propre intérêt; n'étant pas de ceux que rien n'arrête, et désireux avant tout de garder son autorité, il se retourna, pour marquer son prétendu désintéressement, vers la princesse d'Angleterre.

Le rapport de M. de Morville parlait ainsi des filles du prince de Galles :

« La religion ne peut jamais faire d'obstacles dans les liaisons dont il serait question avec le roi d'Angleterre. L'on demanderait avant toutes choses que la princesse qui serait choisie fît profession de la religion catholique. Non seulement le roi d'Angleterre ne peut pas penser à faire une alliance avec le roi sans cette condition; mais même on ne doit pas regarder comme un empêchement dans la maison de Hanovre le changement de religion des princesses, lorsqu'il est nécessaire pour former des établissements... Si l'on supposait que la succession fût ouverte en faveur de la princesse que l'on se proposerait de faire épouser au roi, ou des princes ses enfants, il faudrait, ou qu'ils fissent profession de la religion protestante, ou que cet acte du Parlement fût aboli (1).

« Dès lors le roi serait par le droit de sa naissance appelé à cette couronne des premiers, c'est-à-dire après le chevalier de Saint-Georges et ses descendants, la reine de Sardaigne et le prince de Piémont, en sorte que la naissance de Sa Majesté l'approcherait alors infiniment plus du trône d'Angleterre que tous les droits qu'il aurait pu acquérir par son mariage avec l'une des princesses d'Angleterre. Ce n'est pas assez de faire voir que la religion et la considération des droits que le roi acquerrait ne seraient point un obstacle principal au succès de la proposition du mariage : il faut encore expliquer les avantages qui en résulteraient. Lorsque le roi d'Angleterre aurait accepté l'honneur que Sa Majesté ferait à l'une des princesses, ses petites-filles, il ne faut pas douter qu'il ne fût personnellement intéressé à faire cause commune avec la France et à prendre de concert avec elle toutes sortes de mesures pour calmer les mouvements du ressentiment de l'Espagne. Quelque vifs qu'ils pussent être, ils seraient peu à craindre, lorsque

(1) L'acte qui appelait au trône « le plus proche de la ligne protestante ».

le roi d'Angleterre se serait mis dans le point de ne pouvoir se séparer de la France dont l'intérêt lui serait devenu commun et personnel. D'ailleurs, cet engagement de l'Angleterre emporterait un autre avantage, ce serait d'assurer à la France que si la Hollande, qui se décide presque toujours par les démarches de l'Angleterre, ne prenait point parti en faveur du roi et de la Grande-Bretagne, au moins elle resterait neutre, ce qui doit être regardé comme un point d'une extrême importance. Enfin cette union intime avec l'Angleterre fortifierait encore les liens qui subsistent entre le Roi et le roi de Prusse, dont l'alliance deviendrait encore d'autant plus solide que Sa Majesté serait unie plus étroitement au roi d'Angleterre dont il ne peut convenir en aucun temps au roi de Prusse de se séparer. Mais à supposer même que le motif de religion, ou quelque autre que l'on ne pénètre pas, empêchassent le roi de la Grande-Bretagne d'accepter la proposition du mariage, ce prince serait au moins obligé à une sorte de reconnaissance dont le moindre effet, joint à l'intérêt qu'il a encore de rester uni avec la France, serait de concourir aux moyens de calmer le ressentiment de l'Espagne et d'empêcher les résolutions violentes qu'elle voudrait prendre. Ainsi, quand même on aurait lieu de croire que la proposition ne serait pas acceptée, il y aurait encore un avantage considérable à la faire. Voilà les raisons pour. »

M. de Morville, on le voit, appuyait avec son habileté coutumière sur les avantages politiques de cette union.

Fleury s'étant opposé au choix de Mlle de Vermandois, le duc de Bourbon se garda bien d'insister ; s'inclinant aussitôt, il feignit d'accepter l'alliance avec l'Angleterre et d'ignorer les objections à peu près insurmontables que le rapporteur avait loyalement et nettement signalées à ce sujet (1).

La France était alors représentée à Londres par le comte de Broglie, qui, selon Lemontey, « portait le masque de notre ambassadeur ; » mot plus méchant que juste dit par l'historien de la Régence, offusqué de voir un diplomate s'occuper de chevaux et de chiens de chasse ; comme si un homme de sport était nécessairement un mauvais ambassadeur ! En tout cas, le comte de Broglie s'acquitta aussi bien que faire se pouvait de la tâche délicate dont le chargea M. le Duc. Au début de l'an 1725, on lui manda confidentiellement (par l'entremise de l'écuyer du comte de Morville) qu'il eût à informer Sa Majesté Britannique des intentions du roi de

---

(1) « Les raisons contre, lit-on dans le rapport de M. de Morville, sont : 1° Que toute la catholicité serait effrayée de l'alliance, comptant qu'une princesse qui change de religion à quinze ans ne le fait que par politique et reste au fond de son cœur de celle qu'elle professe depuis qu'elle est au monde. 2° C'est mettre un grand obstacle à la protection qu'il conviendrait peut-être un jour d'accorder au chevalier de Saint-Georges. 3° C'est indisposer la Cour de Rome, dont on a besoin pour faire sentir au roi d'Espagne que le mariage du roi était indispensable. Et dans le cas où la reine aurait le gouvernement ou autorité dans le gouvernement, ce serait une protection en faveur des religionnaires et jansénistes, source inévitable de malheurs tels que ceux que l'on a eus sous les règnes d'Henri III et d'Henri IV. On peut même dire que Louis XIV a eu besoin de toute son autorité et de sa puissance pour surmonter les désordres que les religionnaires avaient tentés dans le cœur du royaume. »

France sur la fille aînée du prince de Galles, intentions d'ailleurs subordonnées à un changement de religion de la princesse. Le 2 janvier, le comte de Broglie répondait : «... Je connois toute l'importance de l'affaire dont il (M. le Duc) me charge ; je le supplie d'en estre persuadé et de compter sur ma fidélité et sur ma discrétion et sur toute mon attention à exécuter avec la dernière exactitude et précision tout ce qu'il m'ordonne par son instruction. »

L'ambassadeur avait reçu aussi un portrait de Louis XV, mais il ne devait le remettre à Georges Ier que si les négociations une fois entamées semblaient devoir aboutir.

On s'étonne que M. le Duc, quoique d'esprit borné, n'ait pas vu l'impossibilité de faire réussir un semblable projet. Comment supposa-t-il que Georges Ier, roi de par son hérésie, consentirait à ce que cette hérésie fût désavouée par sa petite-fille? Comment ne comprit-il pas que toute l'Angleterre se fût levée, frémissante d'indignation, pour empêcher le mariage en France d'une princesse que les lois anglaises n'excluaient pas du trône?

Il arriva ce que tout autre que le premier ministre eût prévu. Le comte de Broglie s'acquitta de sa mission par « les routes tortueuses », comme s'exprime Lemontey, qui lui étaient conseillées, et ne réussit malgré tous ses efforts qu'à faire admirer le portrait de Louis XV. « J'ai remis à Mademoiselle de Galles, écrit le 27 janvier à M. de Morville notre ambassadeur, le portrait du Roy que l'on m'avès envoyé pour elle. Je l'ay fait voir avant exprets au Roy d'Angleterre, à Madame la duchesse de Quindalle, aux ministres et à plusieurs autres, pour qu'ils admirassent la beauté de notre maistre ; il a été trouvé comme de raison parfaitement beau, et de bonne mine. »

Georges Ier ne fut sans doute pas insensible à une proposition qui, acceptée, le délivrait de toute inquiétude à l'égard du prétendant et qui, en outre, équivalait à une reconnaissance formelle de la dynastie de Hanovre par le gouvernement français, si longtemps partisan des Stuart. Mais il se heurta forcément à l'obstacle que formait la différence de religion, et ni ses ministres ni lui ne pouvant l'écarter, il répondit, en février, à M. le Duc une première lettre qui laissait peu d'espoir. Aussi ne fut-on pas très étonné à Versailles, lorsqu'on reçut, le 17 mars, une seconde missive envoyée par le comte de Broglie, et dans laquelle le roi d'Angleterre, définitivement cette fois, s'excusait de ne pouvoir unir sa protestante petite-fille au catholique Louis XV.

M. le Duc avait craint d'abord que toute l'Europe ne connût bientôt et ne raillât son projet de remplacer l'Infante auprès du roi de France par une princesse protestante. Toujours prompt à s'inquiéter, il n'avait pas songé sans quelque crainte aux colères espagnoles. Mais le comte de Broglie lui transmit au nom de Georges Ier de telles marques de regret que ses inquiétudes se dissipèrent.

« J'ay reçu, Monsieur, répondit-il à notre ambassadeur, la lettre que vous m'avez écrite le 11 de ce mois avec la relation qui y était jointe de ce qui s'est passé entre le Roy d'Angleterre, ses ministres et vous. L'on ne peut estre plus sensible que je le suis à la manière dont le Roy de la Grande Bretagne a bien voulu s'expliquer avec vous sur l'événement que vous avez eu ordre de lui confier, et je suis personnellement touché plus que je ne puis vous le dire, des termes de bonté dont est remplie la lettre que ce prince m'a fait l'honneur de m'écrire; je n'y puis mieux répondre qu'en l'assurant qu'il trouvera toujours de ma part la même droiture, la même franchise et le même empressement à resserrer les nœuds de l'union qui règne entre les deux États.

« Je vous avoueray que j'eusse esté infiniment flatté que la proposition que vous avez cru devoir faire eût pu réussir et qu'il ne s'y fût pas rencontré des obstacles invincibles. Je vois par vos démarches que si elle avait pu avoir un heureux succès, vous m'auriez à peine laissé le temps de souhaiter; l'ouverture que vous avez faite au roi d'Angleterre doit au moins avoir esté pour ce prince une nouvelle preuve que ceux qui servent le Roy et qui sont instruits des principes de ce gouvernement tournent eux-mêmes leurs veues vers ce qui peut rendre le plus indissoluble l'union étroite qui subsiste entre le Roy et le roi de la Grande Bretagne. » Mais ce à quoi le premier ministre tenait par-dessus tout, c'était au secret de cette négociation; aussi, le même jour, éprouve-t-il le besoin d'écrire une autre lettre, celle-ci toute confidentielle :

« J'ay réservé pour ce billet séparé, Monsieur, les assurances de l'entière satisfaction que j'ay de la manière dont vous vous estes conduit dans l'importante affaire que je vous avois confié. Je crois que le roi de la Grande Bretagne et ses ministres vous ont parlé de bonne foy ; et puisque l'affaire en vos mains n'a pu réussir, elle estoit sans doute impossible ; faites en sorte cependant que le Roi d'Angleterre et ceux de ses ministres qui ont eu part au secret le gardent. Je ne doutte pas que, de la manière dont vous leur avez parlé quoyque vous leur ayes dit que vous parliez de vous-mesme, ils n'aient bien senti que vous estiez seur d'estre approuvé.

« Ainsi nous en retirons toujours l'avantage de leur avoir donné une preuve de bonne volonté ; et comme la proposition que vous avez faite a paru être agréable, elle vous donne encore un nouveau degré de confiance et de crédit à la Cour où vous êtes, et ce ne sera pas un médiocre avantage dans la suite des affaires que vous aurez à traiter. J'aurois été très aise que cela eust pu réussir, mais sur ce que l'on vous a répondu, je vois bien qu'il n'y faut plus penser. »

Puis, brûlant du désir de se mettre à couvert, il ajoutait : « Ainsy, quand les personnes à qui vous avez donné connaissance vous en reparleront, répondez de manière à faire sentir la satisfaction que j'aurois eu et que je puisse cependant dire qu'il n'y a eu aucune proposition de la part du roy ni de la mienne, et que la négociation inattendue dont tout le public parle n'est qu'une chimère qui n'a nul fondement (1). »

(1) Archiv. des Aff. étr., Angleterre, 1725, t. CCCL.

Le comte de Broglie s'empressa d'agir selon cette recommandation. Dans une lettre du 19 mars, annonçant au ministre que l'on parle à Londres du renvoi de l'Infante, il écrit : « On mande aussi le mariage du Roy avec une des Princesses de l'Angleterre. Pour moy, j'ay répondu à ceux qui m'en ont parlé que je n'en savais rien et que je n'en pouvais rien dire. Je viens de voir Monsieur le Duc de Newcastle qui fait aussi la même réponse à ceux qui lui en parlent. »

Croyant dès lors avoir entouré d'un mystère impénétrable cette négociation, ce pauvre M. le Duc se rasséréna complètement. Dans le public, le bruit courut que le Parlement anglais n'avait pas permis qu'une princesse britannique épousât Louis XV parce qu'une des conditions du mariage était la reddition à l'Espagne de Mahon et de Gibraltar.

A vrai dire, cet insuccès n'en était pas un pour Henri de Bourbon. Ce ministre à vision étroite, dont la politique ne connaissait d'autres règles que de mesquins intérêts personnels et les capricieux désirs d'une maîtresse, était servi par une fortune insolente ; ses moins pardonnables erreurs tournaient à son avantage. Cette folle tentative auprès du roi d'Angleterre, cette aventure inspirée par la crainte, faisait de cet égoïste vulgaire un grand désintéressé. Eh quoi ! cet homme que la calomnie représentait si avide de pouvoir et si jaloux des d'Orléans, si désireux d'obtenir pour sa sœur le manteau de reine de France, cet homme repoussait une occasion unique d'égaler presque son roi et de triompher à jamais d'une famille détestée! Singulier ambitieux, qui refusait de sacrifier la France à ses haines et à ses ambitions! Que d'éloges ne lui devait-on pas!

Mais alors à qui marier Louis XV? Sur cent princesses présentées tout d'abord, deux seulement avaient été retenues, et voilà qu'une seule restait. Il semblait bien, cette fois, que l'ineptie de M. le Duc allait lui valoir le plus inattendu des triomphes. Ne fallait-il pas prendre enfin cette Mlle de Vermandois que d'injustes scrupules avaient écartée du trône malgré des mérites sans nombre et d'éclatantes vertus? Le ministre paraîtrait ainsi revenir à elle uniquement parce qu'il ne se trouvait pas d'autre parti possible pour le jeune roi.

Aussi bien, M. le Duc était soutenu, poussé même et excité par tous ses partisans; et il est intéressant de connaître — parce que ce sont choses toutes inédites — le rôle que joua en cette occasion, et dès 1724, le duc d'Antin, celui-là même qui devait en 1725 se rendre à Strasbourg pour demander en mariage, au nom du roi de France, la fille de Stanislas Leczinski.

Ennemi juré du cardinal Dubois, le duc d'Antin avait toujours considéré l'alliance franco-espagnole comme inspirée par l'égoïste ambition d'un homme qu'il méprisait. Très sincèrement, il avait déploré les dangers que faisait courir à la couronne une union qui, pour être consommée, demandait tant d'années d'attente; « la disproportion d'âge et l'horrible petitesse de l'Infante » l'effrayaient (1).

(1) M. le duc d'Antin a laissé de son ambassade extraordinaire à

Quoiqu'il eût pris le parti « de ne se mêler à aucune affaire », il se demandait, quand M. le Duc devint premier ministre, s'il ne devait pas « rompre la glace », pour l'entretenir de ses inquiétudes. Il hésitait encore quand Mme de Prie le tira, en juillet 1724, de son embarras, en le priant de recevoir Pâris-Duverney (1), « qui avait quelque chose à lui communiquer. » Après d'assez longs moments perdus par Duverney à de banales protestations de fidélité, « on entame la matière, » et le duc d'Antin confia à son interlocuteur « tout ce qu'il avait pensé et pour l'État et pour M. le Duc, d'une manière si forte et si pathétique, qu'il ne put pas douter de la sincérité de son zèle, et qu'il n'y eût réfléchi plus d'une fois ». Pâris-Duverney répondit en termes vagues, promit cependant de rendre compte à M. le Duc de cette conversation, et en se retirant assura M. d'Antin qu'il reviendrait chez lui toutes les semaines pour le renseigner sur les affaires. Il n'en fut rien.

En février 1725, lors de la maladie du roi dont nous avons parlé précédemment, les craintes de M. d'Antin augmentèrent. « Le spectacle, écrit-il, me frappa jusqu'au fond du cœur, et les malheurs qui menaçoient ma patrie se représentèrent devant mes yeux avec plus de force que jamais. »

Strasbourg un « compte rendu » minutieux qui est entre nos mains et où nous avons puisé nombre de renseignements entièrement inédits.

(1) C'était un agent de la marquise. Les frères Pâris, drôles sortis d'une auberge, s'étaient enrichis par les mêmes moyens que Berthelot de Plénœuf; l'opération du *visa* de la dette publique, qu'ils avaient obtenue du Régent, leur avait fait gagner des sommes énormes. Duverney était le plus jeune.

Si bien qu'il rédigea un mémoire et le soumit à M. le Duc. Celui-ci lut le travail avec beaucoup d'attention, « parut le trouver fort bon, » et fit connaître à M. d'Antin « que son parti était pris de renvoyer l'Infante », allant jusqu'à lui faire lire « la lettre qu'il écrivait sur cela au roi d'Espagne pour accompagner celle du roy mesme ». Il lui communique également « le projet qu'il avoit pour faire le mariage du Roy avec la princesse d'Angleterre ». Mais comme il manifestait quelque crainte « de se rendre par là ennemi irréconciliable et personnel du Roy d'Espagne et de M. le Duc d'Orléans, et que si le Roy venoit à manquer il se trouvât dans une bien triste situation », M. d'Antin, qui n'en était pas à une consultation près, lui remit, pour calmer son inquiétude, un second mémoire.

Cet écrit prolixe, « sur les conséquences du renvoi de l'Infante, » envisageait ces conséquences par rapport au roi d'Espagne et au duc d'Orléans. L'auteur s'efforçait naturellement d'y prouver qu'on ne pouvait accuser le ministre de songer à ses propres intérêts dans cette difficile affaire (1).

« Le bien seul de la patrie, disait-il, les cris redoublés de tous les différens états qui la composent, la succession en ligne directe qui assure la paix et le salut du royaume, la fin de toute intrigue et de toute cabale,

---

(1) Ce mémoire, ainsi que le précédent, se trouve aux Archives K 139, sans signature, et M. de Raynal, dans son *Mariage d'un roi*, n'avait pu trouver personne à qui l'attribuer. Les pièces inédites que nous possédons nous ont permis de combler cette lacune.

qui fixe le repos de l'Europe, la santé et la conscience du Roy, voilà les seuls motifs qui déterminent vos actions, voilà les idoles à qui vous sacrifiés tous les mouvements de la prudence humaine. Ce sont aussy ces glorieux motifs qui assurent à Votre Altesse Sérénissime l'estime et l'amour de tous les bons François; la malice des hommes ne peut point prévaloir sur une vérité aussy connue, et l'amour du bien public vous fournira une assez ample reconnoissance, quoy qu'il puisse arriver. »

Puis, passant à Philippe V : « Peut-on s'imaginer, s'écriait-il, qu'un prince aussi religieux que le Roy d'Espagne vit avec indifférence la santé du roy son neveu, et plus encore sa conscience dans un péril plus que vraisemblable, la patrie désolée, le Royaume divisé et anéanti? car touts ces malheurs sont à craindre, tant que le Roy n'a pas de successeur nécessaire, et tout cela pour mieux marier une de ses filles : voilà en vérité une étrange religion. »

Et quant à l'influence qu'Élisabeth Farnèse pouvait exercer sur le roi (1), « le pouvoir qu'elle a eu sur le Roy ne nous a point paru, disait-il, supérieur à ses scrupules, puisque malgré toutte son ambition qu'on

---

(1) « Mais on me dira que la Reine dont l'ambition est connue et l'opiniâtreté, a un pouvoir absolu sur luy, laquelle reconnoissant le triste état d'une reine d'Espagne veuve, a compté d'avoir un asile sûr et commode en France, auprès de la reine sa fille, et comme elle n'est point sensible aux mêmes choses que son mary, elle ne trouvera rien qui puisse dédommager de ce qu'elle perd dans son idée, elle y ajoutera même l'apparence de l'affront fait à sa famille; tout cela est spécieux, mais il est aisé d'y répondre. »

m'objecte, elle n'a pu l'empêcher d'abdiquer un royaume dans le temps du monde le plus tranquille. Ce n'est pas assez dire : après la mort de Dom Luis, elle n'a pu l'obliger (Philippe) à remonter sur son trône vacant, et ce n'est qu'après la délibération du conseil et par ordre du nonce, pour ainsi dire, qu'il a repris le timon des affaires. Cela ne s'appelle pas avoir un pouvoir absolu sur quelqu'un. »

L'auteur du mémoire ne cachait pas d'ailleurs que l'Espagne entière frémirait de rage à la nouvelle du renvoi, mais il comptait bien que cet accès de colère se calmerait aussi vite qu'il éclaterait. « N'attendés pas, Monseigneur, de trouver aucune onction, ou facilité pendant la négociation ; le Roy, la Reine, la Nation, tout cela sera en fureur ; mais le retour de l'Infante notifié, ils changeront bien de notte (1). »

Pour le duc d'Orléans, dont Henri de Bourbon redoutait la colère et la jalousie, il ne fallait pas s'en

---

(1) Il ajoutait : quant au projet que la reine peut avoir de se retirer en France, « il est aisé de luy faire voir que ce n'est qu'une pure vision : ce n'est que dans les familles ordinaires que les alliances forment des liaisons et des appuis certains ; mais chez les roys, les mariages ne sont communément que des prétextes de guerre ; et il faut avoir une confiance bien aveugle de compter d'estre soufferte dans un pays près de sa fille, pour troubler le repos du roy, pour se mesler du Gouvernement, pour faire des intrigues et des cabales, quand ce ne serait que pour le cérémonial. Il faut pour cela n'avoir aucune connoissance des cours. Ce que nous voyons aujourd'huy en est une preuve manifeste, puisque nous trouvons la reine d'Espagne veuve trop proche à Vincennes, et d'un âge à se faire peu craindre. Que serait-il d'une étrangère nourrie dans des maximes opposées aux nôtres, et dans des intérêts bien différents ! Je crois donc qu'on luy peut faire entendre raison. En tout je ne trouve pas qu'on puisse se persuader que son pouvoir est au-dessus des scrupules du roy son mary. »

préoccuper. Et l'ingénieux courtisan imaginait à l'appui de son dire force raisons, non sans quelque lourdeur : « Comme il est le premier sujet du Roy, je le suppose le meilleur et le plus fidèle. Il n'a point surement compté sur la mort du Roy, ni souhaité de le voir sans postérité; et je lui ferois tort si je ne le soupçonnois de ne pas préférer du fond du cœur le bonheur de la France à une idée de grandeur peu assurée, et accompagnée de bien des calamités. Comme il est raisonnable, il doit estre content de son état, surtout tant que le royaume sera florissant. »

Après ce long et spécieux raisonnement, l'auteur terminait par des exhortations enthousiastes :

« J'ay ouy dire à de vieux guerriers que vos glorieux ancestres n'avoient besoin d'aucune réflexion pour montrer un courage supérieur dans les actions les plus chaudes de la guerre; vous n'avés point dégénéré; mais je peux vous assurer que le courage d'esprit est bien plus rare que celui du cœur. Oser entreprendre de grandes choses, en voir de sang-froid tous les mouvements, touttes les parties, sans estre effrayé des événements, ne se compter pour rien, n'avoir que la justice et le bien public pour guide, voilà, Monseigneur, ce qui fait les véritables héros, bien préférables aux conquérants. » (17 mars 1725.)

De même que le premier, ce mémoire fut trouvé excellent; mais le premier ministre, qui malgré son peu de génie avait encore plus de bon sens que l'optimiste d'Antin, se persuadait malaisément « que jamais le Roy d'Espagne ou M. le duc d'Orléans puissent être de ses amis ». Sur ces entrefaites arriva le refus de l'Angleterre. Il fallut songer à un autre choix; M. le duc demanda à M. d'Antin son avis, une fois de plus, lui avouant « qu'on le pressait fort pour sa sœur », ajoutant « que Mme de Prie, M. du Vernay, M. de Morville et M. le maréchal de Villars étoient toujours après luy pour le persuader, mais que lui seul s'y étoit toujours opposé ».

Le duc d'Antin ne demandait qu'à reprendre sa bonne plume; il s'empressa de stimuler par un troisième mémoire l'ambition peureuse de M. le Duc, qui masquait toujours d'une crainte hypocrite ses désirs les plus chers. Intitulé : *Sur le fait présent,* ce mémoire ne manque pas d'attraits (1).

L'auteur débute en persuadant le duc de Bourbon qu'il doit s'estimer fort heureux, en dépit de son dernier échec.

« D'un côté, lui dit-il, vous pouvez nier d'avoir fait aucune proposition à l'Angleterre, puisqu'elles n'ont point été faites en votre nom; et quoique le refus soit fondé sur les constitutions de l'État, par rapport à la Religion, il vaut mieux qu'on puisse dire n'avoir point été refusé.

« D'un autre, le public est assez prévenu que vous vouliez la princesse d'Angleterre et qu'on en négociait le mariage, pour ne pas vous accuser d'avoir eu

---

(1) Ambassade de M. d'Antin. Arch. nat. K 139, n° 2469.

des vues particulières dans le renvoi de l'Infante. »

« Or, continue l'imperturbable dialecticien, que veut M. le Duc? Faire une alliance pour défendre l'État contre des ennemis? Non pas, il entend offrir au roi une épouse qui lui assure une postérité et, par ses qualités, fasse son bonheur. Qui donc, mieux que Mlle de Vermandois, peut réaliser ces désirs? En effet, donner au roi une princesse étrangère, c'est lui donner une personne dont on ne sait rien. Son corps peut avoir des infirmités, dissimulées avec soin; et quant à son âme, comment la deviner?

« Tout le monde sçait qu'il n'y a rien de pareil à tous les artifices que l'on emploie pour plâtrer une fille à marier. Il me semble qu'elles sont toutes des anges avant leurs noces, comme elles sont des diables fort peu après. »

Par conséquent, M. le Duc devait faire taire ses scrupules et choisir sa sœur.

« Le corps et l'esprit de Mlle de Vermandois sont à découvert. Votre Altesse Sérénissime les peut connoître aussi bien que l'anatomiste et le confesseur : elle s'est dévouée de bonne foy et dès son enfance à la vie religieuse, elle a montré sans fard tout ce qu'elle estoit, vous pouvez en être instruit par des personnes non suspectes. »

Après la dialectique, un peu de prophétie discrète ne pouvait faire mal. Mlle de Vermandois semblait née pour le trône de France. « Sans croire aux augures, il faut ne rien voir, ou il faut convenir que le ciel l'a destinée à cette grande place. »

Puis, reprenant les objections possibles contre ce mariage, l'auteur du rapport s'efforce de démontrer qu'elles ne méritent pas qu'on s'y arrête. Sans doute, l'on parlerait, mais sur quoi ne parle-t-on pas? Et il ajoute cette réflexion non dépourvue de sens politique : « Ajoutez aux discours du public ce qu'il vous plaira ; la chose faite, ils se tairont. »

La péroraison vaut qu'on la cite : « Recueillez-vous, Monsieur, secouez les vains scrupules ; arrangez-vous avec vous-même et avec ceux que vous honorez de votre confiance; suivez les règles de la prudence et de la saine politique ; vous vairrez qu'il y a remède à tout. »

Encore que ce mémoire flattât les secrètes ambitions de M. le Duc, le ministre n'eut pas le front d'en accepter tout de suite les conclusions. Eh! quoi? Vouloir le forcer à marier sa sœur au roi de France! Y pensait-on? Le bon sire affecta d'en être contrarié. Mais M. d'Antin, opiniâtre, l'alla trouver et lui parla en termes si vifs, si émus, qu'il détruisit sans trop de peine les scrupules du ministre. « Alors, son visage s'épanouit; il me dit que, tout bien examiné, son choix tombait sur sa sœur. » Et l'on voit d'ici la satisfaction du naïf conseiller.

Mlle de Vermandois se trouvait alors au couvent de Fontevrault, sa résidence habituelle; accepterait-elle l'union projetée, et pourrait-on l'arracher à la vie religieuse (1)? M. le Duc n'en doutait pas, et, toutes raisons

(1) « Il y a six ans, rappelait le duc d'Antin, qu'elle heurte à toutes les portes pour obtenir de sa famille la permission de se faire religieuse. ».

politiques mises à part, le choix n'eût pas été mauvais de cette princesse vertueuse, et si belle qu'un ecclésiastique (assure Marais) chargé de lui donner des leçons devint amoureux d'elle et lui adressa un billet doux.

Ici se placent trois versions. Le président Hénault prétend que Mme la duchesse de Bourbon « mena avec elle Mme de Prie pour faire à la princesse la proposition du mariage. Mais, ajoute-t-il, elle se refusa à cet honneur en suppliant sa mère de ne la pas presser, et s'aperçut à peine de Mme de Prie (1) ». La duchesse de Bourbon (2) n'avait assurément rien d'un modèle de vertu ; mais cette méchante boiteuse était en fort mauvais termes avec la marquise qu'irritaient son dédain et sa hauteur. Il est peu probable qu'elle ait consenti à abandonner un moment sa fierté et son mépris pour jouer avec la maîtresse de son fils un rôle de confidente et d'amie. A la vérité, le désir de voir une de ses filles reine de France peut conduire une mère à quitter, pour un moment, ses plus justes inimitiés. Mais ce n'est là qu'une hypothèse, et rien ne l'appuie.

Une seconde version, celle des *Mémoires secrets pour servir à l'histoire de Perse*, complique encore l'événement. D'après ce petit pamphlet, la duchesse de Bourbon se serait rendue à Fontevrault, accompagnée non seulement de Mme de Prie, mais encore de Mme de Nesles, qui partageait avec la marquise les bonnes

---

(1) *Mémoires du président Hénault*, ch. XIII.
(2) Maîtresse, après plusieurs autres grands personnages, du prince de Conti, du comte de Lassey, etc.

grâces du premier ministre. Mlle de Vermandois, devant cette suite, aurait répondu à sa mère « qu'elle était bien éloignée de croire sérieuse une négociation pour laquelle elle avait jugé ne devoir faire choix que de deux femmes de la Cour les plus méprisées et les plus méprisables ».

Lemontey n'admet ni le voyage de Mme de Prie, ni celui de Mme la Duchesse. Cependant, d'après une troisième version, qui se trouve dans presque tous les mémoires du temps et qu'acceptèrent Duclos, historiographe de France, et Voltaire, courtisan fervent de la marquise, du moins tant qu'elle fut puissante, Mme de Prie, assez favorable au mariage projeté par M. le Duc, serait allée incognito « en poste à Fontevrault essayer si la princesse de Vermandois lui convenait et si on pouvait s'assurer de gouverner le roi de France par elle (1) ». Arrivée au couvent, elle se serait fait passer pour une dame de la Cour venant apporter à Mlle de Vermandois des nouvelles de son frère. Au cours de la conversation, elle aurait demandé à la jeune fille si elle connaissait Mme de Prie, et comme ce nom ne soulevait que du mépris chez son interlocutrice, elle se serait retirée (2), laissant la princesse « faire la fière dans son couvent. »

La scène est contée non sans grâce dans les mémoires de Richelieu.

« De propos en propos sur la Cour et les courtisans, elle s'avisa de demander d'un air plein d'indifférence

---

(1) Voltaire.
(2) « Il n'en fallut pas davantage à la marquise pour lui faire abandonner son projet, » rapporte Duclos. *Mémoires*, t. II.

si la princesse avait entendu parler de Mme de Prie.

— Mme de Prie, répéta Mlle de Vermandois avec ce demi-sourire qui précède une médisance, celle qui...

— Eh bien !

— Celle qu'on dit... la favorite de mon frère?

— C'est en effet une amie qu'il estime beaucoup.

— Oh bien ! on l'arrange joliment dans notre couvent.

— Et qu'en dit-on?

— En vérité, rien que de juste ; si c'est réellement une femme sans mœurs qui se damne, et M. le Duc avec elle, il serait bien à désirer qu'on lui ouvrît les yeux sur cette méchante femme.

— C'est assez, s'écria Mme de Prie en prenant congé de Mlle de Vermandois ; c'est assez, Mademoiselle. On dit beaucoup de sottises dans votre couvent, à ce qu'il paraît. Puis elle ajouta pour derniers adieux à la pensionnaire : « Va, tu ne seras jamais reine de France. »

De retour à Versailles, ne voulant pas qu'on pût l'accuser d'avoir fait rompre d'elle-même le mariage souhaité, elle répondit à M. le Duc que sa sœur était fort aimable et qu'elle était persuadée qu'un pareil mariage conviendrait au roi. Mais, obligée à dissimuler sa colère devant son amant, elle n'en devint que plus perfide et fit insinuer à celui-ci, surtout par Pâris-Duverney, « que s'il faisoit ce mariage, il auroit quatre maîtres au lieu d'un, parce que cette princesse seroit absolument gouvernée par Mme la Duchesse, qui ne suivoit en toutes choses que les impressions qui lui étoient données par M. de Lassey, son amant. » M. le Duc trouva très justes les paroles de Pâris-Duverney, et s'en vint les répéter à Mme de Prie, lui disant « qu'il falloit qu'elle n'eût pas beaucoup réfléchi en lui conseillant de conduire ce mariage (1) ». C'est ainsi que pour la seconde fois l'ambitieux désir de mettre une Bourbon-Condé sur le trône de France fut anéanti.

Aucune pièce officielle ne parle de la démarche attribuée à Mme de Prie, aucun témoignage sérieux n'en garantit l'authenticité; mais rien n'empêche d'admettre cette troisième version qui a pour elle la vraisemblance et l'affirmation de personnes dignes de foi. D'autre part, si le ministre abandonna un projet caressé en secret avec tant de sollicitude, ce dut être en raison de l'opposition de Fleury, déjà manifestée au conseil de novembre 1724. D'après Horace Walpole, en effet, le précepteur du roi n'aurait point du tout caché ses sentiments, fort opposés à ceux de M. le Duc, et serait allé jusqu'à dire qu'il quitterait la Cour si le premier ministre réussissait. De nature impressionnable et timorée, Henri de Bourbon dut prêter grande attention à la conduite de Fleury et aima mieux conserver son pouvoir tel qu'il était, que risquer de le perdre en essayant de l'agrandir.

(1) *Mémoires du comte de Maurepas*, t. II.

CHAPITRE VIII

REFUS OPPOSÉ A L'IMPÉRATRICE CATHERINE.

Mlle de Sens. — Racontars au sujet de son mariage avec le Roi. — Propos du prince Kourakin. — Ineptie de M. le Duc. — Proposition de Pierre le Grand. — Son projet d'alliance repris et continué par Catherine. — La czarine fait offrir à Louis XV la main d'Élisabeth. — Entrevue de Mentschikoff et de Campredon. — Marie Leczinska offerte en mariage à M. le Duc. — Portrait d'Élisabeth. — Sa naissance la rend impossible à la Cour de Versailles. — Autres motifs l'empêchant de devenir reine de France. — Politique de Mme de Prie. — On repousse maladroitement les offres de Catherine. — La Russie rejetée vers l'Autriche.

Mais pour ne plus prétendre marier Mlle de Vermandois au roi, M. le Duc abandonna-t-il son projet? Ne pensa-t-il pas à sa seconde sœur, Mlle de Sens? Le bruit en courut à Paris et à l'étranger. Barbier (1) écrit dans son journal, en mars 1725 : « On dit que la politique de M. le Duc va jusqu'à marier le roi à Mlle de Sens. Cette princesse est belle, mais elle a vingt ans, et par conséquent est trop âgée pour le Roi. » Il ajoute le mois suivant : « On parle aussi de Mlle de Sens, sœur de M. le Duc, mais personne ne la veut. On dit qu'un roi ne doit point épouser sa sujette ; cependant il seroit

(1) Il n'est que juste de faire remarquer que Barbier, très au courant des choses du Parlement, est un informateur sujet à caution en ce qui concerne la Cour.

beau à M. le Duc de se faire beau-frère du roi. C'est un coup de parti pour se soutenir. »

Une lettre de M. de Campredon, notre représentant à Saint-Pétersbourg, datée du 24 avril 1725 (1), relate que la princesse de Sens, au dire du prince Kourakin (2), avait produit sur le roi une si vive impression « que Sa Majesté vouloit l'épouser; que cette princesse ayant paru depuis peu à la Cour, Son Altesse Sérénissime s'étoit bientôt aperçue de la passion du roi pour elle, et qu'en craignant les suites, elle l'avoit renvoyée au couvent; que Sa Majesté en ayant demandé la raison, Son Altesse Sérénissime avoit répondu qu'elle n'étoit point d'un rang à être maîtresse, et que le Roy là-dessus avoit déclaré qu'il vouloit en faire sa femme ».

Il ajoutait que Sa Majesté avait ordonné un grand conseil pour traiter de ce mariage; il contait maintes autres choses; en réalité, rien n'était vrai dans ce verbiage. A Paris, dans la foule, on inventait, d'après les moindres renseignements, des mariages dont il ne fut en vérité jamais question. A l'étranger, l'éloignement fit qu'on appliqua à Mlle de Sens ce qui se disait sur Mlle de Vermandois. Au moment où M. de Campredon écrivait à M. de Morville, le premier ministre ne songeait plus à marier une de ses sœurs au jeune roi.

Ainsi donc les projets de M. le Duc tombaient en piè-

---

(1) Arch. des Aff. étr., Russie, 1725, t. XVII.
(2) Kourakin en tirait cette conséquence, qu'il était dangereux pour la Russie de contracter alliance avec un pays comme la France, où l'intrigue tenait une telle place, etc.

ces à mesure que son esprit laborieux les échafaudait péniblement. Au refus poli de l'Angleterre succédait le méprisant refus de Mlle de Vermandois ; la situation restait fort embarrassante pour le piteux ministre. Après avoir tant souhaité le renvoi de l'Infante, après avoir soutenu, pour le faire accepter par le roi, toutes les raisons que peuvent inventer de concert un ambitieux et une coquette, c'était une défaite étrangement humiliante que de ne pas trouver, dans toute l'Europe, une princesse qui pût remplacer la fille de Philippe V. Et le ridicule de cette défaite retombait sur la France et sur son roi.

Pourtant il eût été possible d'en finir avec ces difficultés et ces retards lamentables. Puisque sa haine pour les d'Orléans l'empêchait d'accepter les propositions faites par le duc de Lorraine à M. d'Audiffret, notre envoyé à Nancy, M. le Duc aurait pu, du moins, laisser agir ceux qui s'efforçaient, sans qu'on les en priât, de le tirer d'embarras, en apportant à la France une alliance inappréciable. Mais le ministre préféra répondre par un non, à peine atténué de formules courtoises, à des ouvertures qui ne pouvaient lui plaire, étant plus avantageuses pour le royaume que pour lui-même.

Ces offres venaient de Pierre le Grand qui déjà, lors de son second voyage, avait proposé au Régent de jouer en Europe, pour le compte de la France, le rôle rempli par la Suède au siècle précédent. Malgré qu'il sût le Régent peu favorable à une alliance qui aurait indisposé l'Angleterre contre nous, le czar, de retour à Saint-Pétersbourg, tint à M. de Campredon, notre ambassadeur, des propos qui témoignaient, selon le mot de Saint-Simon, « de sa passion extrême de s'unir à nous. » Il souhaitait ardemment, lui dit-il en termes formels, de conclure avec nous une alliance politique, et de cimenter cette alliance en mariant sa fille cadette avec un prince de la maison royale, qu'il mettrait sur le trône de Pologne.

Le bruit courut même avec une certaine persistance que Pierre le Grand songeait au prince de Charolais (1).. On en parla jusqu'à la cour de Suède, d'où cette allusion du roi Stanislas à Vauchoux : « Le comte Tarlo me mande pour certain de Suède, ce que je vous prie de faire semblant d'ignorer, que M. le comte Charolais (*sic*) doit épouser la fille ainée du Csar en vue de succéder à la monarchie moscovite (2). »

Étonné et ravi par les offres du czar, M. de Campredon montra dans cette occurrence un zèle intelligent. Mais, obsédé par sa crainte de mécontenter l'Angleterre, le Régent, tout en songeant au duc de Chartres pour la princesse Élisabeth, manifestait par une indécision voulue son étonnante antipathie contre ce mariage, mésalliance selon lui. Sa mort ne changea rien aux intentions

---

(1) Charles de Bourbon, comte de Charolais, de la maison de Bourbon-Condé.

(2) Stanislas était, on le voit, assez mal renseigné dans cette lettre du 29 mars 1723; dès novembre 1721, on parlait de ce projet de mariage à Pétersbourg. Le roi polonais ajoute : « Voilà un projet qui doit servir, je crois, de fondement et de base à l'arrangement général, et duquelle peuvent provenir milles heureuses influences pour mes intérêts, et dont M. le duc doit tirer le grand fruict. »

du czar, et notre représentant transmit à M. le Duc les mêmes offres. Devant leur nouvel insuccès, le czar, qui sentait ses forces faiblir, se hâta de marier sa fille aînée au duc de Holstein-Gottorp. Et cependant, malgré la réponse du premier ministre, il ne désespérait pas d'asseoir un jour la princesse Élisabeth sur le trône de France, ou tout au moins de la voir duchesse de Bourbon ; il s'en était ouvert déjà à M. de Campredon quand il mourut (8 février 1725).

Catherine, qui lui succéda, malgré le parti vieux-russe, apportait sur le trône les mêmes désirs, le même rêve (1).

Une nouvelle imprévue, celle du renvoi de l'Infante, fournit à la czarine le moyen d'agir d'une manière plus décisive et d'accepter ce que Pierre le Grand avait longtemps refusé : l'admission de l'Angleterre à la signature d'un traité avec la France. Il semblait en effet que la rupture définitive du mariage espagnol donnât plus que jamais aux Russes le droit d'espérer pour une de leurs princesses impériales les plus hautes destinées. Pourquoi Élisabeth ne remplacerait-elle pas la petite Marie-Anne-Victoire? Elle était belle, du même âge que Louis XV, fille d'une mère dont la puissance était absolue, l'empire immense ; et la religion ne susciterait aucun obstacle, puisqu'elle embrasserait celle de son époux.

---

(1) Les négociations échangées entre la France et la Russie au sujet des projets de Pierre le Grand sont maintenant connues grâce à M. Vandal. C'est à son magistral ouvrage, *Louis XV et Élisabeth de Russie*, que nous empruntons les si révélatrices affirmations de Campredon.

Ce serait en même temps pour la nation française un appui précieux dans le Nord, car la Russie mettrait toutes ses ressources au service de son alliée.

Telle fut l'offre que le prince Mentschikoff alla présenter, le 11 avril, de la part de la czarine à M. de Campredon. « Le prince, écrit ce dernier, me dit que le Roy, ayant résolu de renvoyer l'Infante en Espagne, ne pourroit trouver en Europe de parti qui convînt mieux à Sa Majesté que la princesse Élisabeth ; qu'elle étoit précisément de son âge, n'ayant que six semaines de plus que le Roy, que je connoissois ses qualités extérieures, belle, bien faite, de l'esprit, de l'enjouement, et assez de vivacité pour s'accommoder parfaitement au genre français; que la Czarine sa mère possédoit un vaste Empire avec le pouvoir le plus absolu dont un souverain puisse jouir, et des forces de terre et de mer dont je n'ignorois ny le bon état ny le nombre; que si le Roy ne s'étoit pas encore déterminé pour une autre princesse et qu'il voulût se marier avec celle de Russie, Sa Majesté pouvoit compter sûrement sur toutes les forces et sur tout le pouvoir de la Czarine, contre telle puissance qu'elle voudroit. »

Bien plus, tenant à rendre favorable M. le Duc, Catherine, le 13 du même mois, avertit notre représentant qu'elle s'engageait à faire épouser au premier ministre la fille de Stanislas Leczinski, ancien roi de Pologne(1), et à lui donner le trône de ce royaume, sur lequel Sta-

---

(1) Le Régent ayant, plusieurs années auparavant, pensé à cette union, avait dit au duc qu'elle pourrait lui convenir. Boisjourdain, t. II.

nislas, avide de repos, abandonnerait facilement toutes ses prétentions. Puis, envisageant le cas où Louis XV serait déjà lié par quelque promesse lorsque lui seraient communiquées ces propositions, la czarine offrait subsidiairement à M. le Duc sa fille cadette.

En faisant parvenir la nouvelle à Versailles, Campredon, plus que jamais partisan de l'alliance russe, renouvela ses éloges de la princesse Élisabeth, et souligna soigneusement les avantages d'une pareille union.

« Ce que m'a dit le prince Mentschikoff sur les qualités personnelles de la princesse Élisabeth est vrai, déclarait-il. Il faut qu'elle ait un grand mérite personnel pour avoir fait les progrès qu'elle a faits dans les langues française et allemande, qu'elle parle et écrit très bien, et pour avoir pris des manières aussi polies dans sa conversation et dans toute sa conduite, aussi bien que la princesse Anne sa sœur, vu le peu de talent des personnes qui ont eu soin de leur éducation. D'ailleurs, c'est une maxime établie en Russie que toutes les femmes, depuis les princesses jusqu'aux bourgeoises, ont une soumission aveugle pour les volontés de leur mari. »

« La Tsarine, ajoutait-il, prendra toutes les mesures que l'on voudra contre la maison d'Autriche dont elle ne craint rien tant que le voisinage. J'ai des vues sûres et promptes pour pénétrer ses plus secrets sentiments et pour lui faire passer ceux qu'il plaira au Roi, sans que les intrigues de ses ministres puissent y apporter de grands obstacles. Le défaut de naissance de la princesse Élisabeth est réparé avec éclat par la possession du diadème dont sa mère est revêtue, et il n'est pas douteux que, quelque candidat qu'on veuille porter sur le trône de Pologne, son sort ne soit principalement décidé par le suffrage et l'appui de la Tsarine (1) ».

Ce que M. de Campredon pensait de la princesse Élisabeth n'était malheureusement pas ce qu'en pensait M. de Morville. Le rapport de ce dernier, on s'en souvient, n'était pas précisément favorable à la fille de Pierre le Grand. On lui reprochait surtout la *bassesse d'extraction* de sa mère, accusation des plus graves en une cour où la naissance tenait à peu près lieu de tout.

Dubois, lui aussi, objectait la honte qui accablerait un roi de France forcé d'avouer pour mère une Catherine; Dubois se demandait avec angoisse (lui!) si la jeune fille ne rapporterait pas de Russie des manières vulgaires. Pourtant il est permis de croire qu'elle n'eût pas été déplacée à Versailles, parmi les dames de la Cour, cette princesse dont Lefort disait : « C'est un esprit extrêmement enjoué qui se soucie peu de la pluie et du beau temps, d'une grande vivacité, qui tire assez sur l'étourderie, toujours un pied en l'air et ne songeant à rien de solide. Possédant très bien le français, l'allemand passablement, il semble qu'elle soit née pour la France, n'aimant que le brillant. »

Malgré ce séduisant croquis, le malencontreux rapport du comte de Morville rendait à peu près impossible le choix de la princesse Élisabeth ; mais la czarine,

---

(1) Aff. étr. Campredon, 13 avril 1725.

qui n'avait nulle idée de ce qu'on pouvait reprocher à sa fille, se berçait d'espérances que l'échec subi par M. le Duc auprès de l'Angleterre n'était pas pour atténuer. Le doute du succès rapide ne lui vint que lorsque le prince Kourakin lui eut mandé de Paris la nouvelle, fausse d'ailleurs, que le roi, très amoureux de Mlle de Sens, songeait à l'épouser. Alors subitement inquiète, elle envoya son ministre Tolstoï aux renseignements près de Campredon. Celui-ci, fort en peine pour en fournir, puisqu'il ne savait rien, dut écouter le ministre russe critiquer et blâmer les rois, surtout ceux de France, qui se mésallient, et, vivement impressionné, il écrivit aussitôt à M. de Morville une lettre particulière.

« Pour vous seul, Monsieur, s'il vous plaît.

« Monsieur, si mon sincère attachement pour votre personne avait besoin de preuves, je ne pourrais vous en donner une plus convaincante que la confiance avec laquelle je me donne l'honneur de vous écrire aujourd'hui les discours qui se tiennent ici sur le prétendu mariage du Roi. Dans mes dépêches, j'ai ménagé autant qu'il m'a été possible les expressions dont on s'est servi par rapport à la personne de M. le Duc, que le prince Kourakin suppose vouloir sacrifier toutes choses à son ambition et à sa haine contre la maison d'Orléans, et que c'est pour ce seul motif qu'on a renvoyé l'Infante avec très peu de ménagements et sans avoir pris d'autres mesures. Dieu veuille diriger pour le mieux les résolutions de Sa Majesté et de ses conseils, mais je remarque que les avis de M. le prince Kourakin font ici de grandes impressions et qu'ils apporteront de nouvelles difficultés à la négociation dont je suis chargé. Il n'appartient pas à un ver de terre comme moi de raisonner, d'autant plus que je le ferais peut-être sur de faux principes ; mais si une partie de ce que M. le prince Kourakin marque était vrai, il résulterait que le parti qu'on a proposé ici pour le roi lui conviendrait infiniment mieux de toutes manières. Sa Majesté aurait à sa disposition une des principales puissances de l'Europe. Elle lui assurerait celle de Suède et de Pologne, et en même temps la couronne de Pologne pour M. le Duc par son mariage avec la fille du roi Stanislas. La Tsarine m'en fit encore assurer hier par le prince Menchikoff, en m'insinuant qu'elle reconnaîtrait en particulier le service que vous, Monsieur, rendriez à Sa Majesté et à elle en cette occasion ; mais encore une fois je ne suis que l'écho fidèle de ce que j'entends, soumettant à vos grandes lumières et à la bonté dont il vous plaît de m'honorer, Monsieur, de faire de tout ceci l'usage que vous jugerez à propos, vous suppliant très humblement de me prescrire si vous voulez que je continue ou que je m'abstienne de vous donner ces sortes d'avis (1). »

Lorsque cette lettre, partie le 24 avril, parvint à Versailles, c'est-à-dire vingt jours après environ, M. le Duc avait complètement renoncé, nous l'avons dit, à

---

(1) Aff. étr. Campredon, 24 avril 1725.

installer une de ses sœurs sur le trône de France, mais il ne songeait guère à y placer une princesse russe.

Sur ses ordres, M. de Morville avait répondu ces quelques mots à la première lettre de Campredon : « Je remets à l'ordinaire prochain de traiter avec vous les affaires dont il est question dans votre dernière lettre. Si on vous en parle, tenez-vous-en à des assurances générales d'amitié et de dévouement (1). » Quant à la lettre personnellement adressée au ministre des Affaires étrangères, elle resta sans réponse.

La politique de Mme de Prie l'exigeait : en effet, l'ambitieuse marquise redoutait, non sans raison, que la grande-duchesse n'acceptât pas de devenir l'amie ou l'alliée des auteurs dissimulés de son mariage ; puissante et belle, cette reine penserait tout devoir à elle-même et à la grandeur de sa maison. Or, la favorite du duc n'entendait point donner la couronne de France à une princesse dont il lui eût fallu craindre la fierté ou le mépris ; ce qu'elle voulait, c'était une maîtresse qui, humble d'origine et sans ressource, restât dévouée au premier ministre et soumise à sa concubine, aveuglément.

Pendant une aussi longue attente, la czarine se dépouillait peu à peu de ses illusions matrimoniales ; elle se refusa néanmoins à donner quelque espérance à Rippada, lorsque celui-ci la sollicita de s'unir à l'Autriche et à l'Espagne contre la France et l'Angleterre.

---

(1) Aff. étr. Morville à Campredon, 11 mai 1725.

Le 30 juin, arrivait la lettre que M. de Morville avait écrite à M. de Campredon pour lui annoncer le refus du roi aux offres de Catherine. Lettre assez malheureuse ; on prétextait la religion pour décliner la proposition, alors qu'il ne fallait point s'en inquiéter, la czarine l'ayant affirmé formellement (1). N'avait-elle pas elle-même embrassé sans hésitation la religion grecque pour devenir l'épouse de Pierre le Grand ?

« Je réponds par cette lettre, Monsieur, écrivait M. de Morville, à celle par laquelle vous rendez compte de la proposition qui vous a été faite par le prince Menchikoff pour le mariage du roi avec la princesse Élisabeth. Vous jugerez aisément que lorsqu'il a été question du choix d'une princesse épouse de Sa Majesté, l'on n'a pas fait peu d'attention à l'avantage que l'on aurait pu trouver dans l'alliance d'une princesse fille du feu Tsar et de la Tsarine, et que d'un côté les grandes qualités qui ont porté la Tsarine au degré d'élévation où elle est, et de l'autre les agréments personnels dont on savait que la princesse Élisabeth était douée, n'auraient pour ainsi dire pas permis à Sa Majesté de fixer son choix ailleurs, si l'on avait pu espérer que la religion que la Tsarine et sa famille professent n'eût pas été un obstacle au succès des vœux de Sa Majesté. Mais, dans cette opinion, fondée sur l'attachement que l'on a en Moscovie pour la religion du pays, et sur l'inconvénient qu'il y aurait pu avoir pour la Tsarine elle-même de faire

---

(1) « Elle aurait bien su prendre ses mesures sur l'article de la religion, » confirma le duc d'Holstein à Campredon. (Lettre du 30 juin.)

changer aux yeux de tous ses sujets de religion à la princesse sa fille, Sa Majesté ne peut que conserver une reconnaissance infinie des marques qu'elle reçoit d'une amitié d'une aussi grande princesse que la Tsarine. Si les sentiments de Sa Majesté pour elle avaient pu encore être augmentés, ils l'auraient été par un témoignage aussi marqué des heureuses dispositions de cette princesse ; elle s'apercevra dans la suite, lorsqu'une fois la négociation de l'alliance dont vous êtes chargé sera conclue, que Sa Majesté sait porter aussi loin les effets de son amitié et de son affection pour les princes ses alliés que si elle leur était unie par les nœuds du sang les plus étroits. Vous ne pourrez, Monsieur, trop faire sentir cette vérité en assurant la Tsarine et le prince Menchikoff que l'on observera le plus grand secret sur la proposition dont il s'agit, et que l'on ne commettra point la dignité de cette princesse. Vous emploierez les termes les plus forts pour faire connaître que Sa Majesté a été extrêmement sensible, et qu'elle ne désire rien plus particulièrement que de trouver des occasions de faire connaître à la Tsarine l'estime qu'elle conservera toujours pour cette princesse et pour sa famille. »

Dans une autre lettre envoyée par le même courrier, le secrétaire d'État répondait à l'offre subsidiaire faite à M. le Duc, mais sans expliquer le moins du monde la conduite de son maître (1) : « J'ai rendu compte à M. le duc, écrivait-il le 21 mai, de la proposition qui vous

(1) Il est probable que Mme de Pric ne fut pas étrangère à la détermination du duc.

jesté faite pour son mariage avec la princesse Élisabeth. Je ne puis assez vous dire jusqu'à quel point Son Altesse Sérénissime a été touchée d'une marque aussi éclatante de l'amitié et de la bienveillance de la tsarine ; et je ne pourrois vous peindre qu'imparfaitement toute la douleur que Son Altesse Sérénissime a ressentie de n'être plus en liberté de recevoir l'honneur que cette princesse vouloit bien luy faire. Mais en même temps M. le duc ne met point de bornes aux mouvements de sa reconnoissance, et vous ne pouvez, Monsieur, vous servir d'expressions trop fortes pour faire connoitre à la Czarine qu'elle trouvera dans tous les temps de la part de Son Altesse Sérénissime le même attachement et le même zèle, pour tout ce qui pourra lui être agréable, qu'elle auroit lieu d'attendre de la personne d'un prince qui auroit l'honneur d'être son gendre. Il ne m'appartient pas, Monsieur, d'ajouter combien je remarque moi-même que ces dispositions sont vives et sincères dans M. le duc. Mais la Czarine peut compter que Son Altesse Sérénissime attend avec une extrême impatience les occasions qui lui permettront d'entrer dans les vœux que cette princesse pourroit former pour la sécurité de son gouvernement, pour la gloire véritable de son règne et pour la grandeur de sa maison, qui ne seront point des objets moins chers pour M. le duc que pour la Czarine elle-même. »

La czarine ne voulut pas rompre sur-le-champ avec la France et dissimula un mécontentement trop légitime.

« M. le duc d'Holstein ayant rapporté à la Czarine tout ce que dessus, écrit M. de Campredon, le 30 juin, à M. de Morville, m'invita avant-hier à dîner chez luy, et, m'ayant mené dans son cabinet, il me dit que la Czarine avoit été très sensible aux témoignages de l'amitié et de l'affection de Sa Majesté, qu'elle en conserveroit toujours la reconnoissance; qu'elle ne désiroit rien avec plus de passion que de se voir étroitement unie avec elle par la conclusion de l'alliance conformément au contre-projet qu'elle m'avoit fait remettre, et qu'elle attendroit avec impatience que je fusse par le retour de mon courrier en état de signer le traité; qu'elle me prioit de garder le secret sur la proposition du mariage de la princesse Élisabeth sa fille;... que la couronne de Suède étoit dans les mêmes sentiments sur son désir sincère de s'unir avec le roy, en sorte qu'elle ne prendroit aucune mesure, n'entreroit dans aucune proposition et ne donneroit pas même d'instruction spéciale à son ministre qu'elle faisoit partir pour la Pologne, qu'elle ne fût précisément instruite des résolutions de Sa Majesté sur la conclusion de l'alliance qu'elle croyoit avoir mise de sa part au point de n'estre plus susceptible d'aucun retardement. »

Il n'en fut rien cependant, et le refus de la France eut des conséquences très graves. Il détermina toute la politique de la Russie durant le XVIIIe siècle, et ses effets se sont fait sentir jusqu'à nos jours.

Avide de prendre rang dans le monde politique et de figurer dans le concert européen, l'empire des czars acceptait, réclamait le patronage du gouvernement français, celui-ci ne sut pas le comprendre. C'était rejeter la Russie vers l'Autriche ; en effet, une alliance se nouait, dès 1726, entre les deux pays, et la terre slave s'ouvrait officiellement à l'immigration tudesque. Le tort immense qu'il causait à sa patrie, M. le Duc ne le soupçonna même pas. Pour réaliser bellement l'œuvre esquissée par la grande Catherine, il eût fallu un Richelieu, et non un Céladon obtus à la merci d'une intrigante.

CHAPITRE IX

LES LECZINSKI.

Le choix du duc. — La famille Leczinski. — Histoire de Stanislas. — Son règne, sa chute, ses tribulations, sa vie errante. — Comment il chercha un refuge en France. — Comment il se lia d'amitié avec le comte du Bourg. — En quête d'un foyer et d'une pension. — A la recherche d'un mari. — Ce qu'était la générosité du Régent. — La Cour du roi déchu à Wissembourg. — Marie Leczinska. — Sa douceur, sa piété, ses vertus. — Difficultés pour la marier. — Mme de Prie songe à la donner au duc. — Comment la marquise avait connu les exilés. — Le chevalier de Vauchoux. — Enthousiasme du roi besogneux pour la maîtresse du duc. — Caractère de Stanislas. — Ses appréhensions, son apathie. — Le portrait de Gobert.

C'est sur Marie Leczinska, dont le père, roi sans trône, était obligé de quémander sans cesse des secours pour vivre, que M. le Duc fixa définitivement son choix. Après avoir songé à une princesse d'Angleterre, héritière d'un puissant royaume; après avoir rêvé pour ses sœurs une union si profitable pour lui-même, le piteux ministre alla prendre à Wissembourg, sinon dans une vieille commanderie, comme on l'a répété d'après Duclos (1), du moins dans une demeure où régnait une

(1) « Vieille commanderie dont la moitié des murailles était ruinée, et qu'on ne releva pas. » *Mémoires secrets*, p. 373. A la vérité, les deux seuls bâtiments que possédaient à Wissembourg, lors du séjour de Stanislas, l'ordre de Malte et l'ordre Teutonique n'étaient pas encore désaffectés; on le sait par l'*Alsatia illustrata* de SCHOEPFLIN et l'*Alsace ancienne et moderne* de BAQUOL.

misère « digne de la compassion générale (1) »., une enfant timide et dévote, gracieuse, mais sans beauté, sans alliance, sans fortune, dont M. de Morville, dans son rapport, n'avait parlé qu'à peine.

« L'extrême jeunesse de Louis XV qui ne lui permettait guère de se défendre, dit excellemment M. Mézières (2), et une intrigue de cour expliquent seules une si étrange aventure. De grands ministres avaient autrefois recherché pour leur souverain de grandes alliances, utiles à la politique générale de leur pays. Ici tout fut ramené aux combinaisons les plus vulgaires, aux calculs les plus mesquins. »

Que d'hésitations, d'ailleurs, que de reculs et de changements jusqu'au jour où s'accomplit cet étonnant mariage ! Pour en connaître toutes les phases, il convient de remonter de quatre années dans l'histoire.

Stanislas Leczinski (3), staroste d'Odolanow et palatin de Posnanie (4), se réveilla un beau jour roi de Pologne, de par le bon plaisir de Charles XII. Éphémère royauté que la défaite de Pultava fit tomber en

---

(1) Lettre de Frédéric de Suède au Régent (décembre 1720). Cette demeure était un hôtel construit depuis peu, celui des Weber.
(2) *Morts et vivants.*
(3) L'orthographe polonaise obligerait à écrire *Leszczynski*; M. Boyé, qui l'a adoptée, nous apprend que le prince tenait fort à ce que l'on respectât cette forme. (*Stanislas et le traité de Vienne.*) D'autre part, le secrétaire de l'intendance de Lorraine en 1737, Jamet, déclare avoir reçu plusieurs lettres du roi de Pologne lui rappelant ce détail. *Note manuscrite.*
(4) On appelait *staroste* le dignitaire qui possédait, au nom du roi, une partie quelconque du domaine, terre ou fort. Les palatins (voïévodes) étaient des gouverneurs de province.

ruine. L'électeur de Saxe, Auguste II, remonta sur le trône, et dès lors, Stanislas, souverain sans couronne, connut les dures épreuves d'une vie incertaine et errante. Même lorsqu'il se fut retiré dans la principauté de Deux-Ponts (Zweibrücken), que le roi de Suède lui avait conférée (1), les tribulations ne lui manquèrent point. A plusieurs reprises, le ministre d'Auguste lui dressa même des embûches et tenta de le faire disparaitre (2). Leczinski chercha un refuge à Bergzabern, près de Landau, alors ville française. Bientôt après, en 1717, les Saxons menaçant d'envahir sa retraite, il appelait à son aide le comte du Bourg, gouverneur de Strasbourg (3). Ce fut pour ces deux hommes le début

---

(1) Ce territoire, réuni au Palatinat en 1394, était devenu la propriété de Charles XII. Il fut donné par l'empereur et prince-électeur Rupert III à son troisième fils, Étienne, et érigé en duché. Lorsque le descendant d'Étienne, Charles-Gustave, monta sur le trône de Suède (1654), Zweibrücken fut annexé à son royaume.

(2) Une première tentative devait avoir lieu le 15 août 1716, sur la route de Grafenthal, près de Sarreguemines; elle échoua grâce à un gentilhomme qui, ayant eu connaissance de l'embuscade, s'empressa de prévenir Stanislas. Un autre coup de main, combiné l'année suivante pour éclater en septembre, fut aussi connu à temps, et c'est alors que le roi quitta Deux-Ponts. Enfin, à la nouvelle qu'il serait assailli lorsqu'il passerait en France, il quitta précipitamment Bergzabern et se réfugia à Landau dès qu'il eut obtenu du Régent l'autorisation de résider en Alsace. Il devait être encore l'objet d'une tentative d'assassinat, non moins heureusement déjouée, en octobre 1724. Selon une tradition que rien ne confirme, les auteurs de l'attentat auraient été arrêtés, et le bon Stanislas leur aurait fait grâce généreusement.

(3) Léonore-Marie du Maine, comte du Bourg (1655-1739), qui servait depuis 1673, était alors lieutenant général des armées du roi depuis quinze ans. Successivement colonel du *Royal-Cavalerie*, brigadier, maréchal de camp, il s'était distingué, aux armées de Flandre et d'Allemagne, dans les dernières guerres de Louis XIV. En 1678, il avait repoussé brillamment, devant Kehl, le comte de Mercy; en 1709, il l'avait

d'une longue liaison dont une série de lettres conservées à l'Arsenal nous retracent tous les détails (1). Le roi ne tarda pas à se prendre pour cet excellent vieillard d'une vive amitié qui fit, selon son expression, « les délices de sa vie (2). »

Sur ces entrefaites, l'aventureux Charles XII tombait frappé mortellement sous les murs de Friedrickshall (11 décembre 1718). Le duché revenant à un prince de la maison palatine, au comte Gustave Samuel, cousin du monarque défunt, l'infortuné Stanislas se trouvait de nouveau sans asile, ses terres aux mains des étrangers et des Juifs, sa tête mise à prix. La situation devenant critique, il eut recours à la fois au Régent et à Léopold, duc de Lorraine. D'autre part, il chercha à marier sa fille au prince de Bade (3); mais les ouvertures qu'il fit en ce sens furent mal accueillies à Vienne, et partant n'eurent pas de suite (4). A ce sujet le ministre autrichien Zinzendorf déclara au comte des Armoises que, s'il avait un fils à marier, il ne voudrait pas lui donner la fille de

défait à Rumersheim, ce qui lui valut le titre de chevalier des ordres et deux des canons enlevés à l'ennemi, témoignages de la satisfaction de Louis XIV. Enfin, comme ce guerrier se doublait d'un diplomate, c'était lui qu'on avait chargé, après la paix de Rastadt, d'échanger les places du Rhin et d'exécuter la restitution consentie par l'empereur à l'électeur de Bavière. Il fut nommé maréchal de France le 2 avril 1724, et, le 11 avril 1730, gouverneur général de l'Alsace, par provision.

(1) Manuscrit 6615.
(2) Lettre du 25 décembre 1724.
(3) Louis-Georges Simpert, qui avait succédé à son père en 1707, sous la tutelle de la margrave. En avril 1721, il épousa la fille du prince de Schwartzenberg.
(4) H. Baumont, *Études sur le règne de Léopold, duc de Lorraine et de Bar*, p. 358.

ce roi détrôné, et il engagea même Léopold à refuser tout secours d'argent à un prince avec lequel il n'avait jamais eu de relations (1).

Par bonheur, le duc de Lorraine était généreux ; ces propos ne l'empêchèrent point d'avancer à Stanislas 30,000 livres prises sur sa cassette (2). Quant au Régent, il crut d'abord faire assez en permettant à Leczinski d'habiter *incognito* une petite localité de la frontière alsacienne, *qui lui serait désignée ultérieurement*. Puis, blessé par les réclamations du ministre d'Auguste, et peut-être pris de pitié, selon la pittoresque expression de M. Emile Gebhart (3), « pour ce lièvre tapi au fond d'un sillon, » il autorisa le roi sans foyer à choisir lui-même sa résidence. Le choix de Stanislas se fixa sur Wissembourg, où il arriva dès le début de 1719, comme le montre cette lettre écrite le 9 mars à du Bourg :

« Monsieur, comme je me suis mis en possession, par vos ordres, de l'asyle duquel je jouis, je ne sçaurais m'empêcher de ne pas vous témoigner toute la reconnoissance possible, ne chérissant rien au monde tant que pouvoir montrer par la suite cette amitié que je vous conjure de me continuer. »

Avant de quitter Landau, le roi avait dépêché à Versailles son maréchal, M. de Meszeck (4), afin de faire

---

(1) *Des Armoises à Léopold*, 2 février 1719. Archives de Vienne.
(2) Archives de Meurthe-et-Moselle, B. 1641.
(3) *Journal des Débats*, 14 février 1900.
(4) Stanislas-Constantin, baron de Meszeck, était resté auprès de Stanislas et lui servait de grand maréchal du palais. Le 16 février 1740, il fut naturalisé Français.

connaître au Régent sa pitoyable détresse, la « fureur de sa douleur », comme il l'écrivait lui-même au baron Sparre, l'envoyé de Suède à Paris (1). Car il ne suffisait pas d'avoir un abri, il fallait y vivre ; or, les financiers ne se souciaient guère de prêter de l'argent à un souverain endetté et détrôné. Leczinski accabla donc de demandes d'argent tous les princes, tous les grands dont il pouvait espérer quelque chose.

Le Régent fit longtemps la sourde oreille (2) ; enfin, au bout d'une année de démarches, Son Altesse accorda 20,000 écus au prince infortuné ; encore lui souligna-t-il l'importance de cette somme, qui ne devait être versée que par fractions. En donnant cette poignée d'écus, il ne faisait pourtant que payer une dette de France. Voici comment. La guerre ayant causé de graves pertes à Stanislas, Charles XII lui avait promis, pour le dédommager, une somme annuelle de 100,000 écus de Poméranie ; mais Frédéric de Suède se trouvait dans l'impossibilité la plus complète de tenir cet engagement. Comme il éprouvait cependant le plus vif désir d'obliger Stanislas, il imagina, vers la fin de 1720, de prier le Régent d'octroyer à ce prince une petite partie des subsides promis par la France à la Suède. Par deux traités, dont le dernier avait été renouvelé depuis 1718 (3), le

---

(1) Cette lettre, datée du 23 janvier 1719, à Bergzabern, se trouve aux archives du musée Czartoryski de Cracovie, ms. n° 2689.

(2) Lire à ce sujet dans l'*Appendice* une lettre de ce Favier qui fut à Deux-Ponts le « maître à danser » de la fille de Stanislas, et qui devint encore maitre de ballet et premier danseur d'Auguste II, puis d'Auguste III.

(3) Stanislas fait allusion à ce traité dans une lettre à Vauchoux, 3 avril 1721. Voir l'*Appendice*.

roi de France devait en effet fournir 800,000 écus par an au roi de Suède; or, celui-ci attendait encore le premier versement. En cédant aux instances de Frédéric, en accordant un secours au roi déchu, le Régent n'accomplissait donc qu'un devoir, mais il se garda bien d'en instruire le public, qui, croyant à de la générosité, se répandit en louanges.

Dans cette cour illusoire de Wissembourg, où l'on ne voyait que deux ou trois amis (1), entre un père qui passait ses journées à rêvasser en fumant sa pipe (2) et une mère qui ne cessait de se plaindre (3), Marie Leczinska menait, traînait plutôt, une existence pieuse et monotone, occupant ses nombreux loisirs à broder des ornements d'église. Douce, ingénue, timide, inépuisablement bonne envers les malheureux auxquels elle prodiguait ses modiques ressources, elle était aimée de tous ceux qui l'approchaient, sauf peut-être de sa mère, s'il faut en croire certains. Son effacement ne l'empêcha

---

(1) Stanislas avait auprès de lui avec sa femme, Catherine Opalinska, sa vieille mère, Anne Jablonowska, et sa fille Marie, le comte Tarlo, chargé des ambassades; le baron de Meszeck, maréchal du palais; un certain Biber, ancien domestique élevé au rang de secrétaire intime; deux ecclésiastiques, le P. Radominski et l'abbé Labiszewski; une demi-douzaine d'officiers fidèles au malheur, parmi lesquels un nommé Wimpff remplissait les fonctions de premier gentilhomme de la chambre, et quelques dames d'honneur, dont l'une, la comtesse de Linanges, assistait la reine.

(2) Une pièce satirique de 1723, le *Logement des nations*, indique son adresse « à la tabagie, rue des Oubliettes ».

(3) Catherine Opalinska, très affectée par le malheur, passait pour avoir le caractère difficile, revêche même. « La pauvre reine ne s'accoutumait point à sa misère, et la mort de sa fille aînée, la belle Anne (1699-1717), l'avait laissée inconsolable. » Soulavie, I, 54.

pas d'être recherchée en mariage. En 1722, le marquis de Courtenvaux, qui commandait alors le régiment de cavalerie servant de garde aux exilés, et qui devait être plus tard (en 1756) le maréchal d'Estrées, demanda sa main. Reçu avec ses camarades chez le roi, il avait ressenti quelque inclination pour la jeune fille. Petit-fils de Louvois, brillant, un peu bretteur, « il était vu avec intérêt par Marie » et aussi par Stanislas, qui jugeait un colonel de vingt-sept ans (1) « l'égal d'un roi proscrit ». Cependant Sa Majesté détrônée, qui avait songé à des alliances plus hautes, ne consentait à accepter pour gendre le marquis que si ce dernier obtenait du Régent le titre de duc et pair.

« D'Estrées, lit-on dans les Mémoires de Richelieu, se rendit auprès de Son Altesse Royale et lui demanda de favoriser son union avec la fille de Stanislas. Mais le duc d'Orléans n'aimait pas la famille des Estrées; il feignit de relever la dignité du roi déchu, et déclara qu'il y allait de l'honneur de la France et des têtes couronnées de ne pas laisser descendre sa fille jusqu'à un simple colonel. »

Deux ans plus tard, lorsque la sœur du prince de Bade devint l'épouse de Louis d'Orléans, Leczinski renouvela ses démarches auprès de la margrave, essayant, cette fois, d'avoir pour gendre Auguste-George-Simpert, le troisième fils. La margrave le repoussa encore, et

---

(1) La fille de Stanislas avait alors dix-neuf ans. Marie-Charlotte-Sophie-Félicité Leczinska était née à Breslau le 23 juin 1703. Elle mourut le 24 juin 1768.

avec une raideur, un dédain, qu'elle ne tarda pas à déplorer, lorsque le mariage de Marie avec Louis XV vint l'obliger à écrire une lettre de félicitations « très obligeamment forcée (1) ». Jetant alors les yeux sur la France, Stanislas pensa au comte de Charolais, mais il n'aboutit à rien. Le pauvre père se demandait quelles négociations il pourrait bien encore entamer, quand une offre inespérée lui parvint.

La duchesse de Bourbon, navrée que son fils, veuf et sans enfants, laissât s'éteindre une maison de sang royal, souhaitait ardemment le marier et l'arracher à la domination de Mme de Prie. On devine les inquiétudes de la favorite; elle craignit de ne pas conserver sa place à côté d'une femme légitime qui serait peut-être énergique ou jolie, d'une princesse Élisabeth de Russie, par exemple, et ne pouvant empêcher un mariage désiré par la mère de son amant, et pour lequel elle voyait bien que lui-même ne montrait guère de répugnance, elle voulut au moins dominer sa remplaçante. Il fallait donc choisir à M. le Duc une épouse de médiocre naissance et de petite fortune, point trop belle, assez faible de caractère pour être aisément tenue dans l'ombre; trouverait-on jamais mieux que Marie Leczinska (2) ?

---

(1) Le mot est de Stanislas, qui écrira encore au maréchal du Bourg le 13 avril 1725 : « La margrave ne croit peut-être pas combien je luy suis redevable de la manière qu'elle a agi... » Voir à l'*Appendice*.

(2) Détail curieux, Stanislas avait commencé des démarches en vue de marier sa fille au duc après que celui-ci eut perdu sa femme (1720). La grand'mère du duc s'était alors opposée avec véhémence à une telle union.

Car l'intrigante marquise avait fait la connaissance du roi polonais. Elle comptait au nombre de ses amies une certaine dame Texier, veuve d'un ancien caissier de Berthelot de Pléneuf. Cette personne connaissait intimement le chevalier de Vauchoux, lieutenant-colonel de cavalerie (1) qui, après avoir servi en Pologne à l'époque où Stanislas régnait, était resté en correspondance avec ce prince et lui tenait presque lieu à Paris d'homme d'affaires. Le roi lui témoignait une grande confiance et une vive affection (2).

Présenté à Mme de Prie, Vauchoux saisit l'occasion de parler devant elle des Leczinski et ne manqua pas de dire leur vie plus que modeste, leur peu d'ambition, leurs vertus et la dignité de la douce Marie au milieu de cette cour minuscule. Puis, racontant la demande du marquis de Courtenvaux, l'officier fit ressortir la sollicitude de Stanislas envers sa fille, son aversion des mésalliances et sa légitime fierté que tant de malheurs n'avaient point abattue.

Mme de Prie se représenta immédiatement combien il serait facile de mener un roi sans couronne, père sans perspicacité, et une enfant timide qu'on tirerait de leur

(1) Au régiment de Royal-Roussillon. Claude-François Noirot, chevalier de Vauchoux, était aussi commandeur de l'ordre militaire de Saint-Louis.
(2) La correspondance qu'il échangea avec lui jusqu'au dernier moment le prouve bien. (Voir à l'*Appendice*.) Cette correspondance, que nous avons pu nous procurer et qui, répétons-le, était restée absolument inédite, nous a permis de corriger d'assez nombreuses erreurs commises par les précédents historiens de Stanislas, et nous a fourni sur plusieurs points maints détails précieux.

obscure pénurie. Un tel parti répondait si parfaitement à ses vues, qu'elle résolut de donner la princesse Marie Leczinska à son amant, puisqu'il lui fallait, coûte que coûte, se résigner à le voir se marier.

Aussitôt, elle prit ostensiblement sous sa protection l'ancien staroste, et bientôt elle lui écrivit. Dès 1722, elle s'occupe de ses affaires, la correspondance de Stanislas à Vauchoux nous donne là-dessus les plus complets renseignements.

La joie de l'ex-roi de Pologne fut indicible lorsqu'il apprit ce retour inespéré de la fortune, et il s'abandonna comme on le voulut avec un empressement d'enfant. Sut-il le rôle que jouait Mme de Prie auprès de M. le Duc? L'ignora-t-il? Rien dans ses lettres ne le manifeste. Il ne parle que de son affection pour « sa chère amie ». Il veut que tout se fasse par son intermédiaire, il l'accable de louanges. Le 17 février 1724, il chargera Vauchoux de remettre à la dame une lettre toute pleine de compliments « au sujet du cordon bleu que M. le marquis son époux vient d'avoir ». S'il connaissait les mœurs éhontées de cette créature, on s'étonne qu'il ait accepté avec tant d'empressement son appui dans une affaire délicate entre toutes; et, s'il la crut simplement une amie de M. le Duc, cette ignorance d'une situation étalée au grand jour ne surprend pas moins.

Quoi qu'il en soit, il déborde de confiance aveugle et enthousiaste en Mme de Prie; on le constate par ses lettres à Vauchoux, abondantes en détails intimes, si curieux.

« Je voudrais, lui mande-t-il le 15 mars 1722, que nous soyons déjà là à traiter sur cet article ; je ne crois pas que nous nous y aresterions longtems. Cela sera, je vous assure, bientost débattu quand Mme la Marquise de Prie aura frayer les chemins et lever les autres dificultés. Rien n'est plus avantageux à ma fille que l'ydée favorable que cette dame en a conçu. Si je ne craignois de blesser la modestie, je pourrois dire qu'elle ne se trompe pas aussy bien que sur l'amitié de la reine et sur l'ardent désir que nous avons de la convaincre par toutes les occasions qui se pourront présenter. Au reste, mon cher Vauchoux, répondé en tout de moy ; vous n'en aurés jamais le démenti. »

Le 6 avril, le 19, ce sont les mêmes protestations, le même désir inquiet de se maintenir dans les bonnes grâces de la marquise. « Donnés-vous, mon cher Vauchoux, » écrit-il dans la première lettre, « tous les mouvements pour me conserver l'amitié de Mme la marquise de Prie, et que vos assiduités me tiennent lieu de mérite. »

Et voici ce qu'on lit dans la seconde :

« J'ai reçu, mon cher Vauchoux, votre lettre du 6 de ce mois, et celle de Mme la Marquise de Prie. Comme ses propres assurances d'amitiés m'en fonts cognoistre tout le prix, qu'elle reconnoissance ne vous aye point de me l'avoir procurer, et comme il est absolument du devoir que vous vous estes imposer de me la continuer, je vous prie de vous y employer tout entier en l'assurant qu'on ne sauroit estre plus sensible que je le suis de la voir s'intéresser à mon sort... Voyez le plus souvent qu'il est possible Mme de Prie et la priés de ne pas discontinuer à s'intéresser aussi vivement qu'elle a commencé à mes affaires (1). »

Ses affaires, il en rabâche ! Désormais, sa « pacification » et le mariage de sa fille vont se confondre dans ses préoccupations et sa prose.

« Je suis très persuadé, déclare-t-il à Vauchoux, que le désir de Mme de Prie de voir l'union de ma fille avec M. le duc est un suffrage puissant pour accomplir nos intentions communes auxquelles je ne comprends pas quelle fatalité jusqu'à présent s'est pu opposer. Car je ne saurois m'imaginer que le retardement de ma pacification en puisse estre la cause, puisque M. le Duc cognoit trop bien la conséquence de son alliance, et qu'en rendant mes intérêts les siennes propres, c'est autant que sans rien risquer de son costé les terminer avantageusement. Je craindrs mesme que la conclusion différé des intentions de M. le Duc ne donne occasion au Roi Auguste à ne pas donner les dernières mains à ma pacification par les ombrages qu'il peut naturellement prendre de mon alliance qui peut croire lui estre préju-

---

(1) En 1725, après le mariage de Marie, lorsqu'il sera à Chambord, il écrira encore (31 décembre), comme s'il ignorait l'intrigante qu'était la marquise :

« Depuis votre départ, mon cher Vauchoux, Zbanski qui est de retour ne m'a rien appris de nouveau par les lettres qu'il m'a apportées, hormis ce que Mme de Prye me mande par la sienne, sur ce qu'elle souffre par toutes les calomnies. Le cœur me saigne, d'autant plus que je ne vois rien qui puisse adoucir ses justes douleurs, à moins que ce ne soit le moyen dont je vous ai parlé en confiance en dernier lieu... »

diciable, sur tout si il sait que l'accomplissement de nos désirs dépendent de ma pacification préalable. Supposé que cela fût, sa vue d'éloigner le mariage reculerait ma paix, et l'éloignement de ma paix rendra toujours le mariage incertain, qu'au lieu celui-ci précédant ma paix en serait une suite infaillible. »

On ne saurait reprocher au pauvre roi, toujours besogneux, d'avoir songé à tirer quelque profit pour lui-même du bonheur de sa fille, et d'avoir nourri l'espoir qu'une belle alliance hâterait, enfin, la solution des embarras sans nombre au milieu desquels il se débattait.

Dans son ardent désir d'en finir avec ses ennuis, de conclure un accommodement avec Auguste, l'ancien staroste, qu'aucune humiliation n'arrêtait plus, allait jusqu'à offrir la restitution de ses biens patrimoniaux, et l'abdication de son titre royal ne l'effrayait point. Ce pauvre prince qui, même en pleine période de prospérité, n'avait jamais fait preuve d'énergie morale, se trouvait, après ses épreuves, tout à fait anéanti. Pour comble de malheur, il ne rachetait pas d'aussi graves défauts par un peu de diplomatie. Il ne cessait de se lamenter que pour prodiguer des flatteries. C'est ainsi qu'à propos d'un léger service, il écrit à Vauchoux : « Si mon inclination était suivie, on verrait toute ma nation sous les étendards de la France... (1). » Bref, caractère faible, timoré, ridiculement inquiet, puérile-

---

(1) Lettre du 19 octobre 1721, datée de Wissembourg.

ment naïf, épouvanté à l'idée seule d'agir, très *vieille fille* enfin, pourrait-on dire, il était né pour une vie tranquille, bourgeoise, non pour les luttes incessantes (1). Il lui fallait absolument quelqu'un pour le soutenir, l'encourager. Aussi se cramponnait-il désespérément à tous ceux qui lui tendaient une main apitoyée.

Un instant, il put croire que tout marcherait à son gré; non seulement M. le Duc promettait de l'aider pour ses affaires particulières et l'assurait de son dévouement, mais encore le cardinal Dubois lui-même, en dépit du « difficile abord », dont se plaignait timidement le pauvre roi au maréchal du Bourg (27 novembre), finissait par lui témoigner quelque intérêt (2).

La période des appréhensions n'était pas close cependant : l'ex-monarque apprit soudain qu'un autre parti de la Cour parlait de marier le duc de Bourbon à la princesse de Modène; en même temps, on lui conseillait de se défier de la marquise, de sa chère amie elle-même.

« Pendant que vous vous donnez toutes les peines, confie-t-il à Vauchoux, le 5 janvier 1723, pour faire réussir notre affaire en question, je suis averti d'une main très sûre qu'on se donne tous les mouvements

(1) Voir à l'*Appendice* une série de lettres propres à renseigner sur le caractère de ce prince.

(2) Lettre à Vauchoux du 11 octobre : « Vous apprenderés à Mme de Prie que j'ay receu les fruits de son ouvrage, qui est une lettre de M. le cardinal Dubois en réponse de celle que M. le comte de Béthune luy a rendu de ma part sur le sujet de l'avènement à son premier ministère. Cette réponse est pleine d'honnêtetés et de promesses comme si ma chère amie l'avoit dictée elle-même. »

pour vous contrecarrer en faveur de la duchesse de Modène, et que ce qu'il y a de pire, qu'on s'est attaché à Mme de Prie pour renverser nos projects à ce qu'on m'assure qu'on l'a fort ébranlée. Ainsy, mon chère amy, je recours à votre pénétration pour en estre éclaircis sans faire paroistre la moindre défiance encore de mon costé, et suivant que vous approfondirés l'affaire, il faut tâcher de remettre Mme de Prie, s'il est possible, dans les premiers sentiments ; car si c'est l'opiniâtreté de mon sort qui les fait changer, il seroit à sohaitter qu'on fixe un temps aûxqu'el si on ne voit pas plus clair dans mes intéréts qu'on prenne alors d'autres résolutions ; si aussy l'intérest ébranle notre bonne amie, je laisse à votre délicatesse de faire comprendre qu'on trouvera le mesme avec moy, si on persévère constamment à ce qu'on a comencé. »

Le 14 du même mois, Stanislas reprend espoir (1) ; mais le 11 février, tout en se déclarant « entièrement rassuré de la fermeté de nostre bonne amie », il ne laisse pas que de redevenir perplexe. « Ils marchandent l'affaire avec de l'argent content, s'écrie-t-il (2), pendent que je demande du crédit pour un peu de temps, et quoyque je la veut avoir à plus haut prix que ceux qui me la disputent, j'ay besoin de bons répondants. »

(1) « ... Par celle-ci (cette lettre), écrit-il à Vauchoux, vous saurez que je suis tout-à-fait tranquille sur ce sujet (sur ce qui causait ses troubles dix jours plus tôt). » Et plus loin : « Rien ne me fait plus d'honneur, que de ce que vous vous êtes produit pour celui qui s'intéresse à mes affaires. La manière qu'on vous a reçu m'en assure l'heureux et prompt succès. »

(2) C'est toujours à Vauchoux qu'il s'adresse.

Néanmoins, il constate avec joie « que les partisans de la Princesse de Modène n'ont faicts jusqu'à présent aucun progrès malgré les mouvements qu'ils se donnent » pour contrecarrer ses desseins.

Ses propres affaires continuaient à le préoccuper ; le roi de Suède ne se pressait pas assez, selon lui, de les arranger, et, quoiqu'il comptât sur l'activité et le dévouement très complet de M. le Duc, notre inquiet ne parvenait pas à calmer ses tourments.

« Tant que M. le duc ne parlera pas, expliquait-il à Vauchoux, sur le motif véritable qui l'engage à s'intéresser pour moy, on ne répondra qu'en général, et tant qu'on gardera ce style je n'avancerois en rien, tandis que mes ennemis font des grands progrès (1). »

Il vécut ainsi plusieurs mois dans une sorte de fièvre, rapportant tout à son attente, « profittant » des compliments de « condolence » adressés à M. le Duc, qui venait de perdre sa grand'mère Anne de Bavière (23 février 1723), pour l'entretenir des affaires de Pologne, toujours lamentablement embrouillées. Sur ces entrefaites le Régent mourut, et ce fut pour Stanislas un sujet, non de crainte, comme on l'a prétendu (2), mais au contraire de vif contentement. Il n'en pouvait être

---

(1) Même lettre du 11 février.
(2) Un historien avance que Stanislas eut grand'peur en voyant arriver au pouvoir M. le duc. On voit qu'il conçut au contraire des « espérances ». A la vérité, il les dissimula même à son fidèle du Bourg, lui demandant le 11 décembre 1723 « de l'informer des suites que produira un accident aussi funeste ». Mais le même jour, comme on va voir, il écrivait à Vauchoux sans cacher sa joie.

autrement d'ailleurs, et l'on ne comprendrait guère pourquoi il eût redouté l'arrivée au pouvoir d'un homme qui devait être son gendre.

« Je vous rends mille grâces, écrit-il à Vauchoux le 11 décembre 1723, de la diligence avec laqu'elle vous m'aprenés l'étonnante nouvelle de la mort de M. le duc d'Orléans; vous pouvés vous imaginer qu'elles espérances je conçois en luy voyant succéder M. le Duc. Voila le temps, mon cher Vauchoux, qu'yl faut faire entendre mes sentiments à M. le Duc selon un petit mémoire que je n'est pas le temps de faire copier, mais que mon résident Knab vous faira lire. Voicy une lettre pour M. le Duc, et l'autre pour Mme de Prie. Joignez vos conseils ensemble pour mettre une fois fin auqu'elle la Providence mesme conduit. »

Cependant, s'il avait été question de mariage entre Marie Leczinska et le duc de Bourbon, on ne s'était engagé par aucune demande officielle. On songeait à la princesse et l'on faisait des avances, rien de plus; ce qui n'impatientait pas peu Stanislas, fort désireux de fiançailles publiques entre sa fille et le premier ministre. C'est pendant cette attente anxieuse qu'il lui fut parlé, incidemment d'ailleurs, d'un parti plus magnifique encore, le fils du Régent. Ce dernier avait en effet envoyé, quelque temps auparavant, à Rastadt, le comte d'Argenson demander en son nom l'aimable (1) fille de

---

(1) Il vaudrait mieux dire « aimante » si l'on s'en rapporte à un pont-neuf de 1724, insinuant que la princesse allemande chérissait son compatriote le prince de Taxis. (Cf. MARAIS.)

la margrave de Bade; mais la mère de cette princesse avait affiché de telles prétentions que le duc d'Orléans hésitait à les satisfaire et en restait aux pourparlers. En passant par Wissembourg, M. d'Argenson vit Stanislas « qui goûta infiniment son mérite » (1), et, rentré à Versailles, il dit de Marie « mille biens », allant jusqu'à la mettre « fort au-dessus de la princesse de Bade » (2). Restait à vaincre les hésitations du jeune duc qui, connaissant les intentions du premier ministre, ne voulait pas les contrecarrer. D'ailleurs, obstiné dans son projet d'épouser cette petite princesse blanche, potelée et fort ragoûtante, au dire de Barbier, il ne renonçait pas à l'espoir de restreindre les folles exigences de la margrave (3).

Malgré la cruelle incertitude où le laissait M. le Duc, Stanislas crut devoir, à cause de ses premiers engagements avec lui, écarter l'idée d'une union avec les d'Orléans. Cependant, soucieux en bon père d'assurer l'avenir de sa fille et d'avoir en tout état de cause un mari à lui présenter, il agit de façon à ne décourager d'une façon définitive ni l'un ni l'autre des prétendants.

Sage précaution! Le duc d'Orléans finit en effet par obtenir le consentement de la margrave, et ne se préoccupa plus de Marie Leczinska. Mais alors, nouvelle recrudescence d'alarmes en l'émotif Stanislas. Délaissé

---

(1) Lettre à du Bourg, 17 mai 1724.
(2) *Mémoires du marquis d'Argenson*, t. I.
(3) Elle prétendait notamment contraindre sa fille à renoncer à tous les biens allodiaux qu'elle-même avait apportés dans la maison de Bade.

par l'un des gendres qu'il avait en vue, ne risquait-il pas d'être également abandonné par l'autre? Heureusement, la lettre de Vauchoux apportait quelque consolation à ses « amertumes » de voir ainsi « retarder et différer ses desseins ».

« Je vous recognois, mande le pauvre roi à son fidèle, le 31 mars 1724, par l'article que vous touchés du mariage inopiné de M. le duc d'Orléans, puisque vous devinés ce que j'en pense. Vous jugés combien il m'est douloureux que pour la margrave de Baden il n'y a ny politique, ny ménagements, ny conjonctures qui tiennent, pendant que je reste encore en arrière pour surmonter tous ces obstacles, à sçavoir encore si je ne culbute pas. »

Une lettre « très obligeante (1) » du duc d'Orléans ne calme pas son émoi, car, le 2 juillet, il adresse au maréchal du Bourg ce billet désappointé :

« J'ai oubliés de vous prier à nostre dernière entrevue de dire à M. Millain confidentiellement ce que je sçais positivement que si M. le duc d'Orléans ne m'avoit cru plus engagé que je ne suis avec M. le Duc, il se seroit adressé préférablement à moy; et si je n'avois eu de la considération pour les intentions, quoyque incertaines, de M. le Duc, j'aurois trouvés le secret de détourner M. le duc d'Orléans pour luy ouvrir la porte

(1) « Voicy, écrit-il au maréchal du Bourg, une lettre très obligeante que M. le duc d'Orléans m'a escrit pour me faire part de son mariage. Je prends la liberté d'envoyer sous votre adresse la réponse, afin qu'elle puisse parvenir en toutte la seureté. »

chez moy. Mais vous avez esté témoings de ma conduitte là-dessus, par laqu'elle il seroit tems que je mérite quelque réalité dans mes incertitudes. »

Quant au projet de mariage avec M. le Duc, il n'avançait guère. M. Millain, ancien secrétaire de Pontchartrain et attaché au premier ministre, avait succédé au comte du Bourg dans le soin de cette affaire sans que cessassent les lenteurs d'antan, lorsque au début de l'an 1725 les négociations prirent meilleure tournure.

Le bon Stanislas reçut d'abord, de Mme de Prie, une lettre fort encourageante; puis, en février, M. Millain l'assura que M. le duc lui continuait ses sentiments favorables (1). Enfin, le 24 du même mois, arriva à Wissembourg le sieur Gobert, artiste en renom, membre de l'Académie royale de peinture depuis 1701 (2), et qui, disait-on pour donner le change, allait exécuter au château de Saverne quelques travaux commandés par le cardinal de Rohan (3), alors qu'en réalité la marquise l'avait chargé de peindre le portrait de Marie Leczinska.

Sur-le-champ, l'ex-roi de Pologne annonça cette arrivée, grosse de promesses, au cher du Bourg.

---

(1) « Mon cher comte, écrit-il à du Bourg, j'ay reçu vostre lettre, et celle qu'elle contenait de M. Millain où j'ai veu avec bien du plaisir la continuation des sentiments favorables de M. le duc. Il est impossible de n'en pas augurer un heureux dénouement. »

(2) Pierre Gobert, de Fontainebleau (1662-1744), portraitura la famille de Louis XV, Fleury et plusieurs autres grands personnages.

(3) « L'adresse dessus, explique Stanislas à du Bourg, le 27 février, sera pour M. le cardinal de Rohan, puisque le peintre est venu dans ce pays icy, comme si M. le cardinal l'envoyait à Saverne. »

« Mon cher Comte, je vous faist part, par celle-ci, de la lettre de Mme de Prie que je vous prie de me renvoyer ; c'est le peintre qui est icy depuis ce matin qui me l'a aporter ; et comme je suis embarrasser pour satisfaire à l'empressement de Mme de Prie coment envoyer le portrait aussitot qu'yl sera finy, puisque par le carosse de Paris il resteroit trop longtemps en chemin, je vous prie de me dire si vous ne pourriez pas le faire passer par le courrier ordinaire et si le maistre de poste par vos ordres peut l'envoyer de cette manière avec seureté. J'attends votre éclaircissement là-dessus et vous demande mille pardons de la confience qui me faist avoir en tout recours à vous. »

Le peintre se mit à l'œuvre dès son arrivée, pressé par l'impatient Stanislas, qui, estimant une semaine très suffisante à la confection du portrait, écrivait à Vauchoux dès le 27 février (en lui adressant « une petite doze de vin d'Hongrie » pour Pàris-Duverney) : « Le portrait pourra partir dans cinque ou six jours. » Le travail ne fut terminé que le 13 mars, et c'est encore Vauchoux que l'on chargea de le remettre à Mme de Prie. « Voicy, mon cher Vauchoux, le portrait que j'ay voulu adresser à M. le cardinal de Rohan ; mais j'ay songer depuis que si vous le rendier (1), cela faira moins d'éclat. Je vous prie donc de le remettre en mains propres à Mme de Prie. Je suis persuadé par avance du bon usage qu'elle en faira. Je laisse le soing du reste à la Sainte Providence.

(1) La baroque syntaxe de Stanislas est encore obscurcie par une orthographe aventureuse.

Vous avouerez que j'ay raison d'estre charmé de l'ouvrage du portraist, car vous jugerez vous-mesme en le voyant qu'yl est parlant et qu'on n'en sçauroit faire des plus ressemblants. Je voudrois encor qu'on puisse tirer son intérieur et son charactère; comme vous le cognoissez, c'est vostre ouvrage, et le mien d'estre de tout mon cœur vostre très affectionné (1). »

Tout faisait donc prévoir que Marie Leczinska allait être duchesse de Bourbon, et l'heureux père rendait grâces au ciel de ce bonheur chèrement caressé. Il allait connaître des joies autrement intenses !

---

(1) « Voicy, écrit Stanislas à du Bourg le même jour, le portrait bien empacqueté que je vous envoye en vous priant de le recommander vous mesme au maitre de poste et de le faire passer en toute sûreté... »

MARIE, PRINCESSE DE POLOGNE
Reine de France et de Navarre
(d'après le tableau de Van Loo)

PLON-NOURRIT & Cie ÉDIT.

CHAPITRE X

COMMENT MARIE LECZINSKA FUT DESTINÉE

A LOUIS XV.

L'enquête dans les cours d'Allemagne. — Lozillière, chevalier de Méré. — Ses instructions. — Impression produite par le portrait de Gobert. — M. le Duc et Mme de Prie décident de donner à Louis XV la fille de Stanislas. — Calculs du premier ministre et de son inspiratrice. — Le conseil du 31 mars. — Lettre de M. le Duc à du Bourg. — Émotion de Stanislas. — Sa réponse à la demande en mariage. — Son allégresse et sa détresse. — Il est obligé d'emprunter pour dégager ses pierreries engagées à Francfort. — La mission de Vauchoux. — A quoi servent les agents de confiance. — Messager ambigu. — Premier rapport au duc. — Stanislas consent à tout. — Il redevient inquiet.

Si pendant quelque temps M. le Duc avait laissé Stanislas dans une incertitude pénible sur ses véritables sentiments, c'est que de graves préoccupations troublaient ce ministre. Après avoir décidé le renvoi de l'Infante, il avait dû se mettre en quête de celle qui remplacerait la petite Espagnole, et nous avons vu qu'après avoir consacré beaucoup de temps à cette recherche, il n'avait encore obtenu aucun résultat.

Repoussé par l'Angleterre, trop piètre diplomate pour admettre l'union proposée par Catherine de Russie, comprenant avec un reste de bon sens que le jeune roi ne pouvait épouser ni l'Infante de Portugal, sous peine d'attiser encore les colères espagnoles; ni la princesse de Modène, fille de notre ennemi Renaud d'Este; ni la princesse de Lorraine, apparentée aux d'Orléans et très mal notée, on s'en souvient, dans le rapport de Morville, M. le Duc songea à diriger son enquête dans les cours d'Allemagne, « pépinières de reines. » Peut-être y découvrirait-il une princesse, distinguée et aimable, qui, séduite par la proposition, sacrifierait au trône de France la religion réformée. Des instructions furent rédigées, très intelligemment, on ne sait au juste par qui, le nom de l'enquêteur étant resté en blanc sur le document des Affaires étrangères. Lemontey prétend que ce fut un certain Lozillière, connu de Mme de Prie, et que l'on nomma pour la circonstance chevalier de Méré.

« Celui qui ira (1), était-il dit, de la part de M. le Duc dans les diverses cours d'Allemagne examiner les qualités personnelles des princesses qui y sont à marier, doit avoir attention à prendre des informations très exactes sur la santé de ces princesses, sur la qualité de leur esprit, sur leurs affections, sur leurs alliances, et il ne doit pas négliger ce qui regarde leur taille et leur agrément personnel.

« Il faut que celui qui sera chargé de cette commission garde un profond secret sur l'objet de ce voyage, qu'il doit uniquement faire sous prétexte de curiosité. Et comme il est nécessaire qu'en même temps il fasse

---

(1) Arch. des Aff. étr. France, 1725-1729, t. 314.

autant de dilligence qu'il sera possible pour remplir sa commission, il ne doit pas épargner les moyens qui peuvent le mettre en état d'acquérir les connoissances qui font le motif de son voyage.

« L'on n'envisage que deux choses qui puissent lui en ouvrir les moyens : l'une est de jouer sans profusion, mais noblement. L'autre est de porter dans ce voyage de quoy faire de petits présents depuis quatre pistoles jusques à vingt, tout au plus, mais dont le goust fasse le mérite, affin qu'il ne paroisse rien dans ces dépenses qui excède les facultés d'un gentilhomme accommodé. »

L'envoyé avait pour mission de commencer son voyage par Wissembourg, où il aurait l'occasion de voir la jeune princesse Marie, fille du roi Stanislas. « L'on sait, ajoutait l'ordre, qu'elle a eu une bonne éducation, et qu'elle y a parfaitement répondu. L'on sait aussy qu'elle est assez bien faite, mais les relations que l'on a eues sur son sujet laisseraient quelque chose à désirer pour ses agréments personnels. »

Il est très important de retenir ce détail, dont on peut déduire avec une certaine vraisemblance que, dès ce moment, le premier ministre songeait à se défaire, en faveur du roi, de celle qui lui était destinée. L'envoyé devait ensuite passer par Darmstadt, où résidaient la fille et la nièce du margrave; de là, il se rendrait à Meiningen, dont le duc avait une fille, puis à Culembach, à Bayreuth, à Weissenfels et à Berlin. Il finirait son enquête par la cour de Mecklembourg-Strelitz.

Ce projet, assez bien conçu, fut cependant détourné

de son but. En effet, au moment même où M. le Duc rédigeait les instructions nécessaires à cette enquête, tiraillé, comme toujours aux heures d'agir, par maintes hésitations, l'arrivée du portrait de Marie Leczinska transforma ses projets.

« Mon très cher comte, écrivait Stanislas au comte du Bourg, la persuasion que j'ay de votre amitié me faist juger que vous serez bien aise de sçavoir comme le portrait a été reçu. C'est ce que vous verrez par la ci-jointe que je vous prie de me renvoyer ; je ne sçauroit goutter avec plus de satisfaction le contentement que j'en ay qu'en le partageant avec vous, cognoissant parfaitement vos désirs là-dessus et les sentiments que vous avez pour celuy qui est de tout son cœur... »

A la vérité, le portrait de Gobert (1) avait produit l'impression la plus favorable sur le premier ministre et sur sa maîtresse ; elle leur parut si facile à dominer et à tromper, cette princesse à la figure douce, timide et sans caractère, que d'emblée ils la destinèrent au Roi. A quoi peut servir une peinture !

Le véritable triomphateur en l'occurrence, ce fut Mme de Prie ; du même coup elle renvoyait à des calendes lointaines le mariage de son amant (2), et se donnait une reine qu'elle pouvait maintenir sous sa sujétion. Marie Leczinska ne lui devrait-elle pas tout ? Qui

---

(1) On n'a pu retrouver ce portrait. Celui que nous donnons en tête de ce volume est attribué par M. Pierre de Nolhac à Belle.

(2) M. le duc ne se remaria qu'en 1728. Il épousa Caroline de Rhinfels-Rottenburg.

donc avait d'abord entrepris de la marier au duc de Bourbon ? Qui donc avait remplacé cette alliance par une autre infiniment plus glorieuse ? Il n'était guère supposable que cette pieuse jeune fille, élevée si haut après une existence chétive, oubliât sa bienfaitrice; au besoin, d'ailleurs, on saurait l'en faire souvenir. Et déjà la favorite escomptait la reconnaissance de la future souveraine.

De son côté, M. le Duc, enchanté de sortir d'embarras, faisait de pacifiantes réflexions et se tenait d'agréables propos. Marie Leczinska était catholique. Fille d'un roi détrôné, ne manqueraient pas de dire certains; sans doute, mais les autres familles germaniques régnantes n'étaient, pour la plupart, que de petite noblesse. Quant à l'objection de l'âge (la princesse entrait dans sa vingt-deuxième année), elle n'avait pas empêché le ministre de songer sérieusement à sa sœur pour Louis XV. D'ailleurs, comment annoncer au roi d'Espagne, en même temps que le départ de sa fille, le nom de la nouvelle reine, si l'on n'en choisissait une, enfin, avec quelque chance de n'être pas repoussé ?

Mais le motif qui guidait par-dessus tout le duc, comme sa maîtresse, c'est que la jeune fille, très suffisante pour ne pas faire mauvaise figure sur le trône de France, n'avait cependant ni la beauté, ni l'énergie nécessaires pour jouer à la cour un rôle funeste aux deux complices.

Annoncer cette décision au roi et la lui faire accepter, tel fut l'objet d'un conseil tenu le 31 mars. Le ministre présenta de nouveau à Louis XV la liste dressée par M. de Morville, avec quelques considérants. Par malheur, les renseignements font défaut sur cette séance qui dut être curieuse; on ne connaît ni les paroles du roi, ni celles de son précepteur, naguère si opposé à Mlle de Vermandois. Peut-être Fleury, heureux que cette Bourbon fût à jamais écartée, traduisit-il sa satisfaction en opinant comme M. le Duc; peut-être, lui aussi, vit-il avec un secret contentement choisir une princesse qui n'aurait ni assez de charme ni assez d'empire pour lui enlever son influence sur le jeune roi.

Quoi qu'il en soit, le projet fut accepté, et le soir même un courrier partait de Marly pour charger le comte du Bourg d'apprendre au roi Stanislas cette résolution inattendue.

« Monsieur, écrivait le duc de Bourbon, je vous envoye par cet exprès la lettre ci-jointe et je vous prie de la faire tenir par une personne seure à qui vous ordonnerez d'attendre la réponse de ce prince (Stanislas) et de vous la rapporter; mais il est nécessaire de faire en sorte, s'il vous plaist, qu'il ne paroisse pas que la réponse que vous envoyerez à Wissembourg soit dépesché à l'occasion du courrier qui vous remettra ma lettre, et vous garderez auprès de vous ce courrier sans même dire de quelle part il vous vient, afin de le charger de la réponse qu'on vous aura apportée de Wissembourg. Je remets à votre prudence de vous servir des moyens que vous jugerez à propos pour empescher qu'on n'ait aucune connaissance de la commission que je vous donne. ».

Quant à l'enquête projetée en Allemagne, elle se fit pour le compte de M. le Duc, ainsi que l'indique la copie des Affaires étrangères. Les premiers ordres portaient ce titre : *Projet d'instructions au Sr... allant en Allemagne, voir quelles princesses pouroient convenir pour devenir l'épouse du Roi.* Le mot « Roi » fut biffé, et l'on écrivit simplement, à la place, « Duc de Bourbon. »

Le courrier envoyé le 31 mars par M. le Duc parvint le 2 avril à du Bourg, qui exécuta les ordres venus de Marly « de point en point » comme il put l'écrire. Un de ses officiers, nommé Perdrigau, fut aussitôt dépêché de Strasbourg à Wissembourg. Après avoir pris connaissance des lettres que lui apportait cet aide-major, Stanislas, s'élançant dans la salle où se tenaient la reine Catherine Opalinska et la princesse Marie : « Ma fille, s'écria-t-il, tombons à genoux et remercions Dieu. » Et comme celle-ci lui demandait s'il était rappelé sur le trône de Pologne : « Le Ciel, répondit-il, nous est bien plus favorable : vous êtes reine de France ! »

Si nous ne connaissons pas les lettres par lesquelles le duc de Bourbon et M. de Morville annonçaient à l'ex-roi de Pologne la résolution qui venait d'être prise, nous avons du moins la réponse de Stanislas (1), « un peu gauche, mais touchante » :

« Monsieur mon frère, que puis-je dire à Votre Altesse Sérénissime pour lui répondre à une lettre qui, me saisissant le cœur et m'ôtant la parole, me mettroit dans

---

(1) Envoyée de Strasbourg le 3, arrivée à Marly le 6, comme nous en informe Villars. (*Mémoires*, édition Vogüé, t. IV.)

toute l'insuffisance de lui exprimer mes sentiments s'ils étaient nouveaux et encore inconnus à Votre Altesse Sérénissime? Mais, comme elle me rend la justice d'en estre assurée depuis longtemps, j'en fais toute ma ressource pour faire juger à Votre Altesse Sérénissime qu'en s'épuisant en amitié pour moy, elle me rend incapable de lui pouvoir représenter ma reconnoissance telle qu'elle est et si vive que je ne me sens plus animé que pour elle. Il est certain que l'ardent désir de l'alliance de Votre Altesse Sérénissime et d'estre attaché à Sa Personne par des liens sacrés autant que je le suis par une véritable inclination, a été le principal sujet de tous mes vœux, et j'en ressens une consolation inconcevable en ce que je m'assure qu'elle aurait fait la sienne. Mais parce que la Sainte Providence l'a tellement décidé et Votre incomparable sagesse le juge ainsy. Votre Altesse Sérénissime sait que je me suis voué à elle avec toute ma famille : qu'elle dispose d'un bien dont je l'avais rendu entièrement maître et n'estant plus à moi-même, je vous cède mon droit de père sur ma fille en remplaçant de celui d'époux qui vous étoit destiné. Que le Roy qui la demande la reçoive de vos mains ; conduisez-la sur ce trône où elle sera un monument éternel de la grandeur de votre Ame, de votre zèle pour le Roy, de l'amour pour votre auguste sang et du bien que vous souhaitez à l'État. En vertu encore du même droit de père que je transfère sur Votre Altesse Sérénissime, je la prie de répondre pour moy à Sa Majesté et de l'assurer avec quel honneur et résignation j'obéis à sa volonté.

Plaise au Seigneur tout puissant qu'il en tire sa gloire, le roy son contentement, ses sujets toute la douceur et Votre Altesse Sérénissime la satisfaction de son propre ouvrage. Enfin Votre Altesse Sérénissime en me rendant le plus glorieux de tous les pères, elle me rendra le plus heureux des mortels si elle est convaincue de la passion avec laquelle je suis... »

Quant aux transports de la mère et au saisissement de la fille qui, la veille de cette nouvelle, se serait trouvée heureuse d'épouser un de ceux qu'elle allait avoir pour principaux officiers de sa cour (1), il serait difficile de les peindre.

Le maréchal du Bourg ignorait le contenu des dépêches qu'il avait été chargé de transmettre au roi de Pologne, et celui-ci résolut d'observer scrupuleusement le secret qu'on lui recommandait. Mais, dans la lettre qu'il expédiait au gouverneur de Strasbourg, en même temps que sa réponse au duc, Stanislas donnait un libre cours à son allégresse, sans en dévoiler la cause (2).

« Mon bien cher Comte, confiait-il à son ami, je cognois parfaitement comme vous pensez sur mon sujet ; vous ne restez pas là, ayant embrasser toutes les oc-

(1) Marie en voyait un exemple vivant dans la duchesse de Bouillon, petite-fille du roi Sobieski, mort sur le trône.

(2) Il écrivait le 5 avril à Vauchoux avec une orthographe plus extravagante encore que de coutume : « Mon chérissime Vauchoux, j'envoye un exprès au Sr Knable lequ'elle quand il vous dira le suject de mon empressement, vous ne serés pas étonner. Je me raporte donc à ce qu'yl vous dira de ma part et je me repose entièrement sur vos soings là-dessus, qui seront une suitte des continuelles que vous prenés et que le Segneur favorise si visiblement. Travaillés donc, je vous prie, avec diligence et efficacité. Rendés au plus tost la cy jointe à Mme de Prie, etc. »

casions pour contribuer à ma satisfaction. Celle que je ressens aujourd'huy est au-delà de toute expression. Je n'ose le confier à la lettre, tant le secret m'est recommendé, et je vous irés trouver dans ce moment, si je ne craignois de donner occasion aux curieux qui me verronts partir sur le champ, après l'arrivée de Perdrigau : mais dans huicts jours d'icy je vous demanderois un rendez-vous chez nostre abbé de Neybourg ou je vous dirois ce que la Providence faict avec moy. Que le bon Dieu en tire l'effect de sa gloire et vous, mon cher comte, ce que vous désirez de celuy qui est de tout son cœur vostre très affectionné cousin. »

Le maréchal ne se doutait pas le moins du monde de l'heureux événement dont se réjouissait Stanislas lorsqu'il reçut de son royal ami cette nouvelle missive (6 avril) lui assignant un rendez-vous près des ruines de l'abbaye cistercienne de Neubourg :

« Mon cher Comte, c'est avec bien de la peine que je me suis fait violence de me retenir pendant ces quelques jours à ne vous pas aller trouver, par les raisons que je vous ay mandé. Si donc il n'y a rien qui vous arreste, vous me fairés un plaisir sensible de venir disner avec moy à Neybourg chez l'abbé, lundy qui vient, qui sera le 9ᵉ de ce mois, où je me renderois, s'il plait à Dieu. »

Le 9 avril donc, le maréchal connut la haute fortune réservée à la fille de Stanislas ; sa joie fut profonde (1),

---

(1) « Ma famille, lui écrit Stanislas le 20 avril, ne se possède pas de plaisir d'avoir vu vos transports de joie. Elle vous embrasse avec toute la tendresse possible. »

mais profonde aussi sa pitié, lorsqu'il apprit la gêne, presque la détresse, contre laquelle se débattait le futur beau-père du roi de France. Stanislas, en effet, n'ayant pu se réconcilier avec l'électeur de Saxe, s'était trouvé réduit, ses ressources épuisées, à engager chez un juif de Francfort des pierreries, derniers restes de son ancienne fortune. Il ne pouvait les recouvrer qu'en remboursant la somme empruntée sur elles, et le baron de Meszeck, un de ses officiers, venait de partir, sans grand espoir, à la recherche de l'argent nécessaire (1). Dès qu'il connut cette lamentable situation, le maréchal offrit son aide au roi, qui l'accepta, mais sans vouloir y recourir avant le retour de Meszeck. Or, à peine les deux amis s'étaient-ils quittés, que Stanislas recevait de Francfort une lettre lui annonçant l'insuccès de sa démarche. Treize mille livres manquaient pour retirer les pierreries, et le malheureux roi dut prier, en toute hâte, son fidèle ami de le tirer de cet humiliant embarras.

« Mon cher comte, lui écrivait-il, à mon retour j'ai trouvé une lettre de Meszeck que j'ay envoyer à Francfort comme je vous l'ay dit principalement pour rachetter mes pierreries qui estoit en gage chez un marchand, dans l'espérance que sur l'argent qui me vient de droit yl pourra négocier la somme qu'yl faut pour les dégager au terme qui est jeudy qui vient. Il me manque treize mille livres, lesqu'elles si je n'ait pas

(1) Ce n'était pas la première fois que pareille aventure arrivait au besogneux monarque. Léopold de Lorraine l'avait déjà tiré d'un embarras semblable.

pour ce terme fixe je courre risque d'avoir des chicanes avec le marchand et de la peine de les retirer après. Ainsy, mon cher comte, je vous prie faites en sorte que la Monnaye ou dis-je la recette me les avance ou sur ce fond quelqu'un autre et que le porteur de celle-cy puisse demain me les apportés icy afin qu'yl soit à Francfort pour le terme qui est jeudy qui vient. Je vous prie, mon cher Comte, de me tirer de cet embarras et de me croire de tout mon cœur vostre très affectionné cousin Stanislas. »

Et, persuadé que son obligeant ami ne lui refuserait pas ce service, il lui délivrait, en finissant, ce reçu anticipé :

« En conséquence du contrat ci-dessus, je certifie que M. le Maréchal du Bourg m'a remis la somme de treize mille livres argent de France en espèces sonnantes, dont je me charge suivant l'ordre du roi Stanislas pour le remettre entre les mains de Sa Majesté. Faist à Strasbourg le 10 avril 1725. »

Contraste douloureux, qui fait sourire pourtant! Ce prince, dont la fille allait devenir la reine du plus beau royaume de l'Europe, était réduit à mendier quelque argent. Le « mirliton » dit vrai, quelques jours plus tard, lorsqu'il gouaille :

> Par l'avis de Son Altesse
> Louis fait un beau lien ;
> Il épouse une princesse
> Qui ne lui apporte rien
> Que son mirliton.....

Le bon du Bourg, toujours serviable, vint cette fois

encore au secours de Stanislas avec tant d'empressement qu'on ne peut s'empêcher de trouver la gratitude du roi moins exubérante que d'ordinaire.

« Mon très cher comte, lui répondit-il, j'ay reçu par le Sr Cogliano (1) les treize mille livres que vous m'avez procurés. Je vous en ai des obligations infinies, sçachant la rareté extraordinaire de l'argent. J'ay évitté par là une grande chicane des marchands de Francfort auxqu'elles j'avois marqué le terme du dégagement des pierreries, et ce à quoi j'ay satisfait par votre assistence. »

Après cet accusé de réception, Stanislas annonçait à son ami l'arrivée prochaine du cher Vauchoux, assez inopinément chargé d'une mission à Wissembourg (2) par M. le Duc qui venait d'écrire, à ce sujet, une longue lettre au roi de Pologne :

« Comme il m'a paru que Votre Majesté avoit confiance en M. de Vauchoux, et que je connois son esprit, sa prudence, son zèle pour tout ce qui vous regarde, et son attachement pour moy, j'ay cru que Votre Majesté aimeroit mieux que ce fust luy qu'un autre que je chargeasse de rendre compte à Votre Majesté de beaucoup de choses difficiles à écrire et dont je crois que vous et la princesse votre fille serés bien aises d'être instruits.

---

(1) Marie-Joseph Conigliano, et non Cogliano, servait d'intendant à Stanislas; c'était son homme de confiance, et plus tard, lorsque ce prince eut succédé au duc de Lorraine, il devint son fournisseur des « marchandises étrangères ».

(2) Vauchoux, qui ne pouvait se faire illusion sur les motifs qui avaient dicté le choix de M. le Duc, confessait avec bonne grâce : « Vingt-cinq ans de service dans les troupes ne m'ont pas donné l'usage des négociations . »

Comme les vertus que Votre Majesté possèdent sont bien rares et ne se trouvent pas partout, et que dans une cour comme celle de France il y a bien des différents intérests qui font agir ceux qui les composent, j'ai chargé M. de Vauchoux d'un mémoire qui explique les intérests et les caractères de chacun de ceux qui sont à portée de jouer quelque rôle, et je l'ai mis au fait verbalement de beaucoup de choses qui ne sont connues que de fort peu de gens, afin qu'il puisse suppléer de bouche à ce qui peut être omis dans le mémoire. »

Il ajoutait : « Je ne puis me dispenser de rendre compte à Votre Altesse Sérénissime que je n'ai jamais vu une joie pareille à celle de M. de Vauchoux quand je lui ai dit de quoi il était question, et que quand je n'aurois pas su son attachement pour vous, je n'aurois pu douter qu'il vous respectoit et aimoit au delà de toute expression(1). »

Vauchoux, qui, en réalité, servait autant le premier ministre que le futur beau-père du roi de France, fut

---

(1) La lettre contenait, en outre, ce passage significatif :
« Je ne puis... répondre qu'en suppliant la princesse votre fille de me regarder comme son sujet le plus fidèle, le plus attaché à sa personne, le plus zélé pour le bien de ses États, et incapable de se laisser jamais gouverner par mon intérêt personnel, et j'ose vous assurer que dans cette occasion j'en donne la preuve la plus incontestable qui se puisse donner, en conseillant au roy d'épouser une princesse de la possession de laquelle je comptois que dépendoit le bonheur de ma vie. J'avouerai même à Votre Altesse Sérénissime que toutes les fois que j'y pense, je ne puis m'empêcher d'y avoir regret, et que je n'ai de moyen de me consoler que de songer que, le roi m'honorant de sa confiance et m'ayant chargé du soin de son État, il est de mon devoir de passer par dessus tout ce qui m'intéresse et de n'examiner que ce qui peut contribuer à la satisfaction de Sa Majesté, au bonheur de son peuple et à l'avantage de son État. »

envoyé le 20 avril, à la requête de Mme de Prie, pour surveiller Stanislas et rester auprès de sa personne jusqu'à la célébration du mariage à Strasbourg (1). Il devait de plus communiquer à Versailles ses moindres observations; tels étaient ses ordres. M. le Duc craignait en effet que le Polonais, grisé par sa nouvelle fortune, ne songeât encore à l'accroitre en tentant de recouvrer sa couronne; or, s'il consentait à lui faire restituer ses biens, il n'entendait pas aller plus loin. Vauchoux devait, s'il était nécessaire, chapitrer Leczinski à ce sujet.

« Rien ne seroit moins convenable, lisait-on dans les instructions (2), que de laisser croitre une opinion qui, en même tems qu'elle entraîneroit le Roy Stanislas dans l'erreur sur ce qu'il peut justement se promettre de protection de la part d'un prince qui luy en a donné depuis longtems des marques avant qu'il fût question de l'affaire dont il s'agit présentement, pouroit peut-être dans le tems qu'il s'agiroit de la signature des articles du contrat de mariage, ou dans la suite, faire naistre des veues qu'il ne seroit pas possible de seconder. »

Le texte portait encore ces indications complémentaires, de style lourd, indigeste, mais précis comme ce qui précédait : « A l'égard du 1ᵉʳ point (la restitution des biens appartenant à la maison de Leczinski), le roi

---

(1) Un jeune érudit de réel mérite, Lacurne de Sainte-Palaye (il devait entrer à l'Académie trente-trois ans plus tard), était adjoint à Vauchoux pour cette mission de délicate surveillance.

(2) Aff. étr., t. 314.

Stanislas peut aisément juger que se trouvant lié avec le roi par des nœuds aussi étroits, Sa Majesté profitera avec empressement des occasions et conjonctures qui pourront luy permettre de travailler à sa satisfaction. A l'égard du deuxième point qui concerne la Couronne de Pologne, le Roy Stanislas imaginera sans peine que les engagements de Sa Majesté non seulement avec le Roy d'Angleterre, mais même avec le Roy Auguste et d'autres puissances de l'Europe, ne luy permettroient pas de seconder des veues qui pourroient y estre contraires, pendant que les choses subsistent telles qu'elles sont; et la personne qui sera chargée de se rendre auprès du Roy Stanislas, en luy faisant sentir toute la force de cette considération, doit seulement luy laisser envisager que les événements et l'ordre de la nature peuvent seuls faire naître des occasions de luy faire ressentir des effets de la protection de Sa Majesté sur les choses qui pourroient le flatter plus particulièrement; que ce seroit même se préparer de nouveaux obstacles au succès de ses veues que de paroistre fonder à présent sur l'alliance dont il s'agit des projets qui fortifieroient les partisans de la Maison d'Autriche et mécontenteroient encore ceux de la principale noblesse polonoise, qui seroit sans doute jalouse de la grandeur et de l'élévation de la maison Leczinski (1). »

(1) Dans une pièce des Affaires étrangères (Pologne, *Supplément*, t. IV) beaucoup plus explicite que ce mémoire et qui ne fut jamais communiquée au père de Marie Leczinska, il est stipulé non seulement que Stanislas devait renoncer définitivement au trône de Pologne, mais encore « que, bien loin de le rapprocher de la cour, on l'en éloignait encore

Un billet de Stanislas à du Bourg (1) mentionne que Vauchoux arriva le 27 avril; l'ambigu messager fit aussitôt connaître à M. le Duc les résultats de sa première entrevue avec la famille Leczinski : « Il ne m'est pas possible de rendre tout ce que le roi Stanislas, la reine et la princesse de Pologne m'ont dit sur le compte de Votre Altesse Sérénissime ; jamais reconnaissance ne fut égale à la leur. Ils ne cessent de me répéter les obligations qu'ils lui ont, combien ils souhaiteraient les pouvoir jamais acquitter aussi bien qu'ils les ressentent ; que toute leur vie ne suffira point à lui témoigner leur ressentiment et leur tendresse, et que rien ne sera jamais capable d'altérer tant soit peu des sentiments qu'ils lui doivent par tant d'endroits. Ils remettent tout entre les mains de Votre Altesse Sérénissime et tiendront toujours pour très bien fait ce qui viendra de sa part (2). »

Et, dans un mémoire envoyé avec la lettre, Vauchoux déclarait :

« Après avoir examiné de bien près l'impression que le grand événement d'aujourd'hui a pu faire sur l'esprit

---

plus... hors du territoire de France », proposition excessive et qui fut abandonnée.

(1) « Mon cher comte, un moment devant le départ de la poste, M. de Vauchoux est arrivé : tout ce que je pus sçavoir pour vous le mander par le courrier d'aujourd'huy est qu'yl m'a apporté la lettre du monde la plus gracieuse de M. le duc, et une autre de Mme de Prie que je vous ferois voir quand nous serons ensemble, ce qui pourra estre après la visite de M. le cardinal de Rohan qui m'a escrit par Marmont qu'yl seroit dans deux ou trois jours icy ; d'ailleurs tout ce confirme à ce que nous sçavons déjà, et ce qui peut combler mon âme de satisfaction, qui se redouble quand je songe qu'elle faist la vostre. »

(2) Archives des Affaires étrangères, *Mémoires et documents*, Pologne, t. XII.

du roi Stanislas, voici les dispositions et les sentiments où j'ai cru trouver le prince. Il est, dit-il, si pénétré des effets de la Providence qu'il craindrait de renverser son ouvrage s'il admettait dans son cœur et dans son esprit quelque élévation au-dessus du bonheur qui lui arrive aujourd'hui, soit pour former de nouveaux projets, ou pour appuyer ceux qui ne lui ont pas réussi jusqu'à présent, ou pour tirer vengeance de ses ennemis, ou enfin pour se faire de nouveaux amis.

« Ce prince, écrivait-il encore, n'est pas novice dans les revers. Il sent, comme il le doit, la grandeur de sa prospérité sans s'en éblouir. Elle le fait penser en bon François. N'ayant actuellement de désir ni de volonté que celle qui peut convenir aux intérêts de l'État, il a une résignation parfaite aux volontés du roi et aux intentions de Son Altesse Sérénissime M. le Duc. Tous ses soins sont finis, et toute son attention est d'élever ses mains au ciel pour implorer ses bénédictions sur la princesse Marie qui fait la plus glorieuse époque de sa vie.

« Pour ce qui regarde la restitution de ses biens, il pense qu'il n'est pas de la dignité du roi d'y faire attention, ni de s'en mêler directement. C'est une affaire à laquelle la Suède est engagée par son alliance avec ce prince. Elle a été très bien conduite jusqu'à présent; le roi Auguste s'étant déjà déterminé sur les principaux articles.

« Quant au rétablissement du roi Stanislas sur le trône de Pologne, il aime tant la tranquillité qu'il n'y songera jamais, et l'on peut même assurer le roi Auguste qu'il né cherchera point à troubler son règne. Si cependant la France était dans une conjoncture où elle eût besoin que ce prince se donnât quelque mouvement, on le trouvera disposé à prendre tel parti qu'on voudra. C'est un fait que ce prince m'a assuré, n'étant pas jaloux de voir sa place occupée par le roi Auguste, et s'estimant plus heureux cent mille fois de passer ses jours en France (1). »

Stanislas, on le voit, se rangeait facilement aux vues du premier ministre, mais pouvait-il en être autrement? Peut-être ce Polonais, souvent tenace et rusé, malgré les apparences de sa franchise étourdie, sut-il dissimuler. Peut-être aussi, rendu modéré dans ses désirs par la mauvaise fortune, ne tenait-il pas à ruiner son bonheur en essayant de l'augmenter inopportunément. Quel psychologue eût pu lire alors ce qui se passait dans cette âme complexe? Qui pourrait dire aujourd'hui le motif capital auquel obéissait le roi déchu en consentant à tout pour faire de sa fille une reine?

Encore que M. le Duc ne voulût pas déclarer officiellement le mariage avant que l'Infante eût été remise à la frontière aux mains de ceux qui venaient la chercher, les ambassadeurs espagnols eurent vent, néanmoins, de ces négociations. Mais le ministre désirait ne rendre tout public qu'au dernier moment, après avoir réglé jusqu'aux moindres détails de la cérémonie, « lorsque, enfin, disait-il, la bienséance à l'égard du roy d'Espagne

(1) Nous reproduisons ici en partie le texte donné par la marquise d'Armaillé et par M. Boyé.

et les mesures indispensables pour choses semblables le permettraient. »

Il ne se départit donc point de son mutisme, cependant que le pauvre Stanislas, toujours oppressé d'inquiétudes, multipliait les lettres à du Bourg(1) et se rongeait d'impatience.

---

(1) On sent qu'il n'en peut plus lorsque, le 25 mai, il s'écrie : « J'espère, par la grâce de Dieu, que cela finira bientôt. »

CHAPITRE XI

DÉCLARATION DE MARIAGE AVEC MARIE LECZINSKA

Les calomnies. — Propos et manœuvres de cour. — Le haut mal. — L'incommodité à la main. — Embarras du duc, en quête de renseignements. — Le chirurgien du Phénix est envoyé à Wissembourg. — Le certificat qu'il dresse en collaboration avec le médecin Mougue. — Le roi déclare officiellement son mariage. — Lettres que M. le Duc adresse à cette occasion au roi de Pologne et à sa fille. — Etonnement de la cour et de la ville à l'annonce du mariage. — Doléances de la duchesse de Lorraine. — Dernière enquête sur la future reine. — Ses sentiments religieux, sa garde-robe, ses chaussures. — La situation s'éclaircit. — M. le Duc triomphe et Paris murmure.

« Il n'y aurait pas de cours s'il n'y avait pas d'envieux, » écrivait la Palatine. A la cour de Louis XV, les envieux ne manquaient point; leurs manèges commencèrent aussitôt, et leurs venimeux commérages, si bien qu'en dépit des plus formelles assurances Stanislas put craindre un moment que le mariage n'eût pas lieu. Vers la fin d'avril, en effet, M. le Duc reçut, de façon indirecte, avis que la princesse Marie tombait du haut mal. Une personne qui jouissait auprès de lui d'un libre accès lui remit cette lettre, qu'elle venait de recevoir :

« Je sais, Monsieur, que les relations que vous avés avec M..... vous donnent un accès facile pour lui parler. Je me reprocherois de ne pas faire passer jusqu'à lui ce que le hasard m'a fait apprendre dans mon voyage touchant la princesse Stanislas. Une personne de probité qui n'a aucun intérêt dans tout cecy m'a asseuré que cette princesse tomboit du haut mal (1), qu'elle en avoit veu toutes les consultations écrites même de la main de la reine, sa mère, à une religieuse qui avoit la réputation de guérir de cette maladie. Je lui ai fait écrire les noms de l'abbaye et de la religieuse qui a donné les remèdes et de l'abbesse d'à présent qui ne l'étoit pas dans ce temps-là. Je frémis si cecy est vrai, comme je n'en puis douter par le caractère de la personne qui me l'a dit, du danger où le roy seroit exposé et de l'horreur où M. le Duc se trouveroit d'avoir fait ce mariage (2). »

De plus, le 1ᵉʳ mai 1725, le cardinal de Rohan fit savoir au premier ministre que Marie Leczinska avait une « incommodité à une main (3) ». Il rapportait cette nouvelle d'un voyage à Wissembourg.

Aussitôt, M. le Duc, très inquiet, commença une enquête. Faudrait-il donc abandonner ce projet d'union comme les précédents? Anxieusement, il chargea Vauchoux de le renseigner, et il avertit Stanislas des bruits qui couraient sur sa fille.

(1) Dans Paris, le bruit en courut, attribué par certains à l'abbesse de Remiremont qui l'aurait écrit à un confident du prince de Vaudemont. Il n'est pas impossible que cette fable haineuse doive être attribuée au ressentiment de la cour de Lorraine. (Voir Villars, *Mémoires*, IV, 317.)

(2) Arch. nat. K. 139, n° 24.

(3) Marais parle d'une lettre, écrite par le roi de Sardaigne (lettre communiquée par M. de Chateaugiron, *Revue rétrospective*, t. XV), alléguant que Marie Leczinska avait « deux doigts qui se tiennent et des humeurs froides ». Il ajoute avec un certain bon sens que ces petits mensonges devaient venir « de la faction des d'Orléans ».

« Le public, lui manda-t-il en termes embarrassés, ayant raisonné sur la princesse que le roy devoit épouser, dans les différentes idées qu'ils se sont formées, à leur gré beaucoup de gens ont nommé la princesse Marie, apparament par la haute réputation que ses vertus lui ont acquises. Puisque je n'ai rien déclaré du parti que le roi a pris (1), plusieurs personnes intéressées à en détourner le roy, épouvantées des bruits qui couroient, ont pris toutes les mesures qu'ils ont imaginé y pouvoir contribuer. Jusqu'à présent, ils s'étoient contentés de répandre de très mauvais discours que je n'ai osé exprimer, crainte de donner à connoitre la réalité du dessein à Sa Majesté; mais ayant poussé leur méchanceté jusqu'à me faire donner des avis par écrit, je ne puis me dispenser d'en rendre compte à Votre Majesté. C'est ce qui me détermine à envoyer à Votre Majesté la copie de la lettre qui m'a été remise. Vous y verrés, Monseigneur, la méchanceté la plus noire et la médisance la plus horrible, de la fausseté desquelles personne n'est plus convaincu que moy. Mais comme, dans une pareille matière, je ne serois pas excusable, ni envers le public ni envers le roy, d'avoir négligé un pareil avis, s'il se répandoit que je l'ai receu et que je ne l'ai pas approfondi, je supplie Votre Majesté de me pardonner, et pour remplir mon

---

(1) On lit dans Barbier : « On raisonne politiquement sur le mariage du roi, comme chose fort intéressante, et on a le temps. On nomme toutes les princesses de l'Europe qui peuvent convenir, comme la princesse d'Angleterre, celle de Russie, l'Infante de Portugal, la princesse de Lorraine, la princesse Stanislas et la princesse Hesse de Rinfelds dont la sœur a épousé le prince de Piémont. C'est de ces deux dernières dont on parle le plus. »

devoir je prends la liberté de lui envoyer cette lettre, de la supplier de me faire savoir, non ce qui en est, étant d'avance très sûr que, s'il y avoit rien d'approchant, Votre Majesté auroit été la première à prier le roy à songer à une autre princesse, mais seulement s'il y a quelque chose qui ait pu donner occasion d'inventer pareille menterie (1). »

Il l'avertissait en finissant qu'il envoyait à Wissembourg, « sans que personne le sache, » le chirurgien du Phénix (2), chargé en même temps de porter à Vauchoux cette lettre « crainte qu'elle ne se perdist à la poste ».

M. le Duc écrivit aussi, le 26 mai, à du Bourg pour le prier de prendre des renseignements. « Le Roy, disait-il, ayant pris le parti de rompre ses engagements avec l'Infante, vous jugés bien, Monsieur, que c'est pour se marier promptement, et comme la Princesse Stanislas est une de celles qui pourroient le mieux convenir, vous ne serés pas surpris que je vous demande quelques éclaircissements, sachant la confiance que j'ay en vous. Je vous prie donc premièrement de me garder un secret exact et de me mander ce que vous entendrez surtout sur sa santé qui est le principal point, le roy ne se mariant que pour avoir promptement des enfants bien conditionnés. Comme je sai que vous avés à Strasbourg un très habile médecin, il y a apparence qu'il ait été consulté plusieurs fois sur la santé de la Princesse ; par conséquent il doit connaitre son tempérament, et savoir si

---

(1) Arch. nat. K. 139, n° 24.
(2) Il lui fut adjoint un inspecteur des hôpitaux nommé Mougue.

elle a une bonne santé et si elle a quelques incommodités, ou si elle en a eu dans sa jeunesse et de quelle espèce. C'est ce que je vous prie d'approfondir avec la dextérité dont vous êtes plus capable qu'un autre, et de me mander ce que vous en savés ou ce que vous en apprendrés. Vous sentés bien que dans une pareille matière, il ne faut point de ménagement, mais qu'il faut parler naturellement. Vous n'en devés pas être inquiet, car il n'y aura que moy qui verrai votre lettre, et pour cela vous n'aurés qu'à mettre deux enveloppes, en marquant sur la seconde que c'est pour moy seul, au moyen de quoy il n'y aura que moy qui la lira. Je vous prie de me faire réponse le plus tost que vous pourrés (1). »

Enfin un sieur Delaborde, qui habitait Metz, et entretenait des relations avec le couvent de Trèves, fut chargé par M. le Duc d'aller interroger la religieuse qui, disait-on, avait donné à Marie Leczinska des remèdes contre l'épilepsie.

Le sieur du Phénix reçut, lui aussi, par un mémoire « instructif et secret », l'ordre de se rendre à Trèves d'abord et de faire une enquête au couvent; c'est de là qu'il gagnerait Wissembourg, où il remettrait à Vauchoux et au roi Stanislas les lettres du premier ministre.

« Le sieur Duphénix, déclarait le Mémoire, aura soin alors de s'expliquer avec tous les ménagements possibles, et avec toutes les expressions propres à faire connoitre au roy Stanislas que quoique Son Altesse Séré-

---

(1) Arch. nat. K. 139, n° 24.

nissime n'ait ajouté aucune foy à l'avis qui lui a esté donné, elle a cru, et pour le Roy Stanislas et pour elle-même, ne pouvoir chercher avec trop de soin tous les éclaircissements propres à confondre ceux qui auroient donné des avis faux sur la santé de la princesse. Il ajoutera que Monsieur le duc n'a voulu chercher des éclaircissements que dans la bonne foy et la sincérité du roy Stanislas lui-même, persuadé que s'il en estoit quelque chose, son intérest personnel qui même ne seroit alors que passager et momentané céderoit à ce qu'il doit au bonheur du roy et à celui du royaume.

« Le sieur Duphénix écoutera alors la manière dont le roy Stanislas s'expliquera sur la santé de la princesse sa fille; il rassemblera toutes les circonstances qui pourront le faire juger non seulement sur la vérité de l'avis qui a esté donné à M. le Duc, mais encore sur la santé de la princesse en général, sur les incommodités auxquelles elle a esté le plus sujette dans le cours de sa vie et sur le fonds de son tempérament.

« Il pourroit estre que pour donner au sieur Duphénix des éclaircissements plus détaillés et plus précis, le roy de Pologne feroit appeler son premier médecin, et dans ce cas ce seroit à son raport que le sieur Duphénix apporteroit la principale attention.

« Si le Roy Stanislas ne prenoit pas ce party, le sieur Duphénix devroit toujours voir et entretenir le premier médecin du roi de Pologne (1). »

L'affaire fut menée promptement et dans le plus

---

(1) Arch. nat. K. 139, n° 24.

grand secret, selon l'ordre. Dès le 12 mai, Vauchoux répondait à M. le Duc : « Monseigneur, le sieur Duphénix arriva hier sur les 7 heures du soir, et me remit la lettre de Votre Altesse Sérénissime. Je fus aussy tost la porter au Roy Stanislas. Ce prince n'est point étonné qu'un bonheur comme le sien attire les derniers traits de la calomnie : toute l'Europe en doit estre jalouse. Et il n'a pas doutté qu'on ne fist les efforts nécesaires pour le troubler. Grâce au ciel, il met Votre Altesse Sérénissime en état de confondre l'imposture, ayant mis les sieurs Mougue et Duphénix en situation de juger par eux-même de la santé de la Princesse Marie. Le certificat cy-joint instruira mieux Votre Altesse Sérénissime que tout ce que je pourrois luy en dire.

« Le Roy Stanislas m'a paru touché dans cette circonstance des inquiétudes qu'il juge que vous pouvez avoir. »

Ce certificat dont parle Vauchoux était un véritable rapport médical :

« Nous soussigné, y était-il dit, conformément aux ordres dont Son Altesse Sérénissime nous a honorés, certifions nous être transportés à la cour de Sa Majesté Polonaise pour prendre connoissance de la constitution de Son Altesse Royale la princesse Stanislas, de sa santé ou de ses infirmités, si elle était atteinte de quelqu'une. Après avoir eu l'honneur de voir Son Altesse Royale, examiné sa taille et ses bras, le coloris de son visage et ses yeux, nous déclarons qu'elle est bien conformée, ne paroissant avoir aucune défectuosité dans ses épaules ni dans ses bras dont les mouvements sont libres, sa dent saine, ses yeux vifs, son regard marquant en même temps beaucoup de douceur. A l'égard de sa santé, M. Vast son médecin, natif de Strasbourg, nous a déclaré que, depuis deux ans qu'il est à la cour, elle n'a eu d'autres maladies que quelques accès de fièvre intermittente qui ont été terminées chaque fois par une légère purgation et un régime. Sa vie sédentaire et le long espace de temps qu'elle passe dans les églises, dans une situation contrainte, lui ont aussi causé quelques douleurs dans les lombes, produite par une sérosité échappée des vaisseaux gênés par la tension des fibres musculeuses, laquelle sérosité nous jugeons être toute extérieure, la moindre friction ou le mouvement la dissipant, de même que la chaleur, ce qui fait que pendant l'été elle n'en a point été attaquée. Nous devons ajouter qu'il nous a été rapporté par le dit sieur Vast que la princesse est parfaitement réglée, ses règles d'une louable couleur et ne durant qu'autant qu'il est nécessaire. On peut juger de la vérité de ce fait par son coloris qui, quoique un peu altéré par les derniers accès de fièvre, qu'elle a eus récemment, ne paraît cependant que très légèrement changé, la carnation étant naturelle et assez animée pour juger de son rétablissement et de la régularité de ces mouvements périodiques.

« En témoignage de quoi, nous avons signé le présent certificat, ce 12 may 1725 ; à Vissembourg.

« Duphénix,

« Mougue, médecin inspecteur
des hôpitaux du roi. »

« Je m'attache en ce moment de lui (le confesseur) donner les instructions que je juge convenables au poste qu'il va occuper, et je prie Votre Altesse Sérénissime par avance, si elle n'en est pas contente, après l'avoir connu, de me le renvoyer, étant très convaincu en moi-même que rien ne saurait être salutaire à la princesse ma fille que ce qui a l'approbation de Votre Altesse Sérénissime. Aussi toute ma vie ne sera employée qu'à la mériter et à me conserver votre très chère amitié par la passion et attachement inviolables avec lesquels je suis de V. A. S. le très bon frère et ami fidèle (1). »

M. le duc connaissait d'ailleurs à ce moment-là tout ce qu'il désirait savoir de la princesse Marie. Son envoyé, le sieur Lozillière, lui avait rapporté sur elle les détails les plus complets et aussi les plus élogieux, dans un mémoire conservé aux Affaires étrangères et qui mérite d'être cité en entier :

« Marie-Charlotte-Sophie-Félicité Leczinska, née le 23 juin 1703. Cette princesse est petite ; on tient cependant qu'elle est un peu plus grande que la jeune duchesse d'Orléans, la taille bien proportionnée et fine, le port gracieux, et point embarrassée dans ses mouvements, marchant bien, la teste bien plantée, les cheveux tirant sur le chatain, les tempes garnies, le front élevé, le sourcil garni et en arc-en-ciel, l'œil enfoncé, pas grand, mais vif et fin, les joues assez pleines, naturellement colorées, le nez un peu long, pas gros, ny rouge, ny en

---

(1) Autographe de la collection Charavay, communiqué à M. de Raynal.

perroquet, d'ailleurs assez bien formé ; la bouche ny grande, ny petite, les lèvres bien bordées en vermeille ; le tour du visage, des yeux en bas, assez beaux ; le teint beau, coloré, l'eau fraiche et quelquefois de l'eau de neige faisant tout son fard, ne mettant certainement ny rouge ny blanc ; un air souriant et gracieux ; la voix douce et agréable ; l'oreille pas grande et bien bordée, le bras rond, un peu décharné, parce que cette princesse a perdu de son embonpoint ; la main ny belle, ny laide, l'un et l'autre blancs. Elle a l'esprit vif et naturel, bien cultivé ; point fière, beaucoup de douceur, bienfaisante, compatissante, charitable, généreuse, n'admetant personne bien particulièrement dans sa confidence, aimant tous ses domestiques, dont elle est adorée. Ses occupations commencent dès les six à sept heures du matin qu'elle s'éveille. Elle lit dans son lit des livres de dévotion, d'histoire, généalogie, chronologie, géographie, qu'elle possède bien. Elle est consultée dans la maison pour l'histoire de France, qui est embarrassante pour les changements de noms. Elle se lève dans l'hiver entre huit et neuf heures, se met à sa toilette et est toujours habillée et en corps de jupe dès le matin. Elle se rend ensuite dans l'appartement de la reine sa mère, et toute la famille royale entend la messe et dine entre onze heures et midi avec la reine, la mère du roy et la comtesse de Linange, le roy dinant seul. Elles ne sont qu'une petite demi-heure à table. Après le diner, elle lit encore une heure et passe le reste de la journée avec la reyne et sa grand'mère, qui toutes trois font des ouvrages à l'éguille, comme tapisserie, ornements d'autel dont elles font présent aux églises. Elle a beaucoup de religion sans bigoterie, de tendresse pour père et mère dont elle est aussy fort aimée. Elle n'a aussy aucune passion dominante en quoy que ce soit. Elle danse proprement, de bon air, joue du clavecin, chante quelquefois, a la voix douce. Le deffaut de maîtres et d'occasions fait qu'elle ne se perfectionne pas. Elle parle allemand fort bien, français sans accent (1). Elle est sobre en tout, boit peu, trempe beaucoup son vin. D'une complexion point délicate, fort saine, point sujette à maladies, ce qui est beaucoup, veu la situation, le peu d'exercices qu'elle fait et ses ennuis, qu'elle supporte avec fermeté et sans murmure. Il luy échappe seulement de dire en riant qu'elle voudroit bien voir le dénouement de la pièce pour ce qui regarde la situation de la famille royale. Elle tient beaucoup du roy son père, tant pour la ressemblance que pour l'humeur et l'esprit enjoué. Elle a eu la petite vérolle dont elle n'est point marquée. Elle a l'esprit souple, qui prendra la forme et la figure qu'on voudra. J'ai eu l'honneur de la voir travailler, marcher, danser, de lui parler et de la voir au lit, et j'ai de plus trouvé à son service un domestique qui la sert elle seule depuis neuf ans, que je connais parfaitement et dont la femme est celle qui est le plus dans sa confidence. J'obmettois de dire qu'elle a le col bien proportionné, les épaules bien placées,

(1) Ou du moins avec un accent très léger, qui donnait, nous apprend le président Hénault, du charme à son langage.

assez de carrure, la poitrine élevée, blanche et de la gorge (1). Cette princesse, sans être belle (2), est aimable par sa douceur, son esprit, sa sagesse, sa conduite : c'est un assemblage de toutes les vertus. »

Comme Wissembourg, trop petite ville, ne pouvait recevoir dignement le roi de France, il fut décidé que le mariage serait célébré d'abord par procuration, avant de l'être réellement à Fontainebleau entre Louis XV et Marie Leczinska. M. le duc avait donc à choisir celui qui représenterait le roi et à désigner la ville où aurait lieu la cérémonie. C'est au duc d'Orléans que revenait de droit l'honneur d'épouser, au nom de Louis XV, la fille de Stanislas ; mais le premier ministre, que la haine et la crainte tenaillaient toujours, hésitait à l'en charger, désireux de trouver une combinaison qui lui permit de blesser et d'irriter une fois de plus son irréconciliable ennemi.

Tout d'abord le maréchal du Bourg (3) l'ayant prié de faire venir à Strasbourg Stanislas et sa famille jusqu'à l'époque où serait célébré le mariage, et le cardinal de

(1) Elle était bien faite, et avait, en amazone, si bonne grâce que les maîtresses du roi, nous apprend d'Argenson, ne pouvaient souffrir de la voir paraître aux chasses à cheval. (II, 55.)

(2) Le bibliophile Jamet a consigné sur les marges d'un exemplaire de Dorival (*Introduction à la description de la Lorraine et du Barrois*) l'annotation suivante relative à « cette seconde fille si vantée » qu'il oppose à la première fille de Stanislas, Anne, morte en 1717 : « Rien de si bourgeois en figure, ni de si maussade en caractère, pour qui la voioit dans ce que Montaigne appelle l'*à tous les jours.* » (Bibl. de Nancy, ms. 730, fol. 315.)

(3) Notons en passant le déboire du bon maréchal que Stanislas eût ardemment désiré « voir employé dans cette affaire » et qui, pourtant, ne réussit pas à jouer le moindre rôle dans les cérémonies du mariage.

Rohan ayant manifesté le désir de recevoir à Saverne Marie Leczinska, M. le duc, non content de céder à ses instances, décida que le mariage par procuration se ferait à Strasbourg, siège épiscopal du cardinal.

Ce premier point arrêté, la jalousie lui fit trouver, pour le second, une solution aussi bizarre que sotte : c'était de confier à Stanislas le soin d'épouser sa propre fille, au nom du roi de France. On lui montra sans doute le ridicule d'un pareil arrangement, car il l'abandonna bientôt. Pensant alors que le duc d'Antin, gouverneur général d'Alsace, pourrait remplir ce rôle en qualité d'ambassadeur extraordinaire de Sa Majesté, il écrivit à Stanislas le 17 juin :

« Monseigneur,

« J'ay examiné ce qui se pourroit faire pour suivre la veue que j'avais que Votre Majesté fust chargée de la procuration du roy pour épouser au nom de Sa Majesté la princesse Marie ; mais outre qu'il n'y a aucun exemple qu'en pareil cas un père ait épousé sa fille, on a trouvé encore l'inconvénient que les filles demandent le consentement de leurs pères, lorsqu'ils sont présens à l'église, avant que de donner leur approbation aux demandes qui leur sont faites ; il a paru que Votre Majesté ne pourroit faire en même temps les deux fonctions ; ainsi le projet que j'avois à cet égard n'est point praticable. Dans cet état il sembleroit convenable que ce fust un prince du sang qui fust chargé de cette commission : mais comme M. le duc d'Orléans prétendroit vraisemblablement devoir être préféré à tout autre, et que cela pourroit produire quelque embarras que je suis persuadé que Votre Majesté sera bien aise que l'on évite, je crois qu'il n'y a rien de mieux que d'autoriser M. le duc d'Antin à faire cette fonction en sa qualité d'ambassadeur extraordinaire du Roy auprès de Votre Majesté ; il a d'ailleurs par sa naissance et par son rang toutes les qualités nécessaires pour être chargé d'une semblable fonction. Je n'ay cependant point voulu en faire la proposition au Roy sans en donner part à Votre Majesté et savoir si elle approuvait cette veue (1). »

Puis, reconnaissant enfin l'extrême difficulté d'enlever au premier prince du sang, sous le vain prétexte d' « embarras » imaginaires, un droit qui lui revenait, le versatile ministre avertit Stanislas, avant même d'avoir reçu sa réponse, que, définitivement, c'était M. le duc d'Orléans qui épouserait la princesse Marie par procuration. Et lorsque le vieux roi lui eut témoigné son contentement, il eut l'audace de lui répliquer :

« Je suis très aise que Votre Majesté ait approuvé le parti que j'aye pris de proposer au roy de charger M. le duc d'Orléans de la procuration. Ce qui m'y a déterminé est l'idée que j'aye eue que cela seroit plus agréable à Votre Majesté (2). »

Cette lettre devait être remise à Stanislas par Madame de Prie, dont la prochaine arrivée lui avait été

(1) Arch. nat. K. 139, n° 24.
(2) *Ibidem.*

annoncée déjà (1). La marquise donnerait en même temps à la princesse Marie des renseignements précis sur l'état de la cour.

« Je profite, disait M. le duc, du départ de Mme de Prie pour faire remettre cette lettre à Votre Majesté, et j'envie bien le bonheur qu'elle va avoir de l'assurer elle-même de son attachement et de son respect. Elle avoit tant d'empressement de partir que, si je ne l'avois pas retenue, elle seroit à Strasbourg il y a longtemps ; mais plusieurs circonstances m'ont forcé de la prier de ne pas succomber au vif désir qu'elle avoit de se rendre auprès de Votre Majesté. Votre Majesté me témoigne tant de bontés que j'ay cru qu'elle trouveroit bon que je prisse la liberté de l'instruire de beaucoup de choses sur tout ce qui se passe dans ce pays. Mais comme la prudence deffend de les écrire et que je suis seur du secret de Mme de Prie, je l'ai chargée d'en rendre compte à Votre Majesté et de ne lui rien cacher, croyant qu'il y a des choses que notre reine future seroit peut-être bien aise de savoir. Ce sera à Votre Majesté à en juger, et toute la grâce que je lui demande est de les garder pour elle seule et pour la princesse sa fille. Je dois à Mme de Prie le témoignage auprès de Votre

(1) « Je croy, Monseigneur, écrivait le 30 mars Vauchoux à M. le Duc, devoir instruire Votre Altesse Sérénissime des empressements que le roy Stanislas et la princesse sa fille ont de voir Mme de Prye icy : il me paroit que dans la situation présente, ils n'ont plus que ce désir : sans cesse on me demande quand elle viendra ; elle ne peut se refuser au plaisir qu'elle fera à cette cour en y arrivant des premières : d'ailleurs elle jugeroit par elle-même si je ne me trompe point de tout ce que j'aye mandé à V. A. S... » (Arch. nat. K. 139, n° 24.)

Majesté que si mon respect, mon attachement, mon zèle et ma fidélité pour votre service pouvoit s'égaler, ce seroit par ceux de Mme de Prie, en qui je remarque ces sentiments pour Votre Majesté depuis que je la connois (1). »

Définitivement évincé par le duc d'Orléans, le duc d'Antin était en compensation nommé ambassadeur extraordinaire auprès du roi Stanislas, et devait, avec le comte de Beauvau, lui demander sa fille en mariage. Le marquis de Dreux, grand maître des cérémonies, partait pour Strasbourg chargé de reconduire la reine jusqu'à Fontainebleau.

M. de Mauconseil, colonel du régiment en garnison auprès de Stanislas, et qu'on appelait en riant « Royal Biribi », prenait la place d'introducteur des ambassadeurs.

Stanislas, de son côté, s'efforçait de se composer une cour; avec un représentant auprès du roi de France, il lui fallait un grand chambellan, une dame d'honneur, un chargé d'affaires à Strasbourg. La tâche n'était point aisée, on sait pourquoi; il l'accomplit heureusement, néanmoins, grâce au dévouement des siens. Le comte de Tarlo, l'ancien palatin de Lublin et son parent, signa en son nom le contrat de mariage. Une amie fidèle, la comtesse de Linange, remplissait, nous l'avons dit, les fonctions de dame d'honneur (2). Le comte de

---

(1) Arch. nat. K. 139, n° 24. Cette lettre a déjà été publiée en partie dans l'excellente *Histoire de la réunion de la Lorraine à la France* du comte d'Haussonville (t. IV, ch. xxxviii).

(2) Les filles d'honneur étaient Mlle d'Aho, Mlles Bavo, Mlle de Vautigny, Mlle Rindel, Mlle Audzenska.

Berechini se laissa improviser grand chambellan. Enfin, son maréchal du palais, M. de Meszeck, se rendit à Strasbourg afin de s'entendre avec le gouverneur sur les dispositions à prendre. Le vieux roi, très gêné, possédait à peine le nombre nécessaire de carrosses. Quant aux pages, il n'en avait que deux, et il lui en fallait six. Le Maréchal du Bourg lui en fournit trois, et lui-même parvint à trouver le sixième à Wissembourg (1).

Le 3 juillet, Stanislas se mit en route. La faible santé de sa femme ne lui avait pas permis de partir plus tôt, comme il le souhaitait, dans sa hâte de fuir Wissembourg où il était accablé de visites et de compliments (2). D'ailleurs, il ne s'y croyait plus en sûreté depuis certaine tentative dirigée contre lui et que parvint à déjouer M. de Harlay (3).

---

(1) « Je vous rend mille grâces de la peine que vous prenez pour les pages ; avec les deux que vous avez et deux que j'ay icy, il ne m'en manque que deux. Il m'en doit venir un que j'examinerois, s'il me convient ; en ce cas, il ne resterait qu'un à trouver ; ce qui se pourra faire aysément... » (Avril 1725.)

« Je vous suis très sensiblement obligé des soings que vous avez pris pour me trouver le troisième page, j'en viens prendre un aujourd'huy, ce qui faist avec les deux autres et les trois que vous avez, autant que je veux avoir. » (1er mai 1725.)

(2) « Je suis assommé, écrit-il à du Bourg le 23 avril, des compliments de toute sorte. » Les lettres devaient pleuvoir sur lui jusqu'en septembre ; nous en publions quelques-unes à l'*Appendice*.

(3) On venait d'essayer de lui faire prendre du tabac d'Orient empoisonné. Mais, à Strasbourg, on allait comploter de l'enlever au bal même du duc d'Antin. Sur la première de ces tentatives criminelles (que, pour ne pas faire longueur, nous indiquons seulement), consulter Marais, le tome IV des *Mémoires* de Villars et surtout la lettre, reproduite par M. Boyé (*op. cit.*), dans laquelle Stanislas conte au maréchal du Bourg, le 15 juin 1725, tout le zèle déployé par l'intendant d'Alsace pour se saisir des coupables fût-ce en territoire étranger.

Le vieux roi et sa famille arrivèrent à Strasbourg le mercredi 4 juillet, sur les six heures du soir, escortés par les carabiniers de Parabère et de Pardaillan. Ce fut au bruit du canon, entre une double haie de soldats, qu'après avoir reçu à la porte de la ville les compliments des magistrats, Stanislas se rendit au palais du gouvernement, où le cardinal de Rohan à la tête du clergé lui présenta ses hommages. Puis, toujours soucieux de contenter M. le Duc, qui désirait que le beau-père du roi de France gardât autant que possible un incognito relatif, il descendit « hors de la ville », chez son amie la comtesse d'Andlau, fille de l'opulent préteur royal de Kinglin, liée avec le maréchal du Bourg que, devenue veuve, elle épousa — âgé de soixante-seize ans — en 1731.

L'allégresse était générale, et il n'y eut personne qui ne mît, dans son empressement à aller voir l'arrivée du cortège, autant d'affection que de curiosité. Devant de telles marques de respect et d'amour, quelles durent être les réflexions du pauvre monarque sans trône? On se l'imagine aisément. L'œil perlé de larmes, ce vieil enfant bénissait intarissablement la Providence d'avoir tiré de la misère son humble fille, parti si dédaigné la veille encore, pour l'asseoir sur le trône de France.

CHAPITRE XIII

LE MARIAGE A STRASBOURG.

La série des formalités. — Le comte de Tarlo à Versailles. — MM. d'Antin et de Beauvau à Strasbourg. — Instruction des ambassadeurs extraordinaires. — Leur magnificence. — Comment Stanislas se prépara à recevoir les insignes de l'ordre du Saint-Esprit. — La demande solennelle. — Discours d'Antin. — La signature du contrat. — Conseils et instructions de Stanislas à sa fille. — Le 15 août et l'orthodoxie de M. le Duc. — La cérémonie du mariage. — Les fêtes populaires. — État de l'opinion publique à Paris. — Les brocards, les satires, les chansons. — La reine quitte Strasbourg. — Son voyage sous la pluie. — Son arrivée à Metz. — Les fêtes et les hommages. — Lettre de Noailles à M. de Fréjus. — La cavalcade des Juifs. — Galant message du roi.

Avant la cérémonie déjà si compliquée du mariage, l'étiquette exigeait toute une série de formalités, et c'est pour les remplir que MM. d'Antin et de Tarlo devaient se rendre, l'un à Strasbourg, l'autre à Versailles. Signature des articles, demande en mariage, départ de la maison de la reine, départ du duc d'Orléans, signature du contrat, que n'y avait-il pas à régler; et avec quelle minutie !

Le comte de Tarlo arriva à Versailles le 15 juillet, muni des pleins pouvoirs de Stanislas.

« J'ai été charmé de l'arrivée de M. le comte de Tarlo, » écrivit aussitôt M. le Duc au roi de Pologne pour lui annoncer la venue de son représentant, « pour bien des raisons : 1° parce que je ne suis plus sensible qu'à ce qui nous conduit vers la conclusion d'une affaire qui fera le bonheur de la France ; 2° par les nouvelles assurances qu'il m'a données de vos bontés qui me causent la même satisfaction toutes les fois que j'en reçois ; 3° par la joye que j'aye eu de pouvoir m'entretenir avec lui de toutes les vertus de Votre Majesté et de celles de la princesse, et enfin par la satisfaction de posséder chez moi un homme qui, outre les avantages de la naissance et de l'esprit, est envoyé de la part de Votre Majesté pour le premier instrument d'une affaire à laquelle je borne toute la gloire du ministère dont la confiance du roi m'a honoré (1). »

On était au 19 juillet lorsque le comte de Tarlo signa les articles préliminaires avec M. d'Armenonville, qui représentait le roi de France, le maréchal de Villars, le secrétaire d'État de Morville, de Maurepas et le contrôleur général Dodun. Le 25, eut lieu le départ de Mlle de Clermont et des dames du palais désignées pour l'assister ; dix carrosses du Roi attelés de huit chevaux les accompagnaient (2). Quant au duc d'Orléans, il quitta Versailles le 29 juillet seulement, bien après Mme de Prie, avec 100,000 écus pour ses dépenses.

MM. d'Antin et de Beauvau étaient partis dès le 15, emportant une volumineuse « Instruction » qui réglait,

(1) Archives nationales.
(2) C'est ce cortège que Menin, dans ses Annales, appelle pompeusement « l'âme d'une armée ». Par respect pour la princesse, et par bienséance pour les carrosses royaux, lit-on dans le *Mercure de France*, ces dames firent le voyage sans écharpes et en manteaux troussés.

dans les moindres détails, la façon dont ils auraient à se comporter dès leur arrivée, et les honneurs qu'il devaient rendre aux différents membres de la famille royale. Ils savaient également les paroles à prononcer pour demander en mariage la princesse Marie, puisqu'on leur ordonnait « de faire connoitre au Roy et à la Reyne de Pologne qu'entre les diverses considérations qui ont porté Sa Majesté à jeter les yeux sur la princesse leur fille, elle a été principalement déterminée à ce choix par la connoissance qu'elle a eue des qualités personnelles de la princesse Marie et de ses vertus (1) ». On leur recommandait en outre de mettre « dans leur compliment » une phrase aimable « ayant rapport aux soins assidus que la Reyne s'est donnée pour l'éducation de la princesse sa fille ». Ils devaient traiter la jeune fille d' « Altesse Royale », ne comprendre la mère de Stanislas dans « aucune fonction cérémonialle », parce que « la qualité de roy électif ne donne point rang ni aucun traitement de princesse aux mères des princes qui en sont revêtus ». Ils devaient encore se couvrir, en parlant devant Stanislas au nom de Sa Majesté, et, devant la reine, « faire seulement le geste, » par respect. Quelques pages traitaient certains points plus délicats : si M. de Meszeck venait au nom de Stanislas faire un premier compliment aux ambassadeurs à leur arrivée à Strasbourg, ceux-ci devaient « le recevoir à la descente du carosse, lui donner la main chez eux, le reconduire

---

(1) Lettre de M. le Duc, 27 juillet 1725.

jusqu'au carosse et le voir partir ». Quand ils auraient audience de Leurs Majestés Princières, Stanislas pourrait, s'il le jugeait bon, « avancer au-devant d'eux, trois ou quatre pas, et, de même, lorsqu'ils se retireroient, les reconduire le même nombre de pas (1). » MM. d'Antin et de Beauvau quitteraient leur qualité d'ambassadeurs, sitôt le mariage célébré, pour suivre la reine uniquement comme courtisans.

Et l'Instruction contenait bien d'autres détails encore (2).

Précédés d'écuyers, de gardes, de pages et de valets de pieds, tous vêtus d'habits d'écarlate couverts de galons d'argent, et suivis par un détachement de carabiniers, les ambassadeurs extraordinaires firent leur entrée à Strasbourg, le 31 du mois, dans un carrosse tout doré, à travers les rues bordées de soldats et au milieu d'une population enthousiaste (3). Le duc d'Antin descendit à la commanderie de Saint-Jean, où il tint avec une magnificence inouïe table ouverte durant tout son séjour, tandis que le marquis de Beauvau allait loger chez MM. de Saint-Antoine.

Ils devaient remettre à Stanislas la croix et le cordon de l'ordre du Saint-Esprit, auquel le roi de France « associait » son beau-père (4). Le cardinal de Rohan

---

(1) Lettre de Morville, 1ᵉʳ août 1725.
(2) On les trouvera tous à l'*Appendice*.
(3) *Relation de ce qui s'est passé à Strasbourg, au sujet de la demande de la princesse Marie, fille des rois de Pologne, pour le Roy Très chrétien, par S. E. Monseigneur le duc d'Antin.* (Carnavalet.)
(4) Le duc d'Antin devait aussi remettre à la reine une cassette de

était chargé de faire faire au roi Stanislas ses preuves de religion, vie et mœurs, et recevoir par écrit sa profession de foi, conformément aux statuts. L'humble Stanislas, qu'un tel honneur ravissait, étonnait, accablait, se prêta à tout ce qu'on exigea de lui ; d'une piété infiniment plus profonde que celle du brillant cardinal, il tint à passer en prières, à l'église des Capucins, la nuit qui précéda la remise officielle des insignes et toucha « vivement » par les sentiments « qu'il faisait paroitre ».

Le 4 août, la princesse Marie fut solennellement demandée en mariage ; il y fallut deux audiences. Vers onze heures du matin, les ambassadeurs que M. de Meszeck était allé prendre chez eux avec un carrosse du roi de Pologne se rendirent au gouvernement « à peu près dans le même ordre qu'ils avaient fait leur entrée ». Stanislas attendait « sous un dais de velours cramoisy, le chapeau en tête. Quand il les vit venir, il s'avança vers eux de deux pas, jusque sur le pied de l'estrade, et se retira ensuite pour leur faire place ». L'étiquette voulait que l'ambassadeur fît la demande au roi, puis à la reine ; le duc d'Antin, prenant la parole, lut donc à Stanislas le discours d'où il semble que la discrétion aurait enfin dû bannir ces éternelles allusions aux anciens projets matrimoniaux de M. le Duc.

---

pierreries : un collier de 23 perles, une grande attache pour le devant du corps, une paire de boucles d'oreilles et une paire de pendants, deux attaches de manches, douze ganses et douze boutons, un nœud de derrière, une grande attache composée de diamants de la couronne.

« Sire,

« Nous venons icy de la part du roy notre Maistre pour avoir l'honneur de demander à Votre Majesté la Sérénissime princesse sa fille en mariage : que pourrions-nous ajouter qui ne diminuât la grandeur de notre commission? Ce grand Roy a jeté les yeux sur votre auguste famille par préférence à toutes celles de l'Europe, et vous ne devez cette préférence, Sire, qu'à la vertu et aux rares et éminentes qualitez qui brillent dans votre personne sacrée, et que Votre Majesté a si heureusement transmises à la Sérénissime princesse, sa fille. Le grand prince à qui le Roy a commis le soin de son État et qui est toujours occupé par préférence à tout ce qui peut faire le bonheur de sa vie, n'a songé, n'a travaillé qu'à l'alliance de Votre Majesté sans écouter un seul moment la voix du sang et tout ce que l'ambition a de plus flatteur, sçachant mieux qu'un autre qu'une princesse douée de toutes sortes de vertus était destinée de tous les temps à remplir la première place du monde. Nous espérons, Sire, et nous nous flattons que Votre Majesté répondra favorablement à la demande que nous avons l'honneur de luy faire, et à la juste impatience du roy qui comte tous les momens de notre absence. Pour nous, Sire, comblez d'honneur et de joye, nous n'avons point de termes assez forts, pour exprimer ce que nous sentons. Nous supplions seulement Votre Majesté de vouloir bien recevoir avec bonté nos plus profonds respects (1). »

---

(1) Arch. nat. K. 139.

Le roi de Pologne répondit en ces termes émus :

« Je suis trop obligé au Roi, Monsieur, non seulement de m'avoir donné un asile dans son royaume, mais encore de me donner une place dans son cœur, que j'estime plus que la couronne brillante qu'il met sur la tête de ma fille (1). »

Alors, le duc d'Antin se tourna vers la reine et lui renouvela sa demande en termes à peu près identiques, auxquels l'excellente Catherine Opalinska répondit par ce remerciement d'un style plus ému que correct :

« S'il m'étoit aussy aisé d'exprimer ma joie, comme il m'est naturel de la sentir, vous verriez mon cœur à découvert, et la réponse que je dois vous faire est que je souhaiterois qu'il vous pût persuader la sensibilité avec laquelle je reçois le plus glorieux évènement de ma vie (2). »

Ce n'était pas fini; la demande faite, il fallait connaître la réponse. Les ambassadeurs retournèrent la chercher au gouvernement, à trois heures du soir, dans le même apparat que le matin; et après qu'elle eut été accordée, ils furent reçus en audience par la princesse Marie, livide d'émotion (3). A cette occasion, M. d'Antin,

(1) *Relation.*
(2) *Ibidem.*
(3) M. d'Antin ne reçut pas, semble-t-il, de la princesse Marie une première impression très favorable; il la trouva trop pâle. M. le Duc lui écrit le 1ᵉʳ août : « Je suis charmé, Monsieur, de tout ce que vous me mandez, hors du premier coup d'œil qui me fait trembler. Au nom de Dieu, tâchez de le sauver le mieux que faire se pourra, et prêchez pour du rouge, s'il est nécessaire. » Cependant cette impression se modifia bientôt : « J'ai veu avec plaisir, — écrit le premier ministre à l'ambassadeur, en date du 9 avril, — par vos différentes lettres particulières du 4ᵉ de ce

dont l'éloquence massive fut peu goûtée à Paris (1), récita une nouvelle harangue :

« Il ne manquoit à tous les dons dont le ciel a comblé Votre Altesse Royale qu'un trône proportionné, pour faire l'admiration du reste de l'univers. Nous venons, Madame, vous l'offrir, avec le cœur et la main du plus grand roy du monde. Nous venons d'en obtenir le consentement du Roy et de la Reine de Pologne. Nous nous flattons que Votre Altesse Royale ne nous refusera point celuy que nous avons l'honneur de lui demander. Le Roy vous attend, Madame, pour faire le bonheur de sa vie et la félicité de ses sujets. Oserois-je vous le dire, Madame ? il est bien flatteur pour le Roy et la Reine que la piété, la vertu (2), l'éducation et plus encore leurs exemples aient placé Votre Altesse Royale sur le trône le plus éclatant de l'univers.

« Puissiez-vous, Madame, jouir d'un état si beau et si florissant au delà des temps prescrits par les temps ordi-

---

mois ce que vous me marqués du changement en bien que vous trouvés tous les jours dans notre reine. Comme j'apprends la même chose par toutes les personnes qui l'ont veue, j'ay lieu d'espérer que nous aurons tous la même satisfaction. » Quelques jours plus tard, le duc de Noailles, qui se trouvait, lui aussi, à Strasbourg, écrivit à Fleury que, sans être une beauté, la personne de la jeune reine plaisait « infiniment ». Par conséquent, les couplets satiriques, innombrables (voir ch. XIII), ont méchamment exagéré la prétendue « laideur » de la pauvre Marie.

(1) « Le duc d'Antin a été ambassadeur pour la demande et a fait une harangue qu'on dit faite à l'Académie de maçonnerie, parce qu'elle est mauvaise et qu'il est surintendant des bâtiments. » (M. Marais.)

(2) Duclos, dans ses *Mémoires secrets*, prétend que Mlle de Clermont, agacée d'entendre, au grand dam des prétendantes évincées, ces perpétuels éloges accordés à la vertu de la reine, aurait protesté presque haut : « D'Antin nous prend apparemment, mes sœurs et moi, pour des catins. »

naires! Puisse naitre de vous une longue suite de héros, qui remplacent dignement ceux qui ont si souvent rempli le trône de France. Puissent-ils, Madame, vous ressembler!

« Daignez, Madame, vous ressouvenir que nous sommes les premiers de vos sujets qui aient été à portée d'assurer Votre Altesse Royale du plus profond respect et du plus fidèle attachement que nous conserverons jusqu'à la mort. »

A cet amas de lieux communs lourdement exprimés, la jeune fille répondit avec sa simplicité coutumière :

« Je n'ay rien à ajouter à la déclaration de Leurs Majestés, sinon que je prie le Seigneur que je fasse le bonheur du roy comme il fait le mien, et que son choix produise la prospérité du royaume et réponde aux vœux de ses fidèles sujets. »

Pour clore dignement cette journée, le duc d'Antin donna un bal magnifique, auquel assista toute la famille royale. La jeune reine, qui désormais cessait d'être princesse de Pologne, soupa à une table particulière servie par les ambassadeurs (1).

---

(1) M. le Duc avait hésité sur ce point, ne sachant au juste si l'étiquette permettait que la princesse Marie devenue reine continuât à manger à la même table que ses parents. On ne lira pas sans intérêt ce qu'écrit à ce sujet M. de Morville au duc d'Antin le 1ᵉʳ août.

« Mgr le duc avoit desjà escrit à Mme de Prye sur la question de sçavoir si la princesse devenue reine mangeroit avec le roy et la reyne de Pologne; il lui a mandé que cela ne pouvoit souffrir de difficulté si c'estoit en particulier; mais que si c'estoit en public, cela ne se pouvoit faire qu'autant que la reine auroit la première place, c'est à dire qu'elle fust au milieu, le roy de Pologne à sa droite et la reyne de Pologne à sa gauche, parce que le roy nostre maistre feroit difficulté de céder la main aux rois électifs. »

Le jour même où la rusée Mme de Prie arrivait à Strasbourg, demandant à la future reine, pour s'y loger, « un coin de sa garde-robe qu'elle préférerait à la plus magnifique maison (1) », la cour connut par un exprès de M. d'Antin la réponse favorable de Stanislas (2). Le lendemain, 9 août, le contrat de mariage était signé sans plus attendre entre Louis XV et le comte de Tarlo, devant les princes et princesses du sang.

« Sa Majesté, était-il dit, épousera la Sérénissime Princesse Marie avec ses droits, raisons et actions, lesquelles droits, raisons et actions, suivront la Sérénissime princesse Marie en quelque lieu que ce soit, en cas de dissolution de mariage, et que de droit ces droits, raisons et actions devront suivre la Sérénissime Princesse.

« Sa Majesté donnera à la Sérénissime Princesse Marie après la signature des présents pour ses bagues et joyaux, la valeur de cinquante mille escus et lors de l'arrivée de la Sérénissime princesse près de Sa Majesté jusqu'à la valeur de trois cent mil livres, compris ceux qui luy auront esté remis d'abord, lesquels luy appartiendront sans difficulté après l'accomplissement du mariage, de même que touts autres bagues et joyaux qu'elle aura seront propres à la Sérénissime Princesse

---

(1) Papiers de la Bastille, Bibliothèque de l'Arsenal, 10904.
(2) Aussitôt reçu le message qui rendait compte au roi de la demande en mariage, le roi écrivit aux ambassadeurs pour leur témoigner sa satisfaction et « leur recommander de faire connoitre au roy et à la reine de Pologne toute la joye qu'il a eue en apprenant qu'ils ont agréé la demande ».

et à ses héritiers et successeurs ou à ceux qui auront ses droits et causes.

« Suivant l'ancienne et louable coutume de la maison de France, Sa Majesté assignera et constituera à la Sérénissime Princesse pour son notaire vingt mille écus d'or chacun an, qui seront assignés sur ses revenus en terres où il y aura justice, dont le principal lieu aura titre de duché, et consécutivement jusqu'à la somme de vingt mille escus d'or sol chacun an, desquels lieux et terres ainsy donnés et assignés la Sérénissime Princesse jouira par ses mains et de son authorité et de celle de ses commissaires et officiers et aura la justice comme il a toujours esté pratiqué...

« Sa Majesté donnera et assignera à la Sérénissime Princesse pour la dépense de sa chambre et entretienement de son état et de sa maison une somme convenable telle qu'il appartient à femme et fille du Roy, la luy assignant en la forme et manière qu'on a accoutumé en France de donner les assignations pour de tels entretienements (1). »

Pendant ce temps, le duc d'Orléans, qui avait comme les ambassadeurs reçu un mémoire instructif avant de partir, faisait route vers Strasbourg, non sans souffrir encore, au cours de ce voyage, de la mauvaise volonté de M. le Duc. A Metz, par exemple, on ne lui rendit que les honneurs dus à un prince du sang, « cinquante hommes de garde sans drapeau blanc, » et il lui fallut

---

(1) Arch. nat. K. 141, n° 3. C'est La Vrillière qui rédigea ce contrat. On en trouvera le début et la fin à l'*Appendice*.

réclamer pour obtenir le bataillon auquel il avait droit comme colonel général de l'infanterie.(1). C'est incognito qu'il arriva le 6 à Strasbourg. Après avoir salué Leurs Majestés et la princesse Marie, il assista aux jeux des bateliers sur l'Ill et profita des quelques jours dont il disposait avant le 15 août pour visiter les places de la basse Alsace et se rendre à Rastadt, chez la margrave de Bade, sa belle-mère. Il ne fit son entrée officielle à Strasbourg « au bruit de tout le canon des remparts » que le 12, alors que le roi Stanislas avait reçu la copie du contrat (2); il descendit chez son ami le maréchal du Bourg et y tint table les jours suivants avec une magnificence royale. Pendant ce temps, des feux brûlaient sur les places de la ville, et toutes les maisons étaient illuminées.

Le surlendemain, dans l'après-midi, le maréchal de Meszeck, accompagné des ambassadeurs, vint prendre le duc d'Orléans et le conduisit au gouvernement. Là, dans une des salles du palais, le marquis de Dreux lut la procuration qui permettait au duc d'épouser au nom de Louis XV la princesse Marie, et le cardinal de Rohan célébra les fiançailles. Stanislas avait déjà, sous forme

---

(1) Le commandant de Metz avait écrit à M. d'Antin pour savoir de quelle façon il devait recevoir le duc d'Orléans. Le premier ministre lui fit répondre ces simples mots : « Il a dû en être informé à temps par M. de Breteuil, aussi bien que les autres commandants des places. » (Ambassade du duc d'Antin, lettre du duc de Bourbon, 31 juillet 1725.)

(2) Le duc d'Orléans reçut aussi une « expédition » du contrat de mariage. Ce fut M. de la Hitle qui la lui porta, en même temps que la procuration de Sa Majesté, et que les présents qui devaient être remis à la princesse Marie et à la cour de Stanislas. (Ambassade du duc d'Antin, lettre de M. de Morville au duc d'Antin, 9 août 1725.)

de lettre (1), donné à sa fille ses conseils et ses instructions; il la priait de craindre ses qualités même, dont l'exagération pouvait être mauvaise, de se défier du suprême degré de grandeur qui l'érigeait en « Idole de la Prospérité » d'autant plus dangereuse qu'elle lui était « presque inconnue », et non moins de la flatterie « dont les attaques sont inévitables ». « Enfin tout cela vous conduit, concluait le vieillard, à la grande maxime que je vous recommande par-dessus tout le reste : c'est de considérer votre confiance comme un trésor sans prix, que vous perdrez aisément si vous le prodiguez mal à propos, et que vous ne devrez qu'au roi seul, et à celui qui est le dépositaire de ses volontés, qui est M. le duc. » Elle devait éviter aussi de se mêler du gouvernement et s'en tenir, « en matière de religion, au simple catéchisme (2). » Conseils qu'on sent dictés par le désir d'être agréable au premier ministre, sensés cependant, et dont on trouve un peu partout une version rédigée non sans élégance, ce qui prouve surabondamment que le chevalier de Solignac, secrétaire de Stanislas, l'a revue et corrigée.

(1) En voici l'épigraphe : « Écoutez, ma fille, et voyez. Prêtez l'oreille à mes paroles, et oubliez votre père et la maison de votre père. » Cette lettre (de même que, plus tard, le récit de l'évasion de Dantzig) fut très goûtée par les lettrés de la cour, et il en fut fait d'assez nombreuses copies. Elle se trouve sous le titre « Avis du roi à la reine sa fille » dans les Œuvres du philosophe bienfaisant, morceaux composés par le roi et mis en français et publiés sans nom d'auteur par Solignac, « anagnoste docile, » comme le qualifie dans Stanislas Leszczynski et le troisième traité de Vienne M. Pierre Boyé, écrivain implacable pour la mémoire du pauvre roi détrôné.

(2) Arch. nat. M. 822. Plusieurs bibliothèques provinciales en possèdent des copies.

Strasbourg fourmillait de princes et de seigneurs allemands (1), l'âme en liesse, tout épanouis de joie ; mais ceux dont l'allégresse éclatait plus vive, c'étaient les gens d'humble condition. Le peuple connaissait les vertus de ce vieux roi aux mœurs simples et douces, de cette princesse aimable, pieuse et bonne ; il les sentait plus près de lui que les vrais souverains, et son bonheur venait de son amour.

Enfin il arriva, le jour tant attendu, aurore d'une éclatante fortune. La princesse Marie avait souhaité que ce fût le 15 août, fête de l'Assomption, et tout d'abord M. le Duc s'alarma de cette date, car, chrétien médiocre, il se figurait que « cela ne pouvait être compatible avec les cérémonies qui se font vraisemblablement le jour de la Vierge, dans l'église de Strasbourg ».

(1) « Je n'ay point eu l'honneur, Monsieur, de vous écrire pendant mon voyage, n'ayant rien eu qui méritast de vous estre mandé. J'ay attendu à me renouveller dans l'honneur de votre souvenir que je fusse arrivé icy, où je suis depuis quelques jours. J'y ay trouvé un beau et magnifique spectacle. Tout s'y dispose pour la cérémonie, et la princesse dont Sa Majesté a fait choix fait connoitre de plus en plus combien elle en est digne : il n'y a point d'éloges qui ne soient au-dessous de tout ce que l'on peut dire ; sa personne plaist infiniment sans estre ce que l'on appelle une beauté, et ces agréments sont soutenus par un esprit également orné et solide. Mais ce qu'on ne peut assez louer en elle, est une très grande piété dont elle a eu l'exemple dans sa propre maison. Il faut espérer que Dieu répandra ses bénédictions sur ce mariage, et l'on ne peut augurer que toute sorte de bonheur pour le roy avec une princesse aussy accomplie et aussy respectable. Il y a icy un grand concours de princes et de seigneurs allemands, et l'on peut dire que tout répond à la dignité et à la majesté d'une aussy auguste cérémonie. On dit que nous partirons d'icy le 17, et je ne doutte point qu'on ne fasse toute la diligence qui sera possible pour satisfaire la juste impatience que Leurs Majestés ont de se voir.

« Je vous prie, etc. » (Lettre du duc de Noailles à Fleury, de Strasbourg, le 11 août. — Aff. étrang., France, t. 1258.)

Mais le cardinal de Rohan consulté calma ses alarmes et lui fit connaître par lettre (1), en s'appuyant sur un texte du concile de Trente, que rien n'empêchait d'acquiescer au vœu de la future reine; celle-ci se prépara au grand acte par deux jours de retraite au monastère de Sainte-Barbe.

Dans la cathédrale, tendue pour la circonstance de superbes tapisseries de la couronne apportées de Paris, des amphithéâtres attendaient la noblesse et la magistrature (2). L'estrade réservée au roi Stanislas, à sa femme et à sa fille se dressait sous un dais, élevé au milieu du chœur; celle du duc d'Orléans, recouverte d'un tapis, occupait la droite de l'autel. Dès le matin, les gardes du corps avaient pris leurs postes à l'église. A onze heures, au bruit du canon, le cortège partit du gouvernement; les carabiniers ouvraient la marche; venaient ensuite les équipages des ambassadeurs et les Cent-Suisses, puis le carrosse du duc d'Orléans et celui du roi de Pologne.

Le cardinal de Rohan, entouré de quatre abbés-mitrés, des chanoines-comtes de Strasbourg et de tout son clergé, se trouvait à la porte de la cathédrale. C'est en donnant la main à son père et à sa mère que la princesse Marie, revêtue d'un costume d'étoffe d'or à fond

---

(1) On trouvera cette lettre à l'*Appendice*.
(2) On lit dans la *Gazette* du 21 août : « Le duc de Birkenfelt et divers autres gentilshommes protestants qui s'y étaient rendus pour voir cette cérémonie, ont été privés de ce plaisir, l'entrée de l'église ayant été interdite à tous ceux qui n'étaient pas de la religion catholique romaine. »

noir, dont Mme de Linange portait la traîne, et d'une mante en point d'Espagne d'or (1), pénétra dans le saint lieu. Devant elle marchait, accompagné de deux ambassadeurs, le duc d'Orléans, vêtu d'un habit et d'un manteau d'étoffe d'or, coiffé d'un chapeau garni de plumes. Quand la princesse se fut approchée de l'autel, il se mit à son côté.

Le beau cardinal de Rohan s'avança vers eux, majestueusement, et parla. Il rappela d'abord à la princesse sa naissance et les malheurs de sa famille, et loua ses vertus. « Venez, lui dit-il, Madame, venez à l'autel ; que les engagements que vous allez prendre, saints par eux-mêmes, puisque, selon l'Apôtre, ils sont le symbole de l'union de Jésus-Christ avec son Église, soient encore sanctifiés par vos dispositions : pénétrée de ce que vous devez à Dieu, faites lui hommage de ce que vous êtes et de ce que vous allez être : reconnoissez qu'en couronnant vos mérites, il couronne ses dons. Et vous, chrétiens qui m'écoutez, en voyant les récompenses éclatantes qui sont données dès ce monde à la vraie vertu, apprenez à la respecter et à l'aimer. »

Après avoir béni l'anneau, que le duc mit au doigt de la royale épousée, après avoir béni les treize pièces d'or habituelles, le cardinal demanda alors à M. d'Orléans « s'il prenait au nom du roi de France la princesse Marie

---

(1) Ces détails se trouvent dans le *Mercure de France*. Cf. le *Journal historique du voyage de Son Altesse Sérénissime Mlle de Clermont depuis Paris jusqu'à Strasbourg, du mariage du roi et du voyage de la reine depuis Strasbourg jusqu'à Fontainebleau...* Châlons, Bouchard, in-8°, 1725. Il en existe deux exemplaires à la Bibliothèque nationale.

pour épouse, et à celle-ci si elle prenait pour époux le roi Louis XV », ce à quoi la jeune fille ne répondit qu'après s'être tournée vers ses parents, de même qu'aux fiançailles, pour leur en demander la permission. Aussitôt, le duc de Noailles, capitaine des gardes du corps, prit place derrière elle et commença à la servir comme reine. Le cardinal célébra pontificalement la messe, puis il donna la bénédiction nuptiale; tandis que les deux plus anciens chanoines-comtes de Strasbourg étendaient et soutenaient le poêle. Enfin, lorsque la reine eût été reconduite à son prie-Dieu (1), on lui présenta le livre des mariages, et la première elle y apposa sa signature ; son père et sa mère, le duc d'Orléans et les ambassadeurs y tracèrent la leur ensuite. Mgr de Rohan, dans une seconde allocution (2), demanda à la nouvelle reine « sa protection royale pour l'église de Strasbourg », et tandis qu'au dehors éclataient les salves d'artillerie, un joyeux *Te Deum* faisait retentir les voûtes de la Cathédrale.

La cérémonie terminée, la reine, toujours escortée par ses gardes, quitta l'église en donnant la main au duc d'Orléans, et, rentrée au palais, elle reçut les hommages des dames de sa maison, que lui présenta la surintendante, Mlle de Clermont.

A deux heures, « servie par les officiers du roi son époux », elle dîna en public, charmant tout le monde par sa bonne grâce. C'est vers ce moment que M. de

---

(1) Placé sur l'estrade du côté de l'autel.
(2) Voir *Appendice*.

Conflans la trouva « très éloignée de la laideur qu'on lui prête généralement » et put « rassurer » la cour (1). Puis, entourée de sa maison, elle retourna à la cathédrale pour la procession du Vœu de Louis XIII. Des fêtes populaires terminèrent cette journée; il y eut des illuminations splendides, des fontaines d'où coulaient plusieurs sortes de vins, et un feu d'artifice prestigieux qu'on tira sur la rivière, en face du balcon de l'appartement de la reine (2).

A peine M. le Duc eut-il appris la célébration du mariage qu'il s'empressa d'écrire à Stanislas, à la reine de Pologne et à la nouvelle reine de France, pour exprimer sa joie et protester de son respectueux dévouement.

Seule, sa lettre au roi de Pologne présente quelque intérêt; il y disait, avec son égoïsme et sa fatuité ordinaires : « Ce courrier qui vient de nous arriver m'apprend la conclusion du mariage qui fait actuellement l'unique consolation de la France et qui fera un jour immanquablement le bonheur de l'Europe. Je ne puis différer un instant de marquer à Votre Majesté l'extrême joye que je ressens d'avoir été assez heureux pour

---

(1) « La reine n'est ni belle, ni laide, affirma-t-il; elle est très aimable. » (Comtesse d'Armaillé, *la Reine Marie Leczinska*.)

(2) M. d'Antin, qui reçut à différentes reprises, de M. le Duc, des félicitations sur l'éclat avec lequel il avait rempli sa mission, a laissé un compte très minutieux des moindres frais que lui coûta cette ambassade. Ce document, qui est en notre possession, se termine par ces quelques mots, empreints, semble-t-il, d'une amertume discrète :

Total général des dépenses que j'ay fait à mon ambassade au sujet du mariage du Roy en 1725... 458,176 francs, sans compter la perte de tous les équipages qui étoient à moy. Le roy m'a donné pour cela... 60,000 francs.

mener cette importante affaire à sa perfection. C'étoit le seul objet de mes désirs, et je puis maintenant me vanter d'avoir rendu à ma patrie et à mon maître le plus important service qu'un homme puisse leur rendre. »

Ce médiocre s'admirait avec de telles complaisances qu'il finissait par se croire un politique de génie; mais les Parisiens tenaient en moins haute estime leur ministre et ils ne cachaient pas leur dédain pour l'œuvre de son inquiète jalousie. Au dire de Barbier, ce mariage n'était du goût de personne. Les frondeurs exploitaient avec rage ce nouveau thème de médisances. Fait à noter, et qui en dit long sur l'état d'esprit de cette époque, ce qu'on reprochait surtout au pauvre Stanislas et à sa fille, c'était leur piété. La bourgeoisie, travaillée par les théories philosophiques que l'on sait, en voulait au vieux roi d'avoir porté le dais, sous une pluie atroce, lors de la procession du Saint-Sacrement, à Wissembourg. La libertine Confrérie de la Calotte, note Marais, racontait qu'à l'annonce de son imprévu bonheur, pleurant de joie, il avait entonné, « comme un perdu, les benoistes litanies de la très douce mère de Dieu (1). » Et cette action, naturelle de la part d'un catholique fervent, devenait la source de railleries acerbes; on

---

(1) T. III. Marais cite là un passage de la plus abjecte des satires lancées alors : *Sommaires de l'histoire de France ès temps de la chevalerie*, ou encore : *Légende de moult noble Marie Leczinska*. Le passage (chap. XVI) commençait ainsi : «... et besognèrent si bien lesdits notables, par raisons moult honnêtes, si bien couchées en langue gauloise, qu'ils déterminèrent le prince accort et bénin à donner humainement sa fille au petit Louison. »

appelait Stanislas « Commandeur des Croyants », et la princesse de Conti, exaspérée par son échec à la surintendance, répétait partout que les Jésuites avaient *maquignonné* ce mariage (1). La reine elle-même ne trouvait pas grâce devant ces moqueries cruelles. Les couplets satiriques, les « mirlitons » plurent sur elle. On lui en voulait de n'être pas jolie à la façon d'une courtisane, de s'être déclarée « contre les modes immodestes, le fard, les mouches (2) », et sa timidité agaçait non moins que sa dévotion.

> On dit qu'elle est hideuse,
> Mais cela ne fait rien,
> Car elle est vertueuse
> Et très fille de bien,
> Et puis monsieur son père,
> Qui est roi sans état,
> Nous gouvernera.

Enfin, grief terrible, elle aussi aimait les Jésuites, et sans doute soutiendrait-elle l'*Unigenitus*. Un chansonnier anonyme terminait un discours de « l'odieuse Société à son enfant chéri, le non moins odieux *Unigenitus* » par ces vers dont la stupidité le dispute à la platitude :

> .... Dans peu tu verras
> La fille de mon fils l'illustre Stanislas
> Soumettre sous mes lois tous les peuples de France,
> Exercer partout ma vengeance
> Et ton règne s'affermira,
> Cher Unigenitus, par l'Unigenita (3).

(1) « Le famille du roi Stanislas est gouvernée par les Jésuites, » écrit Marais avec sérieux, et il ajoute : « on dit que le Roy les aime tant qu'il s'habille quelquefois en Jésuite. »

(2) *Gazette* de Mahudel (24 août).

(3) Marais précise : « Par allusion à l'*Unigenitus*, on a nommé la nouvelle reine *Unigenita*, parce qu'elle est amie des Jésuites. »

Pour couvrir de brocards et Stanislas et sa fille, on n'en oubliait pas cependant le premier ministre ainsi que sa maitresse. Il était si avéré qu'ils avaient fait ce mariage afin de tranquilliser leurs ambitions, affermir leur puissance; on pouvait si facilement se rendre compte du rôle qu'ils réservaient à cette princesse pauvre, obscure et de volonté faible! Des affiches furent apposées, « menaçant d'une bonne volonté de dix mille hommes » prêts à incendier les hôtels « de ces gens-là (1) ».

Dans une parodie de *l'École des femmes*, assez bien imaginée, certain persifleur faisait dire par Mme de Prie et son complice à l'infortunée Leczinska :

> Nous ne prétendons pas, en vous déclarant Reine,
> Que sur lui, ni sur moi, vous serez souveraine.
> Vous goûterez en paix les plaisirs les plus doux ;
> Les affaires d'Etat n'iront point jusqu'à vous.
> C'est à vous de chérir ceux que nous chérirons,
> C'est à vous de haïr ceux que nous haïrons,
> Mais si, par un énorme et funeste attentat,
> Vous voulez nous ravir le timon de l'Etat,
> Le renvoi de l'Infante est la preuve certaine
> Qu'à rompre un autre hymen on n'aura pas de peine,
> Et nous aurons toujours les meilleures raisons
> Pour vous faire revoir vos choux et vos dindons (2).

Et tandis que couraient les cancans, les sarcasmes et les chansons, souvent plus méchantes que spirituelles, les « Gazettes » inspirées ou, comme celle de Mahudel,

---

(1) Il faut lire cette *Gazette* de Mahudel, de ton déjà révolutionnaire, publiée par M. Paul d'Estrée dans la *Correspondance historique et archéologique* (1898).

(2) On trouvera à l'*Appendice* toute la pièce, qui est assez amusante.

payées par l'Espagne inconsolable du renvoi de l'Infante, tandis que des paris s'engageaient sur la consommation de ce mariage dont plusieurs persistaient à douter, une pauvre enfant, tremblante (1), apeurée par son extraordinaire fortune, quittait Strasbourg en fête pour venir à ce roi indolent, dont sa tendresse redoutait la froideur et l'indifférence.

C'est le 17 que la reine, en compagnie de Mlle de Clermont et de sa cour, et au milieu des acclamations populaires, quitta Strasbourg en carrosse à huit chevaux. Sa Majesté coucha le soir à Saverne, chez le cardinal de Rohan, où Stanislas Leczinski vint une dernière fois lui dire adieu, et continua le lendemain sa route par Sarrebourg, Mézières et Vic. Il faisait un temps détestable, de continuels orages transformaient les chemins en gigantesques ornières, de telle sorte que la reine n'atteignit Metz que le 21 et non le 20 comme l'avait calculé le premier ministre. Le duc d'Orléans était allé plus d'une lieue au-devant d'elle, à la tête de son régiment, et deux cent cinquante jeunes gens de famille, « habillés de camelot rouge uniforme, en chapeaux brodés avec plumes et cocardes, » vinrent la saluer au village de Sologne. Sa Majesté fit son entrée dans la ville, « aux flambeaux, » vers les neuf heures du soir, à travers les rues tapissées et illuminées (2). « Six cents

---

(1) « La princesse ne laisse pas d'avoir des inquiétudes sur tous ces discours » (prêtés au roi) « que, si elle n'est pas jolie, il la renverra... Elle maigrit fort. On l'a saignée au pied pour la disposer au voyage et aux fatigues des compliments. » Procès de Mahudel, *passim*.

(2) C'est par la porte Mazelle qu'entra le cortège.

bourgeois sous les armes devançoient la marche. Ils étoient suivis de trente instruments, tant hautbois que violons jouant, des Cent Suisses, du détachement des gardes du corps. » Après que la reine eut reçu aux portes les clefs de la ville et écouté une fois de plus un discours, heureusement bref, de l'échevin M. de Bionville (1), qui le prononça sans fléchir le genou, selon le droit qu'il était seul à posséder parmi tous les magistrats de France, elle se dirigea vers la cathédrale. « Vêtue d'un habit de cour glacé d'argent avec des roses brochées, et les plus belles pierreries du monde en grande quantité tant à sa teste et ses oreilles qu'à son corps de robes, » elle tenait ouvert son carrosse, voulant être vue de tout le monde. « On crioit vive le Roi et la reine, et elle recevoit des témoignages d'affection d'un air de bonté et d'amitié, jusqu'à faire des inclinations de teste (2). »

L'évêque et le chapitre, en chape, la reçurent à la cathédrale, où, sous un dais magnifique, au pied du grand autel, elle entendit le *Te Deum* on la recon-

---

(1) Voici ce discours donné par la relation à laquelle nous nous référons :

MADAME,

« Nous avons l'honneur de présenter à Votre Majesté les clefs de la ville, et les cœurs de ses citoyens, comme un bien qui lui est dû et qui lui appartient. La personne auguste de Votre Majesté, ses vertus, ses bontés et toutes les grâces qui l'environnent, sont les titres authentiques qui lui en assurent la propriété. Nous venons aujourd'hui, les premiers, l'assurer de la continuation de notre zèle et de notre fidélité pour le service du roy; et lui demander, avec les plus profonds respects, l'honneur de sa bienveillance et de sa protection. »

(2) *Annales* de Menin. — Lettre du 22 août à sa femme.

duisit ensuite dans le même ordre que celui de l'arrivée, à la maison du gouvernement (la Haute-Pierre).

Il faut lire ici la gentille lettre du duc de Noailles à M. de Fréjus :

« La Reine arriva hier à Metz, Monsieur, à neuf heures du soir, et il était plus de dix heures lorsqu'elle entra dans son palais; c'est une heure un peu indue, mais les pluies, qui n'ont pas discontinué depuis plusieurs jours, ont tellement rompu les chemins, qu'il ne fut pas possible d'être icy de meilleure heure; il est bon cependant de vous dire que l'on était parti à cinq heures du matin; heureusement la santé de la Reine n'en a pas été incommodée; elle jouit d'une parfaite santé. Le service se fait auprès de sa Majesté avec beaucoup d'ordre et une très exacte régularité, et il n'y a de facheux dans tous ces petits contretemps, que le retardement qu'ils apportent à la juste impatience que la Reine a d'arriver.

« Je conviens qu'un jour c'est beaucoup dans une aussi flatteuse conjoncture, et qu'il serait même à désirer que ce grand jour pût cadrer avec l'époque du 5e septembre, mais je ne vois pas qu'il puisse arriver avant le 6e, à moins que les zéphirs ne nous prestent leurs ayles, ou ne prennent soin du moins de sécher les chemins... »

Le lendemain, à trois heures et demie, commença l'indispensable défilé officiel des corps constitués, le Parlement d'abord, puis Messieurs de l'Hôtel-de-Ville, et après les redites louangeuses et fastidieuses, ce furent les hommages traditionnels des boîtes de mirabelles et de framboises. Les Juifs se présentèrent aussi et, dans une harangue fleurie de souvenirs bibliques, Isaac Spir assura de son dévouement celle en qui il reconnaissait les vertus d'Esther et le magnanimité de Judith (1); il lui offrit trois coupes dont l'une était de cristal de roche et les autres de vermeil (2).

Ces Juifs tenaient à se distinguer ; le 23, nous apprend la chronique (3), ils organisèrent une cavalcade, précédée d'une manière de char de triomphe, « dans lequel étoit le rabbin, qui fit une prière en hébreu, accompagnée d'une symphonie d'un goût singulier. »

Ce même jour, de grand matin, M. le duc d'Orléans

---

(1) Ce curieux discours est conservé aux Archives nationales, K. 139, n° 24, 43 ter.

MADAME,

« Notre nation eut autrefois moins de joye à l'arrivée de la Reine de Saba, que nous n'en ressentons aujourd'huy prosternés aux pieds de Votre Majesté. Cette princesse venoit admirer les vertus d'un grand roy ; et vous, Madame, vous venez faire éclater celles qui feront la félicité du Salomon de nos jours; mais quelle satisfaction pour nous de pouvoir aussy admirer de Votre Majesté les vertus d'Esther et la magnanimité de Judith.

« Fasse le Dieu éternel que votre auguste mariage soit comblé d'une bénédiction de prospérité semblable à celle qui a esté répandue sur la famille de nos pères.

« Ce sont les vœux que nous portons aux pieds du trosne de Votre Majesté en venant vous rendre les premiers et très respectueux hommages de notre soumission et de notre fidélité.

« Cette coupe conserve quelques traits de deux actions remarquables du roy Salomon et de la reine de Saba. Permettez-nous, Madame, de l'offrir à Votre Majesté. »

(2) La *Gazette de Hollande* du 11 novembre 1752 rapporte que la reine envoya ce présent à l'évêque, et ajoute que le « sindic » juif, tout ému, ne put achever son discours biblique.

(3) *Journal de ce qui s'est fait pour la réception de la Reine* (Metz, 1725).

avait repris le chemin de la capitale, et la reine s'était rendue chez Mgr de Coislin, évêque de Metz et premier aumônier du roi, en son château de Frascati; à son retour, elle vit, de la terrasse du gouvernement, tirer le feu d'artifice. « La ville entière était illuminée, et le clocher de la cathédrale, si bien que les habitants des villages d'alentour s'en apercevoient à plus de quatre lieues à la ronde (1). »

Sur ces entrefaites, le marquis de Maillebois, maître de la garde-robe, apporta à la reine un galant message (du 19 août), envoyé par le roi qui ne ménageait pas ses secrétaires.

« La nouvelle, écrivait Louis XV, que je viens d'apprendre, Madame, de la célébration de mon mariage est la plus agréable pour moi que j'aie encore reçu depuis que je règne; l'empressement que j'ai de recevoir Votre Majesté répond parfaitement à tout ce que je me promets du lien que je forme avec elle. Soyez sûre, Madame, que je ne chercherai jamais mon bonheur que dans le plaisir que je prendrai toujours à faire le vôtre. Je compte tous les moments de votre arrivée auprès de moi, et j'attends Votre Majesté pour partager avec elle la joie de mes peuples, qui jugeront, par le choix que j'ai fait, du désir que j'ai de les rendre heureux (2).

Louis.

(1) Relation imprimée.
(2) Arch. nat. K. 139.

CHAPITRE XIV

LE MARIAGE A FONTAINEBLEAU.

La reine continue son voyage. — Son passage à Verdun, à Châlons-sur-Marne, à Provins. — Son carrosse s'embourbe. — Arrivée à Moret et rencontre des royaux époux. — Curieux stratagème de Fleury : les tableaux galants de la salle d'étude du roi. — Arrivée de la reine à Fontainebleau. — La cérémonie. — Du château à la chapelle, le costume de Leurs Majestés, le cortège, l'assistance, la décoration. — Discours du cardinal de Rohan et messe de mariage. — Après la cérémonie. — Le repas intime. — La comédie et le feu d'artifice. — Le coucher. — Belle ardeur du roi. — Lettres explicatives de M. le Duc et du cardinal de Rohan à Stanislas. — Les poésies de circonstance. — Pluie de compliments. — Les femmes de la Halle. — Mme de Prie à l'œuvre. — Départ de Stanislas pour Chambord. — L'entrevue de Bourron.

La reine, au milieu de ces fêtes épuisantes (1), ne songeant à son bonheur que pour en faire profiter les autres, donnait à tous sans trop compter, comme elle fit toujours (2); les 15,000 livres qu'on lui avait remises pour ses charités jusqu'à Fontainebleau étaient distribuées depuis longtemps.

Depuis longtemps, la généreuse princesse souffrait

---

(1) Elle eut à Metz une légère indisposition. (Ambassade de M. d'Antin. Lettre de M. le Duc, 25 août 1725.)

(2) Les largesses de la reine devaient effrayer son père l'année suivante; il s'en ouvre à Vauchoux le 19 février :

« Je suis dans une inquiétude inconcevable sur les dépenses que la Reine fait, je lui représente bien vivement les conséquences. Je vous conjure de prier M. le Duc qu'il lui en parle aussi. »

de ne pouvoir répandre que des aumônes insignifiantes, si pauvre elle-même, dans cette maison où le pain manque quelquefois (1), que — Soulavie l'affirme à plusieurs reprises (2) — la marquise de Prie dut prêter à la future reine de France, quand elle la vint saluer à Strasbourg, quelques chemises !

Grâce à son inépuisable bonté, on peut dire, en transposant une heureuse phrase de M. d'Haussonville, que ce fut l'honneur de la France du xviiie siècle, de voir sa route « éclairée par les reflets de la charité ».

Rien n'altérait sa simplicité charmante, son exquise aménité ; mais, intelligente et fine, il lui eût été difficile de ne pas sourire des éloges hyperboliques dont on l'accablait à chaque halte.

« Il n'est rien, mandait-elle à son père, que ne fassent les bons Français pour me distraire. On me dit les choses les plus belles du monde ; mais personne ne me dit que vous soyez près de moi. Peut-être me le dira-t-on bientôt, car je voyage dans le royaume des fées, et je suis véritablement sous leur empire magique. Je subis à chaque instant des métamorphoses plus brillantes les unes que les autres ; ici, j'ai les vertus d'un ange ; là, ma vue fait les bienheureux ; hier, j'étais la merveille du monde ; aujourd'hui, je suis l'astre aux bénignes influences. Chacun fait de son mieux pour me diviniser, et sans doute que demain je serai placée au-dessus des immortels. Pour faire cesser le prestige, je me mets la

---

(1) Barbier, *Journal*, septembre 1725.
(2) *Mémoires de Richelieu*, IV, 67 ; VIII, 1.

main sur la téte et aussitôt je retrouve celle que vous aimez et qui vous aime bien tendrement » (1).

Pendant ce temps, Leczinski, toujours aveuglé par la joie, écrivait à Vauchoux :

« Comment se porte ma chérissime amie? son attachement pour la Reine va-t-il en augmentant? est-elle contente de la Reine? Se souvient-elle de moi? Tu sais que je ne te déguise jamais mes sentiments, ainsy tu cognois ceux que j'ay pour elle et que jamais il n'y a eu une plus parfaitte amitié que la mienne, qui n'a été formée, je vous assure, ny sur la recognoissance, ny sur aucun autre motyve que sur la perfection purement de ses mérites. Comme elle est mon ministre auprèz de la Reine, je veut que tu sois le mien auprez d'elle et pour vous installer à la première audience, embrasse-la de tout mon cœur, de ma part (2). »

Et pourtant la marquise de Prie avait tenu une conduite singulière lorsqu'elle remit à Marie Leczinska les cadeaux du roi « avec une si grande affectation et si peu de délicatesse, qu'on dit qu'elle avait voulu que la reine eût pour elle toutes sortes d'obligations, et qu'elle y avait mis toute cette importance pour avoir en sa dépendance et humilier la jeune princesse qui disait, en effet, en recevant les premiers présents de la France : jamais de la vie je n'avais vu tant de richesses (3). »

Mais ce Stanislas déconcerte parfois, il est impossible

---

(1) Texte cité par l'abbé Proyart.
(2) De Strasbourg, le 23 août 1725.
(3) *Mémoires de Richelieu*, IV, 67.

de discerner où finit sa naïveté, où commence sa... diplomatie.

La nouvelle reine partit pour Mars-la-Tour le vendredi 24 août, par des chemins complètement défoncés, malgré les corvées imposées aux habitants, car la pluie ne cessait pas (1). Partout, la famine ravageait les campagnes, et pendant ces longues journées passées au fond d'un carrosse sans cesse cahoté, souvent embourbé, le cœur de la tendre souveraine dut saigner plus d'une fois aux lamentables nouvelles venues de la capitale, où des écrits menaçants signalaient « les millions d'hommes prêts à mourir de faim au milieu de l'abondance du blé de toutes les provinces qui environnent Paris » (2).

Malgré le temps horrible (3), une foule curieuse se portait au-devant du cortège. A Verdun, l'évêque, entraîné tout à coup par un flot de populaire, se trouva séparé de la reine et ne put finir son compliment. Le soir, réjouissance inattendue, on vit le frère de Mme de Prie courir hagard, par les rues, en criant tout éploré : « Où loge Helvétius? ma sœur se meurt, ma sœur se meurt (4) ! »

Le 28, à Châlons-sur-Marne, M. de Mortemart, pre-

(1) Son départ de Metz se fit par la porte de France.
(2) Mahudel, *Gazette* du 26 août.
(3) Une pluie continuelle y avait apporté la famine et elle était bien augmentée par le mauvais gouvernement, sous M. le Duc... Dans plusieurs gîtes, elle et sa suite nageaient dans l'eau, qui se répandait partout, et cela malgré des soins infinis qu'y avait donnés un ministère tyrannique. (D'ARGENSON, t. I.)
(4) *Annales de Menin*. Lettre du 27 août. En réalité, il ne s'agissait que d'une légère indisposition ; le lendemain, la belle marquise se portait à merveille.

mier gentilhomme de la cour, remit à Marie une nouvelle lettre du roi et son portrait, « entouré de perles et de diamants d'une beauté surprenante (1); » dans son allégresse naïve, la reine le mit à son bras et le regarda pendant tout le dîner, oubliant de manger (2). A Sézanne, le 31, le prince de Conti vint la complimenter de la part du roi; le premier ministre lui succéda, et, toujours épistolier, il écrivit à Stanislas, aussitôt après l'entrevue :

« Je viens de rendre mes hommages à la Reine, et j'ose dire à Votre Majesté que je viens de goûter la plus parfaite satisfaction que j'aye encore eue de ma vie, puisque tous mes désirs sont remplis, et que ce moment heureux que j'attendois avec l'impatience la plus grande de l'asseurer de mon zèle parfait et de mes très humbles obéissances est enfin arrivé. Je suis comblé de toutes les marques de bonté qu'elle m'a données et des nouvelles assurances qu'elle a bien voulu y joindre de celles dont Votre Majesté continue de m'honorer. Je n'ay point d'expressions assés fortes pour faire connoitre à Votre Majesté toute l'étendue de la reconnoissance que j'en conserve. » (3)

Peu après, Marie Leczinska gagnait Provins; il faut, ici, laisser la parole à un témoin oculaire dont les curieuses notes ont été découvertes par M. Lhuillier. (4).

(1) *Annales de Menin*. — Lettre à sa femme, 28 août.
(2) *Ibidem*. — Lettre du 31 août.
(3) Arch. nat. K. 139.
(4) *Le Mariage de Louis XV à Fontainebleau*, notes manuscrites d'un Provinois.

« Le cortège ayant passé à Villenauxe le samedi premier jour de septembre, dit le Provinois, arriva à Provins le dimanche à 4 heures du soir, au son des dix cloches de la ville. La nouvelle reine voulant faire ses dévotions, pour la cérémonie du mariage, jugea à propos de loger dans le monastère des Bénédictines, où elle communia le lendemain. Le couvent était gouverné par Mme de Beauvilliers. On avait dressé des arcs de triomphe en plusieurs endroits, par où la reine devait passer. Le soir, il y eut des feux de joie, des illuminations et d'autres marques de réjouissances dans les rues. Mgr le prince de Conti étoit passé à Provins quelques jours auparavant, allant à Sézanne complimenter la princesse de la part du roi ; le comte de Clermont alla jusqu'à Villenauxe ; quant au comte de Charolais il s'acquitta de sa commission à Provins.

« Au moment de l'arrivée, le sieur Bureau de la Couronge, maire, eut l'honneur de complimenter la reine hors de la porte de Culoison (1) ; après quoi, les échevins portèrent un dais devant son carrosse jusqu'aux Bénédictines, le duc de Noailles étant à la tête des gardes du corps, avec le marquis de Nangis, chevalier d'honneur.

« Selon l'usage local on offrit à la reine des conserves de roses (2). »

(1) C'était par une pluie violente, et M. Bureau dut requérir une botte de paille pour se placer proprement à genoux devant la princesse.
(2) Les *notes d'un Provinois* fournissent une autre particularité qu'il convient de mentionner. Provins possédait il y a un siècle et possède sans doute encore un souvenir du passage de Marie Leczinska ; c'est

Plus approchait le terme du voyage, plus les chemins devenaient impraticables, comme pour retarder le moment désiré. En vain des centaines de paysans sont arrachés à leurs maigres moissons « pour accommoder les routes » (1), ce n'est partout que fondrières. Entre Provins et Montereau, le carrosse de la reine s'embourbe, et ce n'est que le lendemain qu'on arrive à le retirer. La reine « est sur le champ portée dans le carrosse de Mlle de Clermont par Mmes de Noailles et de Nangis, et les dames par d'autres seigneurs et officiers » (2). Mais alors, nouvel ennui ; le carrosse de Mlle de Clermont est trop petit, et les deux dames du palais se voient forcées de continuer la route dans un fourgon, sur la paille.

A Moret, où le cortège arriva le 4, le carrosse de la reine, nous apprend Barbier, s'embourba de nouveau dans une fondrière, et de telle façon qu'il ne fallut pas moins de trente chevaux pour l'en retirer.

L'accueil du roi, qui était venu à sa rencontre avec toutes les princesses, la dédommagea des ennuis et des dangers de la route.

La rencontre des royaux époux devait, en effet, avoir

---

un diamant qui décore la châsse de saint Laurent, dans l'église Sainte-Croix. Ce diamant vient d'un pendant d'oreille que la reine perdit chez les bénédictines ; une jeune pensionnaire nommée Anne Coffénay l'ayant trouvé le conservait au milieu de jouets et de chiffons depuis plus d'un an, quand on en reconnut la valeur. Le curé de Sainte-Croix obtint le diamant et lui donna sa destination nouvelle.

(1) D'Argenson.
(2) *Annales de Menin* — Lettre de M. Chalons, secrétaire de Mme de Mailly.

lieu près de Moret, et, malgré les lettres affectueuses qu'avait prodiguées le roi, la timide Marie continuait à redouter cette entrevue. Trop modeste pour se croire jolie, elle craignait de ne pas plaire, et c'est en vain que ses dames, auxquelles elle confiait ingénument son appréhension, s'efforçaient de la rassurer (1). Les événements s'en chargèrent. Le 4, le roi, qui chassait en pleine campagne, à deux lieues de Fontainebleau, s'arrêta sur la petite montagne de Trépanton, au delà de Moret, pour attendre la reine. Dès la venue du carrosse on jeta par terre un tapis et un carreau. « La Reine, raconte Barbier, descendit, voulut se mettre à genoux ; le Roi, qui étoit à terre, ne lui laissa faire que la façon ; il la releva et l'embrassa des deux côtés avec une vivacité qu'on ne lui avoit jamais vue. » Puis, montant dans le carrosse de la reine avec Mme la duchesse d'Orléans, Louis XV conduisit sa jeune épouse à Moret, où, pendant une demi-heure, il l'entretint « avec toute la politesse possible » ; après quoi, il regagna Fontainebleau (2).

Ainsi se passa cette terrible rencontre, dont la reine croyait que dépendrait son bonheur. L'effusion du roi n'avait pas peu surpris (3). Le maréchal de Villars et

---

(1) *Annales de Menin.* — Lettre du 31 août.
(2) Barbier, *Journal*, t. I.
(3) Il n'est pas sans intérêt de lire à ce propos la lettre que le duc de Noailles écrivait peu après à Stanislas :

« Sire, je n'ay point voulu importuner Votre Majesté de mes lettres pendant le cours du voyage de la Reine, sçachant que Votre Majesté étoit informée de ce qui se passoit et que je n'aurois fait que grossir le nombre de ceux qui avoient l'honneur de lui en rendre compte,

tous les témoins de la scène en reçurent une bonne impression, et M. le Duc, qui tenait Stanislas fort au courant, lui écrivit à ce propos, toujours sur ce ton si fatigant d'exagération (1) :

« Je ne dois pas laisser apprendre à Votre Majesté par d'autres que par moy, que l'entrevue du roy et de la reine vient de se faire avec toute la satisfaction possible de la part du roy. Sa joie a éclaté en voyant toutes les perfections dont la reine est ornée. Il a été longtemps avec elle d'une gayeté inexprimable. Et tout m'annonce son parfait contentement. »

Mais avant que le roi épousât effectivement Marie Leczinska, il importait qu'il fût instruit de ses devoirs, encore que Mlle de Charolais et Mme de Toulouse lui eussent donné déjà, insinuaient certains, quelques obligeantes leçons. S'il faut en croire Soulavie, M. de Fréjus, persuadé qu'une circonstance aussi grave nécessitait son concours, usa d'un tour original pour apprendre à son élève ce que celui-ci savait, sans nul doute, mieux que lui. Jugeant tout discours aussi délicat qu'inutile, l'ingénieux précepteur fit remplacer les cartes de géographie qui ornaient la salle d'étude par douze

---

mais je ne puis garder le silence après avoir consommé la fonction dont j'ay eu l'honneur d'estre chargé et ayant autant de sujets de félicitations à faire à Votre Majesté. La Reyne est arrivée en parfaite santé, et la manière dont elle a esté reçeue du Roy doit combler Votre Majesté de la joie la plus vive; elle surpasse même, s'il est permis de le dire, l'attente que l'on en avoit et renferme une infinité de circonstances des plus flatteuses dont l'étendue d'une lettre ne me permet pas de faire le détail à Votre Majesté... » *Musée des Archives nationales.* (Plon, 1872.)

(1) Arch. nat. K. 139.

tableaux représentant de patriarcales amours. A l'endroit que couvrait auparavant la carte de l'Asie, s'étalait un paysage édénique, où un berger et une bergère des âges primitifs, nus comme nos premiers pères, se regardaient avec un étonnement mêlé de plaisir; et, ayant succédé à la carte d'Europe, un autre berger et une autre bergère se regardaient avec des yeux moins surpris et plus tendres. La carte d'Amérique avait cédé la place à une troisième idylle où la tendresse rayonnait; et quant au quatrième couple, qui remplaçait sur le mur la carte d'Afrique, il tendait à exprimer la passion dans ses plus suaves ardeurs (1). C'était l'amour naissant et l'amour rayonnant, le bouton de rose et la fleur épanouie. Au bas d'un cinquième tableau, on lisait ces vers de cuistre galant :

> Bergère qui baissez les yeux,
> Pourquoi trembler? Un amoureux
> N'est pas un sauvage farouche.
> Et vous, berger, que votre bouche
> Ose lui déclarer ses feux :
> Non par des mots, car de votre âge
> Les baisers sont le vrai langage.

Quand le jeune roi descendit dans la salle d'étude, il s'étonna quelque peu, et « sa pudeur s'effarouchoit déjà au cinquième tableau » ; mais devant l'exemple du prélat sa curiosité reprit le dessus, et il examina tout...

Marie Leczinska avait couché le 5 septembre à Moret, où le duc d'Orléans était venu la complimenter; elle en partit le lendemain et arriva vers dix heures à Fon-

---

(1) *Mémoires de Richelieu*, t. III.

taineblau. Montant aussitôt à ses appartements, la reine commença de se parer pour la cérémonie du mariage, et « comme sa toilette était trop longue au gré du roi, il envoya plusieurs fois savoir si elle étoit preste » (1).

Il va sans dire que la cérémonie avait été réglée dans ses moindres détails. Le nombre des places réservées aux différents corps et aux personnes de marque, l'ordre dans lequel marcherait le cortège, les noms des dames qui porteraient les traînes de la reine et des gentilshommes qui porteraient les traînes de ces dames, l'habit que chacun revêtirait, tout était prévu et fixé dans un mémoire savamment conçu (2). On discuta longuement, à la cour, sur la façon dont la reine devait être habillée. Les uns préconisaient le manteau royal, M. le Duc s'en tenait au grand habit de cour et parla même de marier la souveraine « en habit de ville et en écharpe » ; mais la cour poussa les hauts cris. Que penseraient les étrangers? Alors, comme M. de Dreux, consulté, avouait son ignorance sur la question, quoique grand maître des cérémonies, on recourut à Mme de Mailly, qui « soutint le parti de la mante et du manteau royal », et son avis prévalut (3).

La *Gazette de France* (n° 37 de l'année 1725) et diverses relations du temps nous ont laissé de précieux détails sur la cérémonie. C'est vers midi que la reine se

---

(1) *Annales de Menin.* — Lettre de M. Chalons, secrétaire de Mme de Mailly.
(2) Voir à l'*Appendice.*
(3) *Annales de Menin.*

rendit à la chapelle. Parti du grand cabinet du roi, le cortège gagna, par la galerie de François Ier, le grand escalier, où, la hallebarde en main, les Cent-Suisses faisaient la haie. Les hérauts d'armes, ayant à leur tête le marquis de Dreux, grand maître des cérémonies, ouvraient la marche; puis venaient deux par deux, théorie imposante, les grands officiers du Saint-Esprit et tous les chevaliers de l'ordre (1). Les princes du sang, le comte de Charolais, le comte de Clermont, le prince de Conti, formaient un trio isolé. Immédiatement après, précédé par deux huissiers de la Chambre et le marquis de Courtenvaux, capitaine des Cent-Suisses (2), le roi s'avançait entre le prince de Lorraine, grand écuyer de France, et le commandeur de Beringhen, premier écuyer (3). Louis XV, tout à fait radieux, portait un habit de brocart d'or orné de boutons en diamant et un manteau de point d'Espagne, d'or aussi. Il était suivi par le duc de Villeroy, capitaine des gardes du Corps en quartier; le duc de Mortemart, premier gentilhomme de la chambre, et le duc de La Rochefoucauld, grand maître de la garde-robe. Les officiers des gardes du corps et les Gardes-Ecossais, aux habits recouverts de cottes d'armes en broderie, marchaient sur les côtés. Enfin, entre le duc d'Orléans et le duc de Bourbon,

---

(1) L'abbé de Pomponne, le marquis de Breteuil et le comte de Maurepas étaient grands officiers de l'ordre.

(2) On se rappelle qu'il avait demandé, trois ans auparavant, sans pouvoir l'obtenir, la main de Marie Leczinska.

(3) C'est à ces deux seigneurs qu'il appartenait de donner la main à Sa Majesté.

venait la reine, la tête ceinte d'une couronne de diamants fermée par une double fleur de lys. Son *habit*, au dire d'un témoin oculaire, était « d'une richesse inexprimable (1). » D'après les auteurs les plus accrédités, ce costume se composait d'une cuirasse de pierreries aux manches garnies d'agrafes en brillant, d'une robe et d'un manteau royal de velours violet brodé de fleurs de lys d'or (2). Ce manteau était long de neuf aunes, la duchesse douairière de Bourbon en portait la traîne, aidée par les princesses de Conti et de Charolais (3). Le marquis de Nangis et le comte de Tessé escortaient Sa Majesté. La duchesse d'Orléans, Mlle de Clermont, Mlle de La Roche-sur-Yon, la maréchale de Boufflers et le reste de la maison de la reine fermaient cet imposant cortège.

Au son des trompettes, des fifres et des tambours, Leurs Majestés pénétrèrent dans la chapelle. « Au milieu, rapporte l'anonyme cité par M. Lhuillier, s'élevait une estrade à deux marches de 25 pieds de long sur 15 de large, au bout de laquelle il y avoit un double prie-Dieu (4), couvert comme l'estrade. Les carreaux

---

(1) Ainsi s'exprime l'auteur anonyme d'une relation manuscrite du temps que cite M. Lhuillier, *loc. cit.*

(2) Ce n'est pas tout à fait ce que dit l'anonyme précité ; d'après lui, « la iupe et le manteau étaient de velours pourpre, tout couverts de fleurs de lys brodez d'or, doublez d'hermine et semez par bande de pierreries de la Couronne. » Et il ajoute : « Son manteau royal avoit 60 pans de longueur, en sorte qu'elle étoit déjà sur l'estrade que le bout du manteau étoit encore à la porte de l'église. »

(3) Des gentilshommes de haute naissance menaient ces **dames**, d'autres portaient les queues de leurs robes.

(4) Et deux fauteuils.

et les deux fauteuils de velours violet semé de fleurs de lys d'or étoient surmontés du même dais qui avoit servi au sacre du Roy, de velours pourpre semé de fleurs de lys d'or, enrichi de franges et crépines, et orné des écussons de France, avec de superbes aigrettes à six rangs de plumes blanches. Sur la même estrade étoient aussi placés les tabourets et les carreaux pour les princes et princesses du sang. L'autel étoit orné de deux rangs de riches chandelles garnis de cierges de 20 pieds de hauteur; le dessus de la corniche supportoit des girandoles et des bougies, et à la place de la lampe étoit un magnifique lustre de cristal à quarante branches. »

Du côté de l'épître, trois fauteuils attendaient le cardinal de Rohan et les deux évêques qui lui servaient de diacres. Les divers ecclésiastiques désignés pour assister à la cérémonie occupaient des bancs disposés à droite et à gauche au bas des marches de l'autel. D'autres sièges avaient été réservés pour le garde des sceaux, les secrétaires d'État, les membres de l'ordre du Saint-Esprit (1). Les comtes de Morville et de Saint-Florentin avaient pris place à gauche. Entre deux huissiers à masse, sur un fauteuil à bras et sans dos, se tenait le chancelier de France, revêtu d'une robe de velours violet doublée de satin cramoisi. Derrière lui,

---

(1) Tous les seigneurs étaient splendidement vêtus. M. de Maurepas avait un habit de drap d'argent brodé et frangé d'or; sa croix du Saint-Esprit était semée de pierreries. Et, s'il faut en croire Narbonne, la plupart des gentilshommes portaient des bas de fil d'or pur trait de la valeur de trois cents livres. Cependant, le pain se payait jusqu'à sept sols la livre dans certaines provinces.

se groupaient les maîtres des requêtes en robe et en bonnet carré. Les tribunes et les amphithéâtres improvisés dans les arcades des chapelles regorgeaient de seigneurs et de dames, parmi lesquels un grand nombre d'étrangers. Et les multiples nuances, les chamarrures des costumes de ce public élégant composaient de délicates harmonies que faisaient valoir les tapis à fond d'or et les étincelantes broderies des balcons.

A peine Leurs Majestés avaient-elles pénétré dans la chapelle que le cardinal de Rohan en habits pontificaux était sorti de la sacristie avec les évêques de Soissons et de Viviers, chargés de l'assister comme diacre et sous-diacre. Presque aussitôt, sur l'invitation du héraut d'armes et du marquis de Dreux, le roi et la reine s'approchaient des marches de l'autel et Son Éminence prononçait le discours suivant :

« Il ne manquait, Sire, à votre bonheur qu'une épouse digne de vous, et il n'appartenait qu'à Dieu de vous la donner : les honneurs et la richesse, selon l'expression de l'Écriture, viennent par succession, mais une femme prudente et sage est un don spécial du Seigneur. Vous la lui avez demandée, Sire, dans des sentiments de foy et de piété, vos vœux ont été exaucés, Dieu vous a donné une princesse qu'il a formé selon son cœur et qu'il a remplie de sa crainte et de son amour... La piété de cette princesse animera la vostre, ses exemples édifieront votre Cour... Qu'un amour également chrétien et solide vous tienne tendrement et inviolablement attaché à l'épouse qui doit réussir à fixer vos inclinations... Puissions-nous pour le bonheur de la France et pour le repos et la fidélité du monde entier voir naistre bientost des princes qui, héritiers de vos vertus, les transmettent à une glorieuse postérité (1). »

Le cardinal donna ensuite la bénédiction nuptiale, et Leurs Majestés étant retournées à leur prie-Dieu, il leur y apporta l'eau bénite. La reine avait un peu de rouge, autant qu'il en faut pour ne pas paraître pâle. Une lettre de Voltaire à la présidente de Bernières prétend qu'elle s'évanouit un petit instant, mais seulement pour la forme.

A la messe, le Livre Saint, après que le cardinal l'eut baisé, fut présenté aux lèvres du roi et de la reine. Pendant les encensements qui suivent l'*Offertoire*, Son Éminence s'étant assise, Louis XV alla s'agenouiller devant elle, baisa sa bague et lui remit un cierge chargé de vingt louis d'or, que le héraut venait d'apporter. Puis, à la fin du *Pater*, Leurs Majestés se mirent à genoux sur un drap de pied fait du même velours que les autres tentures, sous un poêle de brocard d'argent tenu par M. de Metz et l'ancien évêque de Fréjus. Et la messe terminée, tandis que les signatures étaient apposées sur le registre des mariages, et que retentissait un solennel *Te Deum*, les hérauts d'armes procédaient à la distribution des médailles commémoratives (2). Enfin, l'oraison pour

(1) Arch. nat. K. 139.
(2) Cette médaille, dont on peut voir le type au *Musée monétaire* de Paris, représente les royaux époux se donnant la main devant le car-

le roi ayant été dite, le cortège se reforma et, dans l'ordre observé en venant, regagna le château. La cérémonie avait duré jusqu'à 4 heures et demie.

Rentrée chez elle, la reine reçut les hommages des princesses et des dames du palais; avec une joie émue, elle leur distribua « les bagatelles qu'on appelle sa corbeille », en disant avec un joli sourire : « Voilà la première fois que j'ai pu faire des présents (1). » Tout le monde s'extasiait « de sa vertu et de sa politesse ». Dans son appartement particulier elle prit ensuite avec le roi un repas auquel assistaient seules les princesses du sang. Puis, à 7 heures, on joua devant toute la cour *Amphitryon* et *le Médecin malgré lui*, au lieu d'un divertissement préparé par Voltaire, tout déconfit que M. de Mortemart n'en eût point voulu. A 11 heures et demie, le souper achevé, un feu d'artifice fut tiré, « avec beaucoup de fusées et très peu d'invention et de variété, » après quoi le roi « alla se préparer à faire un Dauphin (2) ». Pendant ce temps les princesses couchaient la reine dans le lit nuptial, le même qui avait servi à la reine femme de Louis XIV, à Mme la Dauphine et Mme de Bourgogne. « Le Roi passa peu de temps après dans l'appartement de la Reine, pour y achever le plus essentiel de la cérémonie, » conclut galamment

dinal qui les bénit. Au-dessus de ce groupe fort simplement arrangé et silhouetté non sans finesse, on lit : *Sedandæ populorum anxietati*; et en exergue : *Nuptiæ regiæ Fontibellaqueo* M. DCC. XXV.

(1) Voltaire à la présidente de Bernières. Il dit aussi (Fontainebleau, 17 septembre) : « La reine fait très bonne mine, quoique sa mine ne soit pas jolie. »

(2) *Ibidem*.

l'anonyme auquel nous avons eu déjà recours (1).

Louis XV attendait avec impatience le moment où la reine le recevrait. Il se jeta dans le lit avec une vivacité significative (2), y resta jusqu'à dix heures du matin et se vanta, du moins d'après le témoignage suspect de Voltaire, « de lui avoir donné sept sacrements pour la première nuit (3). »

Infatigable correspondant, M. le Duc ne pouvait manquer de confier à Stanislas quelques détails intimes sur la nuit de noces de son royal gendre; les voici, dans toute leur saveur :

« La Reine a charmé le Roi et comblé tous ses sujets de bontés... Le Roy a passé toute sa journée d'hier chez la Reine, où il me fit l'honneur de me dire qu'elle lui plaisoit infiniment, et Votre Majesté n'en doutera pas si elle me permet d'entrer dans un détail sur lequel je sais mieux que personne qu'il faut garder le silence, ce dont je ne rend compte à votre Majesté que pour lui prouver que ce n'est point langage de courtisan; quand j'avais l'honneur de lui dire que la Reine plait infiniment au

---

(1) LHUILLIER, *not. cit.*, p. 44.
(2) BARBIER, t. I. Voici comment Villars relate l'événement : « Le Roy, dit-il, après s'être mis un moment dans son lit, est allé dans celui de la Reine, suivi de M. le Duc, du premier gentilhomme de la chambre, du grand maître de la garde-robe et de moi.

« Nous sommes entrés le lendemain dans la chambre, pendant que la Reine étoit au lit. Les complimens ont été modestes ; ils montroient l'un et l'autre une vraie satisfaction de nouveaux mariés... »

(3) « Je n'en crois rien du tout, ajoutait le sceptique épistolier, les Rois trompent toujours leurs peuples. » Notons encore, pour mémoire, les cancans, venus des « valets intérieurs » et qui prétendaient l'indifférence et la frigidité du Roi absolues.

Roi. Cette preuve est donc, si Votre Majesté me permet de la lui dire, que le Roi, après quelques amusements comme comédie et feu d'artifice, s'est allé coucher chez la Reine et lui a donné pendant la nuit sept preuves de tendresse. C'est le roi lui-même, dès qu'il s'est levé, qui a envoyé un homme de sa confiance et de la mienne pour me le dire et qui, dès que j'ay entré chez luy me l'a répété lui-même, en s'étendant infiniment sur la satisfaction qu'il avait de la Reine. Je demande encore pardon à Votre Majesté de ce détail, mais je lui avouerai que je suis si transporté de la manière dont cela se trouve, qu'il m'est impossible de n'en pas témoigner ma joye à Votre Majesté (1). »

Le même jour, 6 septembre, le cardinal de Rohan envoyait à l'*heureux père* une épitre non moins extraordinaire :

« Je viens de voir le Roy et la Reine, ils ne se sont levé qu'après dix heures, l'un et l'autre estoient en parfaite santé. Je puis assuerer Votre Majesté qu'il y a desjà dans le Roy un grand goust pour la Reine ; je n'en dirai pas davantage à Votre Majesté (2). »

Ce fut alors, à la cour, « un bruit, un fracas, une presse, un tumulte épouvantable, » rapporte Voltaire dans sa correspondance. La reine commença « à être

(1) Arch. nat. K. 139. Que l'on compare cet inconvenant bavardage de courtisan à ces mots touchants que le bon Stanislas écrivait à Vauchoux le 13 septembre :

« Le bon Dieu a accompli ce qu'il a si heureusement commencé. Je crois qu'il est inutile de vous dire ma joye. Je me figure la vôtre. » (Voir à l'*Appendice* le texte complet de cette lettre.)

(2) L'original de cette lettre est à la Bibliothèque de Nancy.

assassinée d'odes pindariques, de sonnets, d'épîtres et d'épithalames ». Le moindre poétereau s'empressait de commettre des louanges rimées à la mythologie inopportune (1), et les plus érudits rythmaient des hexamètres, composaient des strophes, pour annoncer au monde :

> Ardere jam taedas, et alto
> Borbonidum solio locari.

Des chansons de circonstance, écrites sur des airs en vogue, et dignes de pitié à force de bêtise, couraient les rues, faisant appel aux

> Fiffres, tambours, clairons, trompettes
> Flutes, violons, hautbois, musettes

pour chanter ce roi

> ..... nouvel Alcide
> Fatal à tout monstre perfide,

et cette reine chez laquelle

> ..... la sagesse
> S'offre avec toute la finesse
> Des Grâces qui suivent Cypris.

Et c'était aussi de pressantes invitations, à tous,

> Gendarmes et Grenadiers
> Soldats et Cavaliers,

de boire à rasade et de crier avec allégresse

> Vive, vive le Roy
> Vive, vive le Roy (2).

---

(1) Voir à l'*Appendice* plusieurs spécimens de ces productions. Quelques-uns de ceux qui rimèrent des « poésies » de circonstance ne sont pas tout à fait inconnus : on peut citer Bellechaume, G. de Caux, le P. Brumoy, le chevalier de Molitart, Martineau de Soleinne, Tannevot, l'abbé Barron, J. Pâris et le curé de Coolus.

(2) Nous faisons grâce au lecteur des pièces qui chantent Marie et où elle
> Arrive à Fontainebleau
> Château charmant et beau.

Oubliant leurs premières railleries, les moins affables se laissaient prendre peu à peu aux grâces de la jeune reine, à sa douceur, à son aménité (1), et la dame Gellé, parlant, le 14, au nom des femmes de la Halle, la priait, d'un air bon enfant, en lui vantant les heureuses propriétés des truffes qu'elle lui offrait (2), d'en manger beaucoup, et d'en faire beaucoup manger au roi. Marie Leczinska dut en rire de bon cœur, car elle ne fut jamais prude. « Dans la conversation, dit le duc de Luynes, elle aime assez la galanterie, pourvu qu'elle soit dite avec esprit et accompagnée d'une certaine réserve (3). »

(1) Les seuls qui ne désarmèrent pas furent les esprits passionnés pour l'« opposition » quand même, race dont la France fut toujours particulièrement riche. Un de ceux-ci, le nouvelliste Du Chéron, s'étant livré en public à de véhémentes critiques sur les actes du gouvernement, fut mandé à l'audience du lieutenant général de police et tancé vertement. On ne lira pas sans intérêt la note par laquelle le *délinquant* fut *mandé*; elle émane du cabinet d'Hérault, qui venait de succéder à d'Ombreval.

« Mander le sieur Du Chéron demeurant au Petit hôtel d'Anjou, rue des Poulies pour le 12 septembre 1725. C'est un particulier qui se répand en invectives et en injures atroces contre le Gouvernement, Mgr. le Duc, le mariage de Sa Majesté et même contre la personne du Roi.

« Il se dit allié aux meilleures maison de France et dans la confiance même de Sa Majesté, ne fréquentant que des gens pareils à lui et d'une physionomie à effrayer. »

Deux apostilles ornent le haut de cette pièce rédigée (avec quelle saveur!) d'après le rapport d'un exempt. Voici la première : « Donné l'ordre au sieur Josse, exempt, pour l'amener samedi 14, 9 heures du matin. » On voit par celle-là que Du Chéron ne s'était guère pressé d'aller au rendez-vous du lieutenant de police. La seconde est fort éloquente en sa concision : « Est venu et a été vivement réprimandé. »

(2) Voir à l'*Appendice* cette amusante harangue, citée par Menin.

(3) Sa longue intimité avec le spirituel abbé de Broglie le prouve assez, et l'indulgence avec laquelle elle écoutait ses anecdotes « fussent-elles même un peu trop gaies », remarque l'auteur du *Secret du Roi*,

Quant à Mme de Prie et au premier ministre, ils attendaient que fût passé l'étourdissement de ces fêtes pour faire sentir à leur victime le poids d'une obsédante autorité. Dès qu'elle le jugea possible, la favorite se fit pour ainsi dire l'ombre de la douce Marie. « Il ne lui est libre, affirme Barbier, ni de parler à qui elle veut, ni d'écrire; la marquise entre à tous moments dans les appartements de la Reine, pour voir ce qu'elle fait, et ne lui laisse disposer d'aucune grâce; mais elle a le talent d'amuser la princesse par son esprit et de lui plaire par son hypocrite ingénuité. »

On le voit, habile à choisir ses caresses, à envelopper, à enserrer de prévenances, la favorite avait pris une importance extrême auprès de la reine, dont elle faisait ce qu'elle voulait.

Pendant que sa fille, devenue reine de France, se dirigeait vers Fontainebleau, Stanislas quittait Saverne pour reprendre le chemin de Strasbourg. Il allait y attendre que le château de Chambord, sa nouvelle résidence, fût complètement aménagé (1); et cette œuvre de réfection le retint en Alsace jusqu'à l'automne, ainsi que le prouvent ces mots, extraits d'un billet à

« avec ce plaisir secret qu'éprouvent parfois les bonnes âmes à entrevoir le mal qu'elles ignorent, à côtoyer le vice et le scandale quand elles sont certaines de n'y pas tomber. » D'autre part, d'Argenson rapporte que la reine ne « fit que rire », car elle était « si bonne! » de certaine histoire de houzard débitée un beau jour par le comte de Tressan, ancien menin de Louis XV.

(1) Cent mille livres avaient été jugées nécessaires pour la réparation du château. (Ambassade du duc d'Antin. Lettre de M. de Morville, 1ᵉʳ août 1725.)

Vauchoux daté de Strasbourg, du 21 septembre :
« Je pars avec la grâce de Dieu demain, avec le plaisir d'espérer de voir M. le Duc sur mon passage. »

Les équipages de Leczinski étaient déjà partis par la Franche-Comté, nous l'apprenons par une lettre qu'écrit le 2 septembre M. Deharlay au comte de Morville, lettre dont nous croyons devoir donner la partie principale :

« A l'égard des bagages de sa maison, ce prince qui ne cherche qu'à éviter les embarras des sujets du Roy, et les dépenses qui peuvent tomber sur le compte de Sa Majesté, a cru devoir faire partir les gros équipages vendredy dernier 31 août. Ils sont en marche. J'ay fait fournir les charriots nécessaires, et les chevaux qui les conduisent par corvée jusqu'à Champagny, premier lieu de Franche-Comté où ils arriveront mercredy prochain 5 de ce mois, et y seront relevés par les voitures du païs. J'ay averti à cet effet M. de Laneuville, et ce relais ne manquera pas. Ces équipages doivent être conduits en Franche-Comté par terre à Port-sur-Saône où ils seront embarqués jusqu'à Lyon. M. Poulletier qui a esté averti en même temps fera trouver des voitures pour le transport par terre jusqu'à Roanne. Ils y seront embarqués sur la Loire jusqu'à la hauteur de Chambord ; ce qui évitera beaucoup d'embarras et de dépenses.

« Au surplus, Son Altesse Sérénissime ne doit point avoir de scrupules sur les dérangements des récoltes que les corvées auroient pu causer puisqu'elles sont presque toutes faites de nos costés.

. . . .

« A l'égard de la manière des voitures, les bagages qui doivent suivre sa personne, vos ordres estant arrivez à temps, je m'y conformeray et je feray des marchez sur le compte du Roy tamps pour les voitures que pour les chevaux nécessaires à ce transport. Ils iront jusqu'à Chambord par la route que vous avez envoyée. Le nombre n'en sera pas fort grand, et je ne crois pas que cela passe soixante chevaux, tamps pour les voitures chargées du païs que pour celles du Roy qui en manquent. »

Vauchoux, qui avait accompagné la reine jusqu'à Fontainebleau, se rendit ensuite à Troyes au-devant de Stanislas et revint avec ce prince jusqu'à Bourron. C'est dans cette localité, voisine de Fontainebleau, que Leczinski devait voir sa fille et son royal gendre. Il y resta trois jours, puis, il se remit en route « dans le ravissement », il l'écrit à du Bourg. Le 29 octobre, il arrivait à Chambord.

CHAPITRE XV

DU MARIAGE DU ROI A LA NAISSANCE DU DAUPHIN.

Stanislas à Chambord. — Dangers de ce séjour en été. — La fièvre tierce. — La famille royale à la recherche d'un lieu de villégiature. — Mort d'Anne Jablonowska. — Louis XV loue pour son beau-père le château de Ménars. — Les sentiments du roi pour la reine. — Tentative de M. le Duc pour perdre le cardinal. — Son échec. — Sa chute. — Exil de Mme de Prie. — Fleury devient premier ministre. — Son action tyrannique sur Marie Leczinska. — Louis XV se détache de la reine. — Incroyable aveuglement de Stanislas. — Son entrevue avec Fleury. — Les accouchements de la reine. — Les émotions de son père. — La naissance du Dauphin.

Chambord parut d'abord à Stanislas une « agréable solitude », quoique tout y fût « d'une grande chèreté excessive ».

« Je vous dirai, mon cher Vauchoux, s'empresse-t-il d'apprendre à son confident habituel, que Chambord est charmant pour moi si ce n'estoit un abysme pour une chèreté inconcevable. Jugés si cela peut contenter un avaricieux et ladre comme je me suis faict pour épargner les deniers qu'on me donne de si bon cœur. »

Par bonheur, le maréchal baron Meszeck, véritable maître Jacques de Leczinski, parvint, par des miracles d'économie, à faire face à toutes les dépenses avec cent mille écus (1). Mais il se vit contraint de faire combler

(1) La maison de Catherine Opalinska absorbait, à elle seule,

les fossés du château, dont l'entretien eût été ruineux, et de vendre la moitié des chevaux.

Autre ennui, le séjour de Chambord devint rapidement néfaste à l'entourage du roi polonais. A peine achevait-il de s'installer que sa mère tombe malade. « Aprez avoir passez, mon chere Vauchoux, écrit-il le 1er février 1726, trois jours entre l'esperance de la vie et la crainte de la mort, dont ma mère estoit très proche, je n'est pas esté en estat de vous repondre à vostre dernière, ce que je faict depuis que par la grâce de Dieu nous avons tout les bons indices de son rétablissement. »

Bientôt, c'est le tour de sa femme et du chevalier d'Andlau, son « chevalier », puis le sien.

Loin de remédier à cet état de choses, l'été l'aggrave encore. Chaque année, en cette saison, les marais d'alentour exhalent des miasmes putrides, et la fièvre tierce règne dans le pays. Le roi eut autour de lui cinquante malades en juillet, et, jusqu'en septembre, le nombre ne fit qu'augmenter.

Le médecin ne pouvait que recommander de fuir le fléau. Mais on ne s'inquiétait guère à Versailles d'offrir une maison de campagne au père de la reine de France. En attendant d'obtenir une villa, Stanislas fut réduit à

80,000 livres. Louis XV allait augmenter de 100,000 francs la pension de son beau-père, mais pour bien peu de temps. En effet, le 21 décembre 1726, Stanislas mandera à du Bourg : « Dans le retranchement général, je suis compris pour 100,000 francs, et je suis persuadé que cela vous inquiète, sachant l'excessive cherté de ce pays-ci... Je me tirerai d'affaires comme je pourrai. »

chercher pour lui et les siens des hôtes complaisants dans les environs. « Ma mère, confie-t-il, le 11 août, à du Bourg, a aussi la fièvre depuis huit jours, qui est la maladie de la maison... Je conviens avec vous, mon cher comte, que nous serions très bien à Mousseau; mais la difficulté est que M. le comte d'Évreux occupe cette maison comme la sienne propre et que notre séjour le dérangerait; et de plus, il m'est impossible de me vaincre à demander qu'on me transporte ailleurs après les dépenses qu'on a faites pour m'établir à Chambord où l'on peut passer sans risque l'hiver; mais l'été il est absolument inhabitable... »

Un mois plus tard, jour pour jour, Catherine Opalinska écrivait au même du Bourg : « Il n'y a pas moyen de tenir davantage à Chambord; l'on n'y est pas seulement malade, mais on en meurt (1). »

Enfin le marquis de Saumery mit, pendant quelque temps, une demeure à la disposition de cette ambulante famille royale (2); puis l'évêque de Blois l'hébergea jusqu'à la fin de la belle saison (3).

Les décès se multiplièrent d'une façon inquiétante l'été suivant. Après un retour à Saumery, Stanislas et

(1) Cette lettre se trouve à la Bibliothèque de l'Arsenal, ms. n° 6615; elle est citée par M. Boyé.

(2) « Je ne sais quand ma vie ambulante finira, » dit mélancoliquement Stanislas à du Bourg, le 15 septembre 1726.

(3) Cet évêque, Mgr Le Fèvre de Caumartin, devait signer bientôt après la lettre à Louis XV relative au concile d'Embrun et, pour ce, encourir la disgrâce du roi. Cette lettre de protestation fut signée le 13 mars 1728; le mois suivant, on fit défendre à Stanislas de continuer des rapports avec ce prélat.

son entourage échouèrent à Saint-Dié-sur-Loire, et là mourut, le 2 septembre, la mère du roi, Anne Jablonowska, dont la santé était chancelante depuis longtemps déjà. Stanislas en fut très affecté ; on peut juger de sa douleur par cette réponse aux condoléances de Vauchoux :

« Mon chere Vauchoux, mes sentiments pour vous s'onts si réciproques à ceux que vous avez pour moy, que je n'aurois besoings que de copier vostre lettre pour vous faire une juste réponce. Ma situation est effroyable par touttes les afflictions que j'ay essuyé. Conservez-moy toujours vostre amitié, ce sera un vray soulagement pour celuy qui est de tout son cœur

« Vostre très affectioné

« STANISLAS, Roy.

« Saint-Dié, le 9 septembre 1727. »

Comme l'année précédente, la famille royale acheva la saison à Blois. Enfin, l'automne venu, on reconnut à la cour la nécessité d'assurer à Stanislas un lieu de villégiature, et, en novembre, Louis XV signa pour six ans le bail du château de Ménars.

Stanislas guettait cette villégiature depuis plus d'un an. C'était, déclare-t-il à Vauchoux dès le 29 mars 1726, « une terre et une maison enchantée, » et il souhaitait ardemment en devenir « le fermier et le concierge ». « J'ai fait faire la proposition à Mme Ménars, ajoute-t-il, par notre marquis de Saumery, qui est son fervent, si elle ne voudra pas m'abandonner sa terre et sa maison moyennant que je luy payerois annuellement ce qu'elle raporte. Je n'est pas voulu rien dire de mon dessein à Mme de Prye, car j'ay voulu premièrement voir si j'en pourrois convenir sans luy donner cette peine... »

Mais la propriétaire avait élevé d'étranges difficultés, que nous dévoile une lettre du 5 avril (1). Peut-être, en femme avisée, attendait-elle pour négocier que Louis XV s'engageât à payer le terme (2).

Sans cesse à l'affût des nouvelles, impatient d'en recevoir, mais n'osant les provoquer, Stanislas tâchait de connaître, dans le détail, tout ce qui se passait à la cour, et surtout ce qui pouvait témoigner l'affection du roi pour la reine. Mais son optimisme excessif l'entretenait dans d'incroyables aberrations; aussi apprit-il la lutte sourde de M. de Fréjus contre M. le Duc et la victoire du cardinal, sans se douter une minute que ce pût être le commencement des malheurs de sa fille. Il crut toujours que Louis XV aimait Marie Leczinska, et, tout d'abord, il ne se trompa point (3). On a prétendu, il est vrai, que le roi ne ressentit jamais la moindre inclination pour la reine, et l'on a répété, sous des formes diverses, la phrase si connue du mar-

---

(1) On trouvera cette lettre à l'*Appendice*.
(2) Le château de Ménars, qui étalait de magnifiques terrasses sur les bords de la Loire, avait été bâti dans la première moitié du xviie siècle. En 1760, la terre où il s'élevait fut achetée par la marquise de Pompadour, et son frère, qui l'hérita d'elle, fit reconstruire le château. Il fait maintenant partie de la commune de Ménars-le-Château, arrondissement de Blois.
(3) « L'amitié du Roi pour la Reine augmente notablement, » affirme-t-il le 19 décembre.

quis d'Argenson : « Le Roi lui fit sept enfants sans dire un mot. » Mais si nous scrutons les documents, il devient au contraire presque avéré que l'aimante Marie plut à son royal époux, et que celui-ci ressentit pour elle un sentiment plus fort que la simple amitié (1).

En effet, non seulement les mémoires parlent unanimement de l'ardeur de Louis XV, mais un significatif rapport de la police secrète, conservé aux archives de la Bastille, nous apprend que le jeune monarque « s'évertue trop souvent avec la Reyne, et qu'il s'est même échauffé avec elle ». N'était-il pas, d'ailleurs, trop sec et trop égoïste pour accomplir ses devoirs d'époux s'il y eût trouvé quelque répugnance?

Maurepas, qu'on ne peut accuser de flatterie, écrit dans ses *Mémoires* : « Le roi n'aimoit que sa femme, et n'en voyoit pas d'autre quoiqu'on l'agaçât. Ce ne fut que dans une orgie qu'il se vanta d'une petite maîtresse : il était alors âgé de vingt-deux ans (2). »

Tout le mal vint de l'odieuse Mme de Prie et de son triste amant. Celui-ci, alarmé de l'influence croissante exercée sur Louis XV par Fleury, lequel ne ménageait pas les critiques au gouvernement de M. le Duc et le gênait fort en assistant à tous ses entretiens avec le roi, résolut de se débarrasser de ce confident fâcheux.

---

(1) «On m'écrit de Fontainebleau que le Roi, depuis son mariage, est gai, parlant et empressé ; que la Reine est charmante, qu'elle a une très jolie physionomie, un son de voix aimable et très gracieux, qu'elle n'a pas un moment de repos, et les récits ne nous apprennent pas que les nuits soient plus tranquilles. » Lettre de Mathieu Marais, 10 septembre 1725.

(2) Le 24 janvier 1732.

Poussé par la marquise, qui, nous l'avons montré, ne cessait d'obséder la reine, il eut recours à cette dernière pour avoir, chez elle, avec le roi, une entrevue à laquelle « n'assisterait pas M. de Fréjus ». La douce Marie qui connaissait l'ascendant de l'évêque sur son royal époux et qui, d'autre part, n'ignorait pas l'antipathie de ce dernier pour le duc et pour Mme de Prie, répondit par de timides remontrances. Elle finissait, du reste, par se douter du triste rôle qu'on cherchait à lui faire jouer. Mais le duc lui déclara en termes tellement énergiques « qu'il avoit à confier au Roi des secrets qu'il ne pouvoit confier qu'à Sa Majesté » qu'elle dut acquiescer à sa demande. Le roi vint dans son cabinet. Mais à peine le ministre eut-il lu les premiers passages d'une lettre envoyée de Rome par le cardinal de Polignac, et conçue de manière à perdre M. de Fréjus, que le visage de Louis XV se rembrunit. Il manifesta si nettement son déplaisir lorsque M. le Duc voulut commenter sa lecture, que celui-ci lui demanda si le cardinal avait seul sa confiance. Sur la réponse affirmative de Louis XV, M. le Duc « se jeta à ses genoux en pleurant; la Reine, qui se trouvoit une complice très innocente, pleura de son côté, et le Roi sortit plein de colère (1). »

Pendant ce temps, le cardinal, ayant trouvé, comme il se rendait chez le roi, toutes les portes closes par l'ordre de M. le Duc, s'était retiré sur-le-champ au

---

(1) *Mémoires du président Hénault*, ch. XIII.

séminaire d'Issy, non sans avoir écrit à son élève une lettre respectueuse, mais piquée. Louis XV ne put contenir ses larmes, et, conseillé par le duc de Mortemart, il fit porter à M. le Duc l'ordre de faire revenir sur-le-champ son précepteur. Le ministre ne put qu'obéir en dépit de sa consternation, et l'évêque revint, plus puissant que jamais. Dès lors, l'un de ces deux hommes devait renverser l'autre, et déjà l'on pouvait prévoir qu'à un tel échec la puissance de M. le Duc ne résisterait guère. Le duc d'Orléans, le prince de Conti, le duc du Maine, le maréchal de Villars, soutenaient M. de Fréjus, qui pouvait encore compter sur l'appui des Noailles et de la comtesse de Toulouse, en la société de qui Louis XV se plaisait fort. C'étaient là de puissants alliés. Stanislas n'apprit pas sans inquiétude cette contrariante affaire, et, le 1er janvier 1726, il confiait ses peines au maréchal du Bourg :

« Je sympathyse assez avec vous dans le désir de la tranquillité, disait-il à son fidèle ami, pour n'avoir pas veu avec bien de douleur de l'agitation de la Cour et les troubles que cela va engendrer; que je sohaitterois de vous entretenir un moment sur cet événement! Où est nostre Naybourg chère endroit de nos rendez-vous, et quoique ce n'est pas une matière à escrire je ne sçaurais m'empêcher de vous dire ce que je sents avec une vive douleur que M. de Freyjus en sortant de la sphère faict tort au charactère respectable qu'y la soutenu avec tant de dignité et qui est tout opposé à l'ambition et à l'animosité qui a paru être tout d'éclat. La Reyne a joué dans tout cecy un rolle digne de son rang et de ses sentiments. Il n'y a pas un homme qui approuve que M. de Freyjus veuille rayer l'honneur de M. le Duc et l'authorité du Roy dans sa personne. Je crois que tout se remet au calme, Dieu le donne durable. Le Roy continue et augmente tous les jours son amour pour la Reyne, voilà ce qui est de seure et de consolant. »

Malgré ces apaisantes certitudes, le craintif Stanislas ne laissait pas cependant d'être préoccupé, et il pressait Vauchoux de le renseigner :

« Quoyque vous ne me dites pas des nouvelles de la Cour, écrit-il, le 15 janvier 1726, j'en apprends assez par là pour ne pas sortir de mes inquiétudes, puisque vous n'ignoreriés pas celles qui pouvoients me calmer, si l'orage estoit passé de la manière que je me puisse tranquilliser ».

Le 21, sa demande se fait plus pressante :

« Le comte Tarlo est de retour qui m'a instruits pleinement de l'estat des affaires, mais nullement consolé, car je n'y vois aucune seureté. Tout est plein des pièges et d'orage. Si vous sçavés quelque chose de plus consolant, mandés le moy, car je souffre beaucoup. »

Quatre jours plus tard, le désespoir l'envahit :

« Mme de Prye, gémit-il (1), m'a escrits une lettre qui me faict ségner le cœur. Qu'elle remède ? Je suis trop intéressés à leurs bonheur pour en trouvés d'aussy seures que je m'y puisse confier et je ne vois aucune

(1) Lettre du 25 janvier 1726.

resource dans ma raison accablé de douleur. Je remets tout entre les mains de Dieu. »

Néanmoins, par un de ces brusques revirements dont il était coutumier, il reprend bientôt de l'espoir.

« Tout va bien à la cour, mande-t-il à Du Bourg, le 3 février, je crois la Reine sur les véritables voyes suyvant lesqu'elles elle se conservera l'amitié du Roy qui l'a toujours très grande pour la Reyne. » Dans son incurable naïveté, il suppose que cet événement déplorable a eu tout au moins ce résultat de montrer à Louis XV les sentiments droits et sincères de la Reine, et à M. le duc son active reconnaissance. C'est ce qu'il explique au Maréchal, dans sa lettre du 13 février :

« J'ay reçu vostre aimable lettre du 28 janvier : pour répondre au premier et principal article, jugez de la peine où je suis d'estre obligé de me réduire aux termes généraux, n'osant pas confier à la lettre les particularitez et vivant dans la douce habitude d'avoir toujours le cœur ouvert pour vous, mais il suffira pour vostre tranquillité de vous dire que la Reyne par ce dernier événement a acquis des lumières pour marcher avec toute seureté et sans blesser parmy tant d'épines son devoir, son honneur et sa justice. Une explication qu'elle a eu avec le Roy sur tout cela à établys une amitié et confiance entre eux qui va grâce au Seigneur en croissant. Le Roy cognoist son bon cœur et le désir passionné qu'elle a à suyvre ses volontés aveuglément. La Reyne aime le Roy à la fureur et n'a d'autres inquiétudes que celles qu'engendre un véritable amour auqu'elle ce prince répond selon toutte l'expérience qu'il peut avoir de cette passion et yl est bon qu'yl ne cherche pas à en aquérir une plus grande. M. le Duc a eu l'occasion de voir tout ce que la Reyne a faict par recognoissance et par justice pour ce prince qui en vérité par son incomparable charactère la mérite de tout le genre humain, et M. de Freyjus est j'espère désabusé de la fausse préoccupation que la Reyne faisait partis avec ses ennemis, il recognoist qu'il avoit grand tort de s'en défier.

« Je ne vous dis pas pour cela que tout soit calme, et, selon que vous l'apréhendez, le feu couve encore. Mais ce qu'yl y a de bon c'est que la Reyne par la cognoissance qu'on a de la droiture de ces intentions est en état de l'éteindre peu à peu. »

Le 23, il reprend ce thème avec une insistance, qu'on ne constate pas sans ressentir une douloureuse impression :

« La Reyne, affirme-t-il en trop belle confiance, par ce dernier événement, a un chemin battu à suivre et à ne se pouvoir plus égarer. Elle cognoist le goust du Roy et s'y attache, dont le Roy lui tient bien conte. Elle est fort bien avec M. de Freyjus qui la cognoist présentement pour impossible d'autres sentiments que ceux qui mènent au vray bien, et M. le Duc la voye dans cette heureuse situation avec plaisir, puisqu'elle luy est d'une grande utilité par la conservation de son entier crédit, qu'elle soutiendra avec l'aide de Dieu par la droiture de ses actions. Voilà son estat. »

Paroles étonnantes! Moins que jamais, il y avait motif de se réjouir. En fait, le cardinal, très jaloux de son crédit, loin d'éprouver quelque sympathie pour la reine, ne lui pardonnait guère d'avoir pris une place dans le cœur de ce roi qu'il menait, et n'abdiquait aucune de ses prétentions. De son côté, M. le Duc était d'autant plus résolu à garder son pouvoir qu'il se sentait plus près de le perdre. Le fourbe ministre essayait de se rendre agréable au roi, en marquant au cardinal les plus grands égards, voyant qu'il fallait désormais le compter pour quelque chose (1); mais le doucereux Fleury, « qui n'estima jamais que le réel du crédit, » restait insensible à ces avances intéressées, « évitait tout air de triomphe et continuait à M. le Duc le respect dû à sa naissance. » Mme de Prie, voyant vaciller la fortune de son amant, « faisait la cour au prélat. » Elle n'avait jamais été la maîtresse du ministre, donnait-elle à entendre, une amie simplement; mais « elle cessait de l'être, voyant l'inutilité des bons conseils qu'elle lui donnait ».

Le Cardinal, cependant, tout à ses menées sourdes, critiquait les actes du premier ministre, dévoilait au roi les fantaisies érotiques de la marquise et l'inconvenance de ses empressements auprès de la reine. Bientôt Mme de Prie se sentit si mal à la cour qu'elle la quitta et ne reparut à Versailles que pour faire son service de dame du palais. Stanislas, tenu au courant de ces

---

(1) Duclos, *Mémoires secrets*, ch. xiii.

menées par Vauchoux, s'attristait du discrédit où son amie était tombée (1); toujours plein d'affection, en même temps que d'attention politique pour elle, il n'apprit pas sans chagrin la nouvelle de son éloignement.

« Pour vous seul, confie-t-il à du Bourg, le 19 mars, Mme de Prye ne pouvant plus supporter les vexations continuelles s'éloigne du séjour de la cour, se fixe à Paris et ne viendra à Versailles que pour faire sa semaine de service, comme dame du palais. Cette résolution en vérité est estimable, et deverait faire penser ses ennemis avec plus de justice. Ce qu'yl y a encore de louable en cecy, c'est qu'elle sacrifie le plaisir d'estre continuellement auprès de la Reyne, pour que le public se désabuse de la fausse prévention où il commençoit d'estre contre ses assiduités auprès de la Reyne. »

Cet exil volontaire n'était que le prélude d'un exil imposé! Et quant au duc, son renvoi était déjà décidé.

Le 11 juin 1726, Louis XV, partant pour chasser à Rambouillet (2), pria fort hypocritement M. le Duc, qui devait l'accompagner, « de ne se pas faire attendre. »

(1) Le 11 mars 1726, il écrit à Vauchoux, prudemment : « Vous pouvez estre asseuré que tout ce qui me vient de vostre costé est sacré à un profond silence, et je craings tant par tout ce que je vois que je ne faict pas un pas sans circonspection... si vous ne venez bientost j'oublieroi à parler puisque c'est avec vous seul que je le faict avec liberté. Ce que vous me dites dans vostre lettre ne laisse pas que de m'inquiéter, etc. » Déjà le 31 décembre 1725, il avait confié au même : « X..., qui est de retour, ne m'a rien apris de nouveau par les lettres qu'il m'a aporté, par hormis ce que Mme de Prye me mande par la sienne, sur ce qu'elle souffre touttes les calomnies. Le cœur me saigne, d'autant plus que je ne vois rien qui puisse adoucir ses justes douleurs... »

(2) C'était là que venaient directement depuis peu les courriers d'Allemagne, d'Espagne et de Savoie.

A peine le roi était-il hors de Versailles qu'un capitaine des gardes notifia à M. le Duc l'ordre de se retirer à Chantilly (1) sans chercher à voir la reine, « pendant qu'on en portoit à la marquise un autre qui l'exiloit à sa terre de Courbépine, en Normandie (2). » Enfin les quatre frères Pâris, créatures des deux complices, furent envoyés, eux aussi, en disgrâce, chacun dans un endroit différent. Et pour achever son œuvre, l'organisateur de cette petite comédie, M. de Fréjus, porta lui-même à la reine une lettre du roi contenant ces simples mots : « Je vous prie, Madame, et s'il le faut, je vous l'ordonne, de faire tout ce que l'évêque de Fréjus vous dira de ma part, comme si c'étoit moi-même (3). »

Louis XV tenait à faire croire qu'il venait d'agir, mû par le seul désir de diriger l'État lui-même, d'où ce discours qu'il prononça au premier conseil qu'il tint : « Il étoit temps, dit-il, que je prisse moi-même le gouvernement de mon État et que je me donnasse tout entier à l'amour que je dois à mes peuples, pour leur montrer combien je suis touché de leur fidélité. Quelque

---

(1) Inutile de dire que le duc ne laissa pas de regrets. Sa chute inspira une parodie amusante que nous donnons à l'*Appendice*.

(2) BARBIER, *Journal*, t. I. La marquise y devait mourir l'année suivante, le 6 octobre, âgée seulement de vingt-neuf ans. D'Argenson, son ami, a dit de cette intrigante : « Pendant deux ans elle gouverna l'État; dire qu'elle l'ait bien gouverné, c'est autre chose. » *Mémoires*, t. I, p. 56. Voir à l'*Appendice* la curieuse lettre qu'elle écrivit à son mari six mois après son exil. (Papiers du baron de Baye.)

(3) *Villars*. Cf. LEMONTEY, *Hist. de la Régence*, t. II. Cette lettre est donnée en d'autres termes dans un manuscrit de l'Arsenal. « Madame, y est-il dit, ne soyez pas surprise des ordres que je donne. Faites attention à ce que M. de Fréjus vous dira de ma part; je vous en prie et vous l'ordonne. »

sensible que je sois au zèle que m'a montré mon cousin, le duc de Bourbon, dans les affaires dont je lui avois confié l'administration, et quelque affection que je conserve toujours pour luy, j'ai jugé nécessaire de supprimer et d'éteindre le titre et la fonction de premier ministre (1). » Et le jeune monarque ajoutait ces paroles significatives : « Mon intention est que tout ce qui regarde les fonctions des charges auprès de ma personne soient sur le pied que cela estoit sous le feu Roy mon bisaieul... Je leur (les secrétaires) fixeray des heures pour un travail particulier auquel l'ancien évêque de Freyjus assistera toujours, aussy bien qu'autres détails dont différentes personnes ont soin en vertu des charges qu'ils remplissent. »

Louis XV, caractère indécis et indolent, était-il capable d'une telle volonté? On en peut douter; il parait plus probable que cette déclaration énergique fut, comme les résolutions prises auparavant, inspirée, sinon dictée, par l'ambitieux précepteur.

Celui-ci, emporté par un triste esprit de rancune, s'appliqua, d'autre part, à détruire le peu d'autorité que possédait encore la pauvre reine, à l'humilier sans cesse et, chose plus grave, à détourner d'elle son époux (2). La pauvre Marie fut bientôt réduite en tutelle,

---

(1) Arch. nat. K. 141, n° 5 *bis*. On trouvera cette pièce complète à l'*Appendice*.

(2) Pour être juste, nous devons reconnaitre que la douce Marie travailla, elle aussi, à son propre malheur. Son incoercible froideur n'était un mystère pour personne à la cour. Les mémoires de Richelieu insistent sur ce cas et Montbarey en prend prétexte pour exercer son in-

elle ne fit plus rien sans la permission du tyrannique Fleury (1). Mais ce qui lui causa certainement une plus

dulgence en faveur de Louis XV. « Il est dans la nature, écrit-il, qu'un jeune roi, marié presque enfant à une princesse plus âgée que lui, d'une vertu et d'une pureté de mœurs exemplaires, mais qui n'apporte dans le mariage qu'une obéissance passive, en soit bientôt distrait au milieu d'une Cour composée de plus jeunes et de plus aimables personnes. » *Mémoires*, p. 341.

(1) Barbier, *Journal*, t. II. Voici, à ce sujet, une lettre typique que donnent les Goncourt dans la *Duchesse de Châteauroux*, p. 53.

31 août 1726.

« Vous ne doutez pas, Monsieur, écrit la Reine au cardinal, du plaisir avec lequel j'ay reçeu votre lettre, vous m'en avez fait infiniment en me mandant des nouvelles de la *santé du Roy*, pour laquelle il m'est naturel d'être toujours inquiète; je suis bien fâchée que la peine qu'il a eue de se lever si matin aye été inutile, ayant eu une si *vilaine chasse*, remercié (le) de la bonté qu'il a pour la *femme du monde* la plus ataché et qui la ressent le plus vivement et dont le seul désir est de le mériter : toute mon impatience est de l'en aler au plutôt *assurer moi-même* ce que j'espère ne tardera point, me portant de *mieux en mieux*; j'ay esté fort affoiblie par le chaud qu'il a fait, mais depuis qu'il est cessé, mes forces me reviennent; je *n'envoye à Fontainebleau* que lundi, comme nous sommes *convenus, crainte* d'incomoder le Roy. Si je suivois mon inclination, vous i veyrez des courriers plus souvent; je suis fort contente de ce que vous me dites de mon entresol, vous connoissez mon gout *à estre seule,* ainsi vous pouvez juger par là qu'il ne me déplaira pas. Vous avez raison de dire que l'on ne fait point la *même chose* à ma cour qu'à celle du roy, au lieu que l'on ne fait que bâiller à *Fontainebleau*, à Versailles on ne fait que dormir ; pour moi, en mon particulier, je m'en fais une *occupation* et de jour et de nuit, m'ennuyant beaucoup, cela ne déplait point à *mes dames* que vous sçavez estre très *paresseuses*. A propos desquelles je vous dirai que j'ay fait comme je vous dit qui esté comme elles sont toute la journée chez moy de *leur donner* la *permission d'estre habillé plus commodément,* et pour celles qui ne sont point dame *du palais* ont eu ordre d'estre en *grand habit*. Comme il m'est revenue de plusieurs endroits que cela faisoit de la peine aux autres, et que plusieurs même qui sont *restés à Paris,* ont tenue quelque discours sur cela ; j'ay résolue aujourd'huy et j'est même dit à la *maréchalle* que me portant bien et sortant *demain* à la chapelle, qu'elles se missent toutes en *grand habit*. J'espère que vous approuverez cela, d'autant plus que effectivement, il n'y a ici, outre mes dames que très peu d'autres, et que l'on prétend que c'est cette raison qui les empêche de venir.

« Je souhaiteroit de sçavoir aussi les intentions du roy, sur mon *ajus-*

profonde douleur, ce fut de ne pas retrouver le cœur du roi. En août 1726, pendant une assez grave maladie qu'elle fit, Louis XV affecta de rester indifférent, et lorsque, rétablie, elle alla le rejoindre à Fontainebleau (27 septembre), il s'en fut chasser jusqu'à la nuit tombée (1). De ce jour, l'élégante et méprisable cohorte des courtisans cessa de témoigner à la reine le respect qui lui était dû; on ne la considéra plus que comme une princesse quelconque.

Quelque grosse de menaces qu'elle fût pour l'avenir, la chute du duc de Bourbon ne troubla point outre mesure le sénile Stanislas, désormais incapable de clairvoyance (2), et assez puéril pour se féliciter d'avoir appris cette grave nouvelle par un gentilhomme officiellement envoyé à Chambord.

« Mon très cher comte, écrit-il à du Bourg le 15 juin,

tement et de celles qui me suivront en arrivant à Fontainebleau; couchant à *Petitbourg*, cela fait une espèce de voyage; enfin vous me ferez plaisir de me donner vos *conseils en tout*, et celui qui me sera le plus sensible de tout est que vous soyez persuadé de ma parfaite estime pour vous.

« MARIE. »

« A Versailles.

« Je vous aurez escrit plutôt sur le mécontentement des *dames*, mais j'ay esté trop foible, je crois que vous ne désaprouverez pas ce que j'ay fait d'autant plus que me portant bien présentement, elle n'ont pas besoin d'être si assidue, je ne doute point que vous n'ayez de la peine à lire ma lettre, ma main estant encore un peu tremblante. »

(1) NARBONNE, *Journal des règnes de Louis XIV et Louis XV*.
(2) Cependant, il interroge Vauchoux le 27 juin 1726. « Mandez moy votre situation, » et, un peu troublé « par une incertitude qui lui fait bien de la peine » relativement aux suites de « l'événement surprenant », il lui dit qu'il écrit à la Reyne « pour la prier de voir si vous êtes enveloppé dans la commune disgrâce, ne pouvant m'imaginer que cela soit ».

sur le surprenant événement qui vient d'arriver, vous me dispenserez de raisonner selon mon ordinaire avec vous et de me réduire à estre aujourd'huy simplement nouvelliste pour vous dire que le Roy sachant combien je serois touché de la disgrâce de M. le Duc a eu l'attention de m'envoyer un gentilhomme ordinaire qui m'a apportez une lettre de M. de Freyjus escrite par ordre et de la part du Roy par laquelle Sa Majesté m'apprends les raisons qui l'onts forcez à prendre cette résolution. Vous jugerez combien je suis charmé de cette confiance du Roy. »

Convaincu de l'affection du roi pour la reine, persuadé que sa fille vivait en excellents rapports avec Fleury (1), qu'aurait-il craint pour elle? Le vieux rêveur, sans yeux pour les réalités, s'abusait avec une facilité et une persistance dont on connaît peu d'exemples.

Le vrai, c'est que la reine, déjà si sensible au départ volontaire de la marquise, n'avait pas appris sans chagrin

---

(1) Il en radote vraiment; qu'on en juge par cet autre billet, envoyé de Chambord le 25 juin :

« Mon très cher Comte,

« J'ay reçu votre lettre, c'est à ces moments si yntéressants que je redouble le désir d'estre avec vous comme avec le plus intime amy que j'aye dans le monde, au défaut de vous pouvoir parler à cœur ouvert je ne sçaurois me dispenser ce qu'une lettre me permets de vous dire que la reyne s'est conduit dans tout cecy avec honneur, bonté et raison ; son union avec le Roy est au degrez qu'on le peut désirer et sa confiance avec M. de Freyjus très bien establie, en voilà assez je crois pour vous rendre tranquille et content sur ce sujet. Vous le pourrez estre mon cher Comte. Je vous assure et suis de tout mon cœur

« Vostre très affectionné cousin.

« Stanislas, Roy. »

l'exil de M. le Duc. La bonne âme se croyait tant d'obligations envers ceux qui l'avaient élevée jusqu'au trône ! Leur disgrâce l'atteignit fatalement, par choc en retour, et ce fut comme un signe précurseur de ses souffrances futures. La pauvre Marie voyait avec tristesse les sentiments du roi changer à son égard, depuis la lettre si sèche qu'il lui avait fait remettre par son précepteur ; et à qui pouvait-elle s'en prendre, sinon au cardinal, qui ne lui témoignait qu'indifférence ou dureté ? L'ex-roi de Pologne avait été plus qu'imprudent en se déclarant jadis contre ce prélat aux ineffaçables rancunes (1) !

Stanislas comprenait bien que sa fille courrait un grand danger si M. de Fréjus devenait son ennemi, mais il ne supposait pas un instant qu'il en pût être ainsi. Oubliant sans trop de peine, d'autre part, le premier ministre et celle qu'il appelait jadis « sa chère amie », il se prenait à dire au maréchal du Bourg que la reine avait été « dans un bon noviciat pour la première année de son mariage et que cela luy avoit servy de bonne leçon ».

L'automne suivant, le vieux roi de Pologne aurait eu une rare occasion de se renseigner exactement sur ce qui lui tenait tant au cœur, si ses yeux avaient pu encore être dessillés ; en effet, il s'entretint avec M. de Fréjus lui-même. Ce fut à Ravannes, en octobre, où la cour s'était transportée après une maladie du roi, que la

(1) Dans une lettre classée à la Bibliothèque de l'Arsenal à la date du 1ᵉʳ janvier 1728, et que M. Boyé ramène avec raison deux années en arrière, Stanislas mande au maréchal du Bourg « sa vive douleur ».

reine avait également contractée en soignant son époux.

Fleury, de qui la rancune doucereuse contre Marie Leczinska ne devait jamais désarmer (1), berna sans peine un vieillard toujours prêt à accepter les paroles qui lui semblaient de bon augure, et le simple Stanislas revint à Chambord « fort content de son petit séjour ». Il croyait s'être bien « expliqué sur le passé » avec le cardinal, et avoir « pris de bonnes et seures mesures pour l'avenir (2) ». Aussi s'empressa-t-il de communiquer ses espérances nouvelles à son cher maréchal, et, en décembre encore, il lui criait son contentement :

« Je ne saurois m'empescher de vous dire que la Reine est dans la joie de son cœur des gracieusetés que le Roy lui faict, tant en public qu'en particulier. Il faut présumer que tout le reste se faict de bonne grâce et de gaieté de cœur et que cela produira ce que nous désirons avec tant d'ardeur. »

Ce que le vieux monarque désirait si ardemment, et avec lui le jeune roi, la France entière, c'était, on l'a compris, un dauphin. Mais ce ne fut qu'en 1729 qu'arriva cette naissance tant attendue.

---

(1) Mme la marquise des Réaulx a publié dans son intéressant ouvrage *le Roi Stanislas et Marie Leczinska* (Plon, 1895) huit lettres inédites de la reine au cardinal, toutes d'affectueuse confiance, en apparence du moins. Nous les donnons à l'*Appendice*. En lisant entre les lignes, dit justement l'auteur (p. 252), on devine que la tendresse craintive de Marie pour le roi était le mobile d'expressions en désaccord avec sa franchise ordinaire. « Son âme confiante espérait sans doute triompher, par des avances répétées près du Cardinal, de la malveillance qu'il ne cherchait pas à dissimuler. Elle voulait s'en faire un allié pour conserver le cœur du Roi. Vaines illusions, tentatives inutiles ! »

(2) Lettre au maréchal du Bourg, 14 octobre 1726.

La Reyne, dès 1726, avait bien ressenti des symptômes de grossesse, mais ils n'aboutirent qu'à une fausse couche, en mai. Stanislas, très affligé de ce triste résultat, parlait « d'intéresser toutes les âmes pieuses à obtenir de Dieu » la prompte réalisation de son ardent désir. Et le doux naïf croyant, « selon sa petite physique, qu'il y avait eu quelque légère conception, qui n'avait pas pris racine à cause de la grande jeunesse du Roi (1), » s'appliquait — sans grande peine d'ailleurs — à espérer que, malgré ce fâcheux accident, la grossesse pourrait subsister. Bientôt, nouvelle alerte ! A peine les royaux époux entraient-ils en convalescence, qu'il crut pouvoir mander au Maréchal : « La Faculté nous promet une heureuse conception après cette maladie du Roy et de la Reyne, pourvu qu'ils ne se mettent pas en œuvre avant d'avoir repris leurs forces. » Espérances vaines et seconde déception ; la docte Faculté s'était trompée.

En 1727, enfin, les symptômes reviennent, sérieux cette fois. Dès février « le cher Dauphin fait des petites caprioles », et le futur grand-père, dans son allégresse, relate au Maréchal, avec une minutieuse exactitude, tous les détails qu'il apprend (2), voire les plus intimes :

(1) Lettre à Du Bourg.
(2) Il est curieux de connaître le renseignement précis qu'il donne à son ami :

9 mars.

« Le plaisir que vous ressentois de l'estat de la Reyne redouble, je vous asseure, bien vivement le nostre. On ne sçauroit prétendre dans la situation où elle est des circonstances peu flatteuses. Elle nous a mandé hier qu'elle avoit vomi sans aucune raison d'indigestion, qu'elle se sen-

« La Reyne, fort peu expérimentée dans ces mouvements, confie à son ami le vieillard ingénu, les prend encore pour des vents. Mais il es seur qu'yls ne le s'onts point, et par sa lettre d'hier, elle avoue que c'est un mouvement qui lui a esté incognu. » Hélas! « les caprioles ». n'étaient pas dues au dauphin, mais à deux petites princesses, qui virent le jour au mois d'août. On toit mesme un peu grossir, mais la meilleure marque est que sa saignée au bras n'a fait aucune révolution dans le sang, si bien que nous n'attendons que le 16 de ce mois qui est le troisième terme de ses règles ».

15 mars.

« Les lettres de la Reyne d'hier nous apprennent qu'elle croye d'avoir senti. Là-dessus veu qu'on dit cette circonstance ne vient qu'à la fin du quatrième mois. C'est le ventre qui commence un peu à s'élever, c'est des continuels maux de cœur, c'est un changement dans le visage ».

21 mars.

« Votre attention est toujours sur les nouvelles de Versailles, grâces infinies au Seigneur. Elles sont toujours telles que nous pouvons le désirer. Vostre bonne maitresse a esté la dernière à ajouter foy à son estat, la lettre qu'elle m'escrivit d'avant-hier parle déjà avec assurance, et Dieu mercy elle n'en doute plus elle mesme, ce qui me fait un grand plaisir, car vous ne sçauriez croire les inquiétudes qu'elle a souffert, se défiant jusqu'à présent d'un bonheur qu'elle a raison de sohaitter avec tant d'ardeur ».

7 avril.

« Par sa lettre d'hier elle me dit que son ventre s'arrondit notablement ».

21 avril.

« Je vous dirois que Dieu mercy elle se porte autant qu'on peut le désirer dans son estat ».

29 avril.

« Elle grossit perceptiblement, et nous sommes attentyve présentement au premier signe de vie que nous donnera son fruit prétieux.

7 juin.

« Votre bonne maitresse, Dieu en soit loué, se porte en merveille, et on dit qu'on n'a jamais vu de grossesse avec moins d'incommodité que celle-là. »

appela l'une « Madame » l'autre « la seconde Madame »,
et Louis XV, dont on pouvait craindre l'irritation, fut
charmé de son ouvrage. « Ils croyaient, dit-il d'un ton
vainqueur, que je ne pouvais pas faire d'enfants, et j'en
ai fait deux d'un coup (1). »

Stanislas, quoique marri, se consola pourtant, lorsqu'il sut la satisfaction du roi, et se reprit à espérer
« qu'après le chemin si bien frayé » le dauphin tant
souhaité viendrait bientôt.

« Mon très chérissime Comte, écrivait-il quelques
jours après la délivrance de sa fille, je suis persuadé que
vous sçavez que la Reyne avec ses deux poupets se
porte à merveille, que le Roy témoigne une grande
tendresse à la Reyne aussy bien qu'à Mesdames ses
filles, que toute la France contente de la fécondité de
la Reine espère plus que jamais bientost un Dauphin;
cependant il m'est doux de vous mander tous ces sujets
de ma joye ne pouvant mieux les reposer qu'au fond de
vostre bon cœur. » Et en attendant un petit prince, il
s'extasiait devant la belle mine des petites princesses,
qu'il alla voir en septembre à Versailles (2). Très fatiguée par cet accouchement, la reine dut, sur l'ordre du
médecin, s'interdire un certain temps tout rapport avec
le roi « sous peine de n'avoir plus d'enfants (3) ». Bien-

---

(1) MARAIS, t. III.

(2) Je suis arrivé icy avant-hier, écrit-il à du Bourg de Versailles le
25 septembre 1727, et eu la satisfaction de trouver vostre bonne maitresse en très bonne santé aussy bien que les deux petites princesses qui
sont très formées et se nourrissent en merveille.

(3) VILLARS, *Mémoires*, t. III.

tôt cependant, une nouvelle grossesse se déclara. En 1728, dès le mois de juin, Stanislas inébranlable en sa confiance attendait « que le Seigneur délivrât la Reyne de son petit paquet », sans penser qu'elle pût ne pas mettre au monde un dauphin (1). Or il advint que ce fut encore d'une fille qu'elle accoucha. Le roi « prit bien la chose », mais Stanislas ne se consola pas aisément de ses espérances déçues. « Dieu nous les rende assurées pour l'avenir, » soupira-t-il, et il ajoutait, avec une résignation dont il aurait bien voulu, sans doute, ne pas faire un usage si fréquent : « Adorons sa sainte volonté. » (29 juillet.) La volonté divine ne devait pas tarder à exaucer les souhaits du pieux vieillard; en effet, à peine sa fille se relevait-elle de ses couches (2), qu'il expédiait à son féal confident ce billet significatif :

« Nous voilà, mon très cher Comte, revenu de nostre voyage, ayant laissé vostre bonne maitresse en très bon estat. Je craings qu'il ne soit dérangé par la visite du Roy, qui devoit venir hier de Fontainebleau à Versailles pour la voir, et apparemment de près. Que le Seigneur bénisse leur petite manœuvre. »

Elle fut si bien bénie, cette « petite manœuvre », que, dès la fin de l'année, les espérances de Stanislas renais-

---

(1) Lettre à du Bourg, 29 juin 1728.
(2) Il était allé la voir à Versailles, d'où il écrit le 3 septembre, à du Bourg : « C'est pour vous faire sçavoir, mon cher Comte, que je suis arrivé hier icy heureusement à trouver vostre bonne maitresse en bonne santé et les Mesdames tout à fait aimables ».

saient, puis se justifiaient (1), et qu'au 4 septembre 1729 la reine accouchait enfin d'un fils. Prévenu par un exprès du roi, le bon aïeul tout rayonnant annonça aussitôt l'heureuse nouvelle au Maréchal.

« Sans attendre, mon très cher Comte, vostre compliment, je vous en faict le mien, persuadé que vostre satisfaction égale la mienne sur le comble de nostre commune joye, laquelle j'aurois partagé avec vous au moment qu'elle m'a esté annoncez si une chienne de fièvre venue très mal à propos ne m'eût empesché de vous escrire. »

Et dans un besoin d'exprimer, de crier, d'épandre sa débordante exultation (2), il accablait son vieil ami

---

(1) « Les nouvelles de vostre bonne maîtresse sonts toujours bonnes, Dieu mercy, et je crois que nous allons retomber bientôt dans nos espérances. Qu'yl plaise au Seigneur de les réaliser et que nos désirs par sa sainte grâce, soient accomplys ».

Lettre à Du Bourg.

15 octobre.

« Vostre bonne maîtresse est, je crois, dans l'estat qui faict nos espérances et qui ranime nos désirs ».

« Voici le neuvième mois, qui nous met alerte pour estre aux escoutes ce qu'yl plaira au Seigneur de nous donner par l'heureuse délivrance de vostre bonne maîtresse ».

3 août.

« Je suis persuadé que vous estes aux écoutes aussi bien que moy sur l'heureuse délivrance de vostre bonne maîttesse et sur le fruict qui en proviendra ».

(2) Toujours disposé à écrire pour manifester son bonheur, il mandait à Vauchoux :

« S'il y avoit quelque chose mon très cher Vauchoux qui puisse augmenter ma parfaitte joye, ce seroit de songer avec combien de passion vous avés désirer cet heureux événement, et au plaisir qu'yl vous doit faire. Quoyque mon amitié inviolable n'a pas besoings d'estre réveillé;

de phrases plus désordonnées, plus bizarres que jamais :

« Il me semble que je suis dans votre cœur, et que j'y contemple tous les plys et les replys qui l'agitent, partant des mouvemens les plus vives de la joye parfaitte. N'estes-vous pas tenté de venir rendre visite au Dauphin au plus tost? »

Cette logomachie sentimentale était bien excusable, certes; après tant de longues épreuves, le pauvre vieux monarque goûtait toutes les félicités, et le bonheur de sa fille lui paraissait assuré désormais. Marie Leczinska, déjà mère de trois princesses, avait donné un héritier à la couronne, n'était-ce pas son titre au trône de France, son titre à l'amour de Louis XV? Et pouvait-on supposer, alors, que son auréole de gloire se ternirait trop vite?

Hélas! les temps approchaient où la vertueuse reine serait outrageusement délaissée... Mais au moment où elle venait d'être mère pour la quatrième fois, la cour et la nation lui faisaient fête, et les cris d'allégresse valaient par leur spontanéité! Ceux-là même qui n'avaient pas ménagé les critiques à la « mésalliance » de leur souverain, ceux-là perdaient tout prétexte de blâme puisque cette union se justifiait en réalisant le plus vif désir de la France.

---

c'est pourtant à ces heureuses époques que je la sens dans toutte sa force quand je me représente vos souhaits et vos désirs, et tout ce qui intéresse celuy qui sera toutte sa vie, de tout son cœur vostre très affectionné.

STANISLAS, Roy.

A Menars le 5 de septembre 1729.

Qu'on ne s'étonne pas si nous avons étendu notre récit jusqu'à cette date; en histoire, un événement se dépasse lui-même, peut-on dire, et, pour le bien connaitre, il faut le suivre jusqu'au moment où, logiquement, il se termine. C'est pourquoi, désirant conter le mariage de Louis XV, nous n'avons estimé notre tâche finie qu'une fois parvenus à son couronnement réel : la naissance du Dauphin.

APPENDICE

Page 27

Lettre adressée au duc de Bourbon par Philippe V.

14 décembre 1723.

Je ne puis assez vous marquer ma joye sur le choix que le Roy mon neveu a fait de vous pour l'administration de ses affaires et dont vous m'avez fait part dans votre lettre du 3ᵉ de ce mois. Quoique j'y trouve mon compte par rapport à mes intérests dans l'amitié que vous m'avez toujours témoigné et sur laquelle je fais un très grand fonds, je vous prie de croire que j'en ai beaucoup de plaisir par rapport à vous personnellement pour qui j'ay toujours eu beaucoup d'estime et d'amitié. Je suis très sensible à l'activité avec laquelle vous me marquez que vous allez travailler à haster la consommation de l'affaire des Investitures, puisque vous me ferez un très grand plaisir de faire finir au plustost cette affaire qui a duré si longtemps malgré l'exactitude avec laquelle je puis dire que j'ay accompli de mon costé ce qui a été stipulé à mon préjudice. Non seulement j'attends présentement avec bien de la satisfaction cette première marque de votre amitié pour moy, mais que vous seconderez parfaitement les intentions du Roy mon neveu sur l'amitié duquel je compte aussi entièrement en tout ce qui pourra contribuer à resserer de plus en plus l'union que la proximité du sang et les alliances ont mise entre nous et celle des deux Couronnes, si nécessaire pour le bien de leurs intérêts communs et que j'ay toujours regardée comme telle dans tous les tems. Aussi pouvez-vous être bien asseuré de vostre côté de la sincérité de mes sentiments pour vous et que je serai fort aise de trouver des occasions de pouvoir vous en donner des marques.

PHILIPPE.

Arch. étrang., Esp. t. 332, 1723-1724.

Lettre à M. le Duc.

16 décembre 1723.

La conjoncture présente, les bontés et la confiance dont yl a toujours plu à Votre Altesse Sérénissime honorer, sous ses ordres, mon zèle aussi constant qu'elle le connoit désintéressé, semblent également autoriser la liberté que je prends de témoigner icy à Votre Altesse Sérénissime l'extrême part que je ressents à tout ce qui vient de luy arriver.

Le Roy et la Reyne d'Espagne m'ont fait l'honneur de me laisser voir une satisfaction si singulière du soin que le Roy a confié à Votre Altesse Sérénissime du gouvernement de ses affaires, que j'ose avancer que les désirs de Leurs Majestés Catholiques avoient prévenu l'heureuse résolution de Sa Majesté; j'en ai déjà rendu compte par l'ordinaire, et je le réitère par le retour du courrier que m'a dépesché M. le comte de Morville, dont la façon de traiter, et dans la forme et dans le fond, les circonstances et dépendances de la prétieuse union m'a paru en tous rencontres très agréables à Leurs Majestés Catholiques et bien satisfaisante à M. le marquis de Grimaldo dont la bonne volonté paroist à tous égards prendre pour règle les admirables intentions du Roy son maistre.

Oserois-je en passant exposer à la bénignité de Votre Altesse Sérénissime qu'yl y aura bientôt un an que je suis honoré en cette cour d'une confiance qui, je peux le dire, pour ne point surpasser mon zèle et mon application, est cependant fort au-dessus de la capacité et des lumières que je ne peux cesser de croire importantes au bien de l'union, et qui dans cet esprit uniquement, malgré l'altération fréquente dans ma santé, et dans mes petites affaires particulières, n'ayant point discontinué d'exciter feu M. le cardinal du Boy, qui avoit jugé de me mettre en place par un effet du hazard et d'une façon aussy brusque qu'embarrassante à mon arrivée à Madrid, et ensuite M. de Morville, sur la nécessité d'y avoir incessamment un ambassadeur du Roy, surtout au gré de Leurs Majestés Catholiques; j'ay d'autant plus lieu d'attendre que Votre Altesse Sérénissime déterminera promptement cette ambassade, qu'elle connoit par elle-même la petite mesure de l'intelligence de ma bonne volonté, et qu'elle sait d'ailleurs mieux que personne le prix d'une union dont elle a toujours sçu faire le point principal de sa gloire, en contribuant puissamment à la former et à serrer ses liens. Heureux en quelque lieu et en quelque tems que ce soit sous le commandement et à l'aspect des éminentes vertus de Son Altesse Sérénissime, si j'ay le bonheur, mesme aux dépens de ma vie, de donner au Roy le moindre sujet d'être un instant satisfait de mon zèle et de mes faibles services.

Je supplie Votre Altesse Sérénissime de vouloir bien me pardonner, si je ne mets pas cette lettre plus au net, mais une petite indisposition qui m'a déjà fait retarder le départ de ce courrier, continue à se faire sentir.

J'ay l'honneur d'être avec le...

DE COULANGES.

A Saint-Ildefonse, 16 décembre 1723.

Lettre de M. le Duc à M. de Coulanges.

28 décembre.

J'ay receu, Monsieur, votre lettre du 16, et je ne répondray qu'aux nouvelles assurances que vous me donnez de votre attachement à l'occasion du premier ministère dont le Roy m'a confié le soin. J'ay chargé M. de Morville de vous marquer mes intentions par rapport au détail des affaires et sur le désir sincère que j'ay de contribuer de tous mes soins à affermir, s'il est possible, l'union qui règne si heureusement entre les deux Couronnes, et je vous assureray seulement en particulier de la satisfaction que j'ay de vos services, et que je feray valoir avec plaisir dans les occasions le zèle que vous me témoignez pour les intérêsts du Roy, étant véritablement, Monsieur, tout à vous.

Page 29

Abdication du roi d'Espagne.

Philippe... Soit notoire à tous, présents, absents et à venir, que me trouvant déjà à l'âge de quarante ans et ayant souffert pendant les vingt-trois années de mon règne les peines, les guerres, les maladies et les afflictions que chacun sçait, il a plu à la bonté divine, en même tems qu'elle m'a fait la grâce de m'y assister, de me détromper tout à fait du monde et de ses vanités. Désirant donc ne pas perdre le fruit de cette connoissance, considérant d'ailleurs que la divine miséricorde a eu ses veues en daignant me favoriser d'un si grand nombre d'enfans masles qu'elle a bien voulu me donner, et que j'espère qu'elle me conservera, faisant aussy réflexion que Don Louis, mon fils ainé, se trouve déjà Prince Juré de ces royaumes, en âge de majorité, et avec le jugement, les qualités et la capacité nécessaires pour régir et gouverner cette Monarchie et les Royaumes qui la composent, j'ay résolu après un meur et long examen, et après y avoir bien pensé, de concert avec le consentement et d'accord avec la Reine, ma très chère et très aimée Épouse, de quitter la pesante charge du gouvernement de cette monarchie, affin qu'estant plus libre, et débarrassé de tous soins, je puisse employer le tems ou les jours qui me restent à vivre à penser uniquement à la mort, pour travailler à assurer mon salut et acquérir un autre royaume meilleur et plus permanent. Par ces motifs de considérations, de ma libre, pleine et absolue volonté, de mon propre mouvement et après y avoir particulièrement réfléchy, sans en avoir été prié, et sans y avoir été induit ny forcé, j'ai délibéré et pris la résolution, comme par la présente je délibère et prends la résolution de céder, renoncer, quitter et transporter à vous dit Prince Don Louis, mon fils ainé, prince juré d'Espagne, comme légitime, immédiat et plus proche héritier de tous mes États, les Royaumes, États et Seigneuries tant de Castille et de Léon, que d'Arragon et de Navarre, tous ceux que j'ay au dedans et hors d'Espagne...

Le Rapport au ch. III, p. 4.

Page 30

Lettre du roy d'Espagne Philippe V écrtie de Saint-Ildefonse au Roy Louis premier son fils.

Le 14 janvier 1724.

Dieu, par son infinie miséricorde, ayant bien voulu, mon très cher fils, me faire connoitre depuis plusieurs années le néant de ce Monde et la vanité de ses grandeurs et me donner en même tems un désir ardent des biens éternels, qui doivent sans comparaison être préférez à tous les biens de la terre, lesquels la divine Majesté ne nous a donnez que comme des moyens pour parvenir à cette fin; j'ai crû ne pouvoir mieux répondre aux faveurs d'un si bon père qui m'appelle à son service, et qui m'a donné pendant toute ma vie tant de marques d'une protection visible, soit en me délivrant des maladies dont il lui a plu de me visiter, soit en me protégeant dans des conjonctures si épineuses et délicates de mon règne, et en me conservant la couronne que tant de puissances liguées ensemble vouloient me ravir : je n'ai pas crû, dis-je, pouvoir mieux répondre à ses faveurs, qu'en lui sacrifiant et mettant à ses pieds cette même Couronne pour ne plus penser qu'à le servir, à pleurer mes fautes passées, et à me rendre moins indigne de paroitre en sa présence, lorsqu'il me citera à son jugement, qui est beaucoup plus formidable pour les Rois que pour les autres hommes.

J'ai pris cette résolution avec d'autant plus de courage et de joye que j'ai eu le bonheur de trouver la Reyne mon Épouse dans les mêmes sentiments, et déterminée comme moi à fouler aux pieds le néant des grandeurs mondaines et les biens périssables de cette vie.

Nous avons formé de concert ce dessein depuis quelques années, et moyennant le secours de la très sainte Vierge, je l'exécute maintenant avec d'autant plus de plaisir que je laisse la couronne à un fils qui m'est très cher, qui mérite de la porter et dont les qualitez me font surement espérer qu'il remplira tous les devoirs de la dignité royale, beaucoup plus redoutable que je ne puis l'exprimer.

C'est pourquoy, mon très cher fils, connoissez bien tout le poids de cette dignité, et au lieu de vous laisser éblouir par l'éclat flatteur qui vous environne, ne pensez qu'à satisfaire à vos obligations. Songez que vous ne devez être Roi que pour faire servir Dieu, et pour rendre vos peuples heureux : que vous avez un maitre au-dessus de vous qui est votre Créateur et votre Rédempteur, qui vous a comblé de biens, à qui vous devez tout ce que vous possédez et tout ce que vous êtes. N'ayez donc pour objet que l'avancement de sa gloire et faites servir votre autorité à tout ce qui peut l'augmenter. Deffendez et protegez de tout votre pouvoir son Église et sa sainte Religion, au péril même s'il le faut de votre couronne et de votre vie. N'omettez rien de ce qui peut contribuer à l'étendre dans les païs les plus reculez, vous estimant infiniment plus heureux de réduire ces païs sous votre domination pour y faire connoitre et servir Dieu, que pour donner plus d'étendue à vos États. Empêchez autant qu'il vous sera possible que Dieu soit offensé dans vos Royaumes, et usez de toutte votre puissance pour le faire servir, le faire honorer et respecter dans toute l'étendue de votre domination. Ayez une singulière dévotion envers la très sainte Vierge, mettez votre personne et vos États sous sa protection, puisqu'il n'y a pas de moyen plus puissant et plus efficace pour obtenir ce qui sera le plus convenable et pour eux et pour vous.

Soyez toujours soumis, comme vous le devez, au Saint-Siège et au Pape comme vicaire de Jésus-Christ. Protegez et maintenez toujours le tribunal de l'Inquisition, qu'on peut appeler le boulevard de la Foi; l'Espagne lui est redevable de l'avoir conservée dans toute sa pureté, sans que les hérésies qui ont affligé les autres Etats de la Chrétienté et qui ont causé des troubles et des désordres si affreux et si déplorables ayent jamais pu trouver entrée dans ce Royaume.

Respectez toujours la Reyne et regardez-la comme votre mère, non seulement pendant ma vie, mais encore après ma mort, si c'est la volonté du Seigneur de me retirer le premier de ce Monde. Répondez comme vous le devez, à la tendre amitié qu'elle a toujours eue pour vous. Soyez attentif à ses besoins, et ayez soin que rien ne lui manque, et qu'elle soit respectée comme elle doit l'être de tous vos sujets.

Aimez vos frères et regardez-vous comme leur père, puisqu'en effet je vous substitue en ma place; donnez-leur une éducation digne de princes chrétiens.

Rendez également justice à tous vos sujets, grands et petits, sans exception de personnes. Deffendez les petits contre les extorsions et les violences qu'on voudrait leur faire. Empéchez que les Indiens ne souffrent des vexations. Soulagez vos peuples, et suppléez en cela à ce que les embarras et les conjonctures difficiles de mon règne ne m'ont pas permis de faire, et que je voudrois de tout mon cœur avoir fait, pour répondre au zèle et à l'affection dont mes sujets m'ont toujours donné tant de marques, le souvenir en sera toujours profondément gravé dans mon cœur, et vous ne devez jamais les oublier.

Enfin, ayez toujours devant les yeux deux saints rois qui font la gloire de l'Espagne et de la France, Saint Ferdinand et Saint Louis. Je vous les donne pour modèles; leur exemple doit faire d'autant plus d'impression sur vous, que non seulement vous avez l'honneur d'être de leur sang, mais encore qu'ils ont été l'un et l'autre de grands Rois, et en même tems de grands saints. Imitez-les dans ces deux glorieuses qualitez, mais surtout dans la dernière qui est l'essentielle. Je prie Dieu de tout mon cœur, mon très cher fils, qu'il vous accorde cette grace et qu'il vous comble de tous les dons qui vous sont nécessaires pour bien gouverner; afin que j'aye la consolation d'entendre dire dans ma retraite que vous êtes un grand Roi et un grand Saint. Quelle joye sera-ce pour un père qui vous aime et vous aimera tendrement toute sa vie, et qui espère que vous conserverez toujours pour lui les sentiments que jusqu'ici il a reconnus en vous!

Moi le Roy.

Page 31

De Son Altesse Sérénissime au Roy d'Espagne.

24 janvier 1724.

Sire,

La lettre que Votre Majesté m'a fait l'honneur de m'écrire le 14 de ce mois ne m'a pas moins affligé que surpris. C'est à moy à respecter, sans les examiner, les raisons qui ont déterminé Votre Majesté à la résolution qu'elle a prise. Cependant si j'avois pu la prévoir, j'aurais pris la liberté de représenter à Votre Majesté les inconvénients que j'y envisage pour la France, pour l'Espagne et pour toute l'Europe. Je mettois la gloire de mon ministère à affermir la paix générale et à rendre indissoluble l'union des deux Couronnes. J'attendois les secours, pour y réussir, des lumières que j'espérois que Votre Majesté voudroit bien me communiquer, et je voyois les garens du succès dans sa fermeté et dans sa tendresse pour le Roy son neveu. Vous seul, Sire, pouviés procurer deux aussi grands biens, et particulièrement celui de la perfection de l'union, en distinguant les personnes qui par un sincère attachement vous donnoient des conseils conformes à vos véritables intérests et au bien de vostre État, d'avec celles qui conduites par l'ambition et par des vues particulières ne désiroient rien moins qu'une liaison intime entre le Roy et Votre Majesté. Mais que puis-je espérer, aujourd'hui que Votre Majesté veut vivre dans la retraite, et qu'elle fait perdre à sa Couronne et à l'union de la France et de l'Espagne une grande partie de cette considération et de ce respect que leur attiroient les rares vertus dont elle honoroit le Throne ? S'il est vrai que Votre Majesté remet le gouvernement à un Prince dont il y a tout à attendre, il ne l'est pas moins que son age le laisse susceptible des premières impressions qu'on s'attachera à lui donner. Pardonnés, Sire, la crainte que j'ai que les personnes qui pourront l'approcher ne s'appliquent pas toutes également à lui en donner de convenables au bien des deux Monarchies. Daignés écouter un Prince de vostre sang, chargé d'une administration dont tant de parties ont une liaison nécessaire avec les intérets de l'Espagne, qui se jette aux pieds de Votre Majesté, non pour lui parler davantage du parti qu'elle a pris, sur lequel mon respect m'impose le silence; mais pour la conjurer au nom de la France et de l'Espagne, dont tous les peuples en ce moment empruntent ma voix, d'accorder toute son attention à choisir au prince à qui elle transmet sa couronne des ministres aussi bien intentionnés pour la conservation de l'intelligence entre les deux cours, que capables de la cultiver. Je ne balance point à représenter à Votre Majesté que ce choix décidera, peut-être pour plusieurs siècles, de la félicité ou du malheur des deux Monarchies que Dieu a mises dans la maison de Louis XIV, puisque dans cette conjoncture critique, tous les princes de l'Europe vont régler leurs égards pour elles sur le plus ou le moins de disposition qu'ils verront dans le gouvernement d'Espagne au maintien de l'Union.

Je suis.....

Page 32

Copie de la lettre du Roy au Roy d'Espagne.

Monsieur mon frère et oncle, mon objet en envoyant le Maréchal de Tessé auprès de Votre Majesté est de vous donner des preuves de l'importance dont je considère l'emploi de mon ministère en Espagne, et de mon attention à n'y mettre personne qui ne soit entièrement agréable à Votre Majesté. Je crois avoir rencontré dans ce choix l'instrument le plus propre à vous communiquer les témoignages de nostre amitié, et nos vues pour le bien et la gloire de nos Monarchies et pour les avantages de nos sujets. Pour moy, n'ayant apporté aucune réserve à la connoissance que j'ai donnée au Maréchal de Tessé tant de mes sentiments pour Votre Majesté, que de tout ce que je pense, et de tout ce que je me propose sur nos intérests communs, je n'ai plus qu'à demander à Votre Majesté pour ces mesmes intérests et au nom de nostre tendre amitié et du sang qui nous unit, de le regarder comme digne de toute créance et de toute confiance de sa part.

A Trianon, le 15 janvier 1724.

Copie de la lettre du Roy à la Reine d'Espagne.

Madame ma sœur et tante, je n'ay jamais envoyé auprès du Roy Catholique un ministre en qui j'aye plus de confiance que j'en ai au Maréchal de Tessé. Ce n'est pas seulement par la charge dont je l'ai honoré que Votre Majesté connoitra l'estime que je fais de luy ; je me tiens assuré qu'elle s'en apercevra encore davantage, lorsqu'il lui paroitra aussi instruit qu'il l'est de mes sentiments à tous les égards qui peuvent toucher Votre Majesté. Je les lui ai non seulement fait connoitre par rapport aux intérets de nos Couronnes, mais encore je lui ai laissé voir dans toute son étendue ma tendresse et pour Votre Majesté et pour la Princesse qui nous est également chère et prétieuse; ainsi je ne puis douter du succès de la mission du Maréchal de Tessé, si Votre Majesté veut bien en toutes choses lui donner une entière créance.

Je suis.....

Trianon, 15 janvier 1724.

Copie de la lettre de M. le Duc au roi d'Espagne.

Après l'approbation que Votre Majesté a donnée au choix que le Roy a fait de moy pour son principal ministre, je ne pouvois avoir un augure plus heureux du succès de l'administration dont je suis chargé, et à laquelle les intérests communs des deux couronnes ont tant de rapports que de voir l'emploi de ministre du Roy auprès de Votre Majesté rempli par le Maréchal de Tessé, qui ayant si parfaitement la confiance de Sa Majesté ne peut manquer d'estre aussi honoré de la vostre. Il m'étoit nécessaire pour me conduire seurement en ce qui concerne ces mesmes intérets qu'il y eut à la cour de Votre Majesté une personne par qui je pusse et lui rendre compte des motifs des avis que le Roy voudra bien prendre de moy, et recevoir cette salutaire direction que j'attends des lumières supérieures et des saintes intentions de Votre Majesté. Je la lui demande avec autant de désir de l'obtenir que de résolution à la suivre. Votre Majesté comblera nos vœux les plus ardents si en me l'accordant elle daigne aussi estre persuadée de tout ce que le Maréchal de Tessé lui dira du dévouement aussi invariable que respectueux avec lequel

Je suis.....

Page 33

Copie de la lettre du Roy au roy d'Espagne.

Monsieur mon frère et oncle, j'ai une telle opinion du Maréchal de Tessé, et je le juge si propre à convaincre Votre Majesté de ma tendre amitié pour elle et à me transmettre les preuves de la sienne, que je voulois qu'il partit dès le jour mesme que je fus assuré qu'il vous seroit agréable, et que je l'eus honoré de la charge de premier écuyer de l'Infante Reine. Mais il a fallu quelques jours pour l'instruire de mes intentions si parfaitement qu'il puisse en donner à Votre Majesté une connoissance sans réserve. Soyés assuré que rien ne lui a esté caché, il est dépositaire non seulement de tout ce que je pense sur nos intérests communs, mais encore de tous les sentiments de mon cœur pour Votre Majesté, pour la Reine Catholique et pour le gage précieux que vous et elle m'avés donné des vostres ; qu'il le soit aussi de tout ce que Votre Majesté croira convenable de me communiquer. Je la conjure même de ne pas hésiter à me faire parvenir par luy les sujets de mécontentement qu'elle peut avoir eus sous les ministères précédents, et dont je n'ai pas eu connoissance, comme de mon costé je n'hésite pas à m'ouvrir à Votre Majesté sur le désir que j'aurois que dans ses Royaumes les François éprouvassent de sa part autant de bontés qu'elle en avoit autrefois pour eux et de celle de ses ministres des traitements qui produisent entre les deux nations le même amour et la même union qui sont entre les souverains. Je ne sçaurois m'empêcher de compter que l'un et l'autre deviendront encore plus forts que jamais, si Votre Majesté accorde au Maréchal de Tessé toute la créance et toute la confiance que je vous demande pour luy, puisque, par l'exécution des ordres que je lui donne, il ne peut manquer de vous faire connoitre que comme je trouve en Votre Majesté le petit-fils de Louis XIV, elle trouvera toujours en moi son arrière petit-fils.

Trianon, 15 janvier 1724.

Cette lettre est pour estre remise un jour ou deux après la première.

Page 34

Le maréchal de Tessé au Roy.

Saint Ildefonse, 23 février 1725.

Le Roy d'Espagne m'avoit envoyé hier à l'avance un carosse à Segovie. Je ne puis pas m'empescher, sans entrer dans le détail d'aucune de mes avantures de voyage, d'imaginer que si Votre Majesté pendant trois jours de suite trouvoit en chassant un homme de mon âge et de mon état enfermé dans sa chaise de poste et conduit comme une pagotte par six bœufs avec des hommes qui font le chemin au travers des neiges, j'estime, dis-je, que ce spectacle ne laisseroit pas de réjouir Votre Majesté et d'élever quelque risée dans sa jeune cour. Enfin, Sire, j'arrivay dans ce lieu de retraite, le plus sauvage et le moins bien placé pour la commodité qu'il y en ait peut-estre au monde. J'allay descendre au palais dans l'apartement du marquis de Grimaldo. M. de Coulange estoit venu au-devant de moy, et le Roy informé de mon arrivée ne tarda pas de m'envoyer chercher. Il estoit seul avec la Reine, et je demeurai seul avec eux en troisième deux bonnes heures. La Reine voulut paroistre avoir le dessein de se retirer, je l'assuray que Votre Majesté ne m'avoit rien dit de particulier dont elle ne deust estre informée. Le Roy lui dit la mesme chose, et je puis vous assurer qu'elle resta sans répugnance. Je ne rends point compte à Votre Majesté de ce que je dis de sa part ny de la tendre affection avec laquelle l'on me parla et de votre personne et de l'absolue nécessité d'entretenir l'union si nécessaire entre vos Monarchies; mais enfin puisque Leurs Majestés me donnoient occasion de leur parler d'abord du party surprenant qu'elles avoient pris de se retirer à leur âge du gouvernement de leur royaume par une abdication de leur Couronne aussi génér̃alle, je ne pouvois pas m'empescher de leur représenter respectueusement qu'il eust été à désirer qu'il parust au moins à toute l'Europe qu'un petit-fils de Louis le Grand, fils du

Dauphin, que l'on avoit pu regarder comme le plus honneste homme du royaume, n'avoit pas pris un party de cette nature sans avoir au moins agi de concert avec le Roy son neveu, dont les intérests de toute manière doivent estre si unis aux siens. Alors la Reine prit la parole et me dist que dans les partis non seulement pris, mais que l'on vouloit suivre, il falloit en prendre d'où l'on estoit qu'aucune réfléxion n'avoit échapé, qu'il y avoit quatre ans que l'on y travailloit et qu'enfin elle ne me cacheroit pas à son tour que la sorte dont ils ont esté traittés pendant la minorité de Votre Majesté les avoit déterminés à la grâce que Dieu leur faisoit de ne vouloir plus songer qu'à leur salut. Votre Majesté, Madame, me permettra de luy répliquer à mon tour que l'on ne sçauroit trop ny trop souvent songer à son salut, mais qu'au fond elle n'avoit que trente ans et le Roy quarante, que dans quarante ans elle seroit encore plus jeune que je ne le suis et qu'il y auroit peut-estre autant et plus de religion à gouverner chrétiennement quatre millions de sujets qu'à les exposer à des morts subites dont l'issue est très incertaine, quand elles arrivent par des guerres qu'on auroit pu éviter, et tout de suite en m'adressant au Roy, je luy dis : « Votre Majesté peut-elle croire que l'on ait dans son fils qui n'a que quinze ans (quelques grandes et bonnes qualités qu'il paroisse avoir) la même confiance de probité, de fidélité et d'exactitude que Votre Majesté s'est acquise depuis qu'il est sur le trosne par n'avoir jamais menti. Au nom de Dieu, Sire, ajoutay-je, dans l'abdication que vous faites de vos États n'oubliez jamais la tige dont vous estes sorti et n'abandonnez pas entièrement à un jeune roy et à un conseil quoique formé par vous les décisions importantes sur lesquelles la tranquillité de vos Monarchies et le bien de l'Europe roulera.

Votre Majesté doit estre persuadée que, dans la vivacité de cette conversation que j'abrège, j'observois la Reine et que je vis que ce que je disois ne lui déplaisoit pas, de manière que je crois avoir tiré de cette conversation le fruit d'avoir engagé le Roi et la Reine à se faire rendre compte des décisions de Madrid ; en cela j'ai non seulement découvert les sentiments de la Reine, mais ceux de Grimaldo qui m'avoit laissé entrevoir dans notre première conversation par un petit trait de vivacité qu'il ne se croioit pas mort pour les affaires quoiqu'il fût retiré à Saint-Ildefonse.

A ne vous rien cacher, Sire, tout cela, à commencer par la Reine, par M. et Mme de Grimaldo et par le peu de domestiques que le Roi se conserve dans ce désert, tout est au désespoir et ennuyé de la vie qu'ils y mènent, excepté le Roi qu'un fond véritable de religion et d'une humilité véritablement chrétienne soutient et soutiendra.

Le soir.

L'usage de cette petite cour, Sire, est de se promener à pied sur les deux heures. Je me suis donc trouvé à la promenade où j'ay suivi Leurs Majestés. Il est certain que de cette situation sauvage l'art en a tiré des effets d'eau qui ne ceddent en rien à ce qu'il y a de plus beau dans vos jardins de Versailles et de Marly. Le goust n'y est pas de mesme, mais l'abondance des eaux pures et l'élévation des jets d'eau qui vient des sources de la montagne, surprendront tous ceux qui n'ont point esté en France. Il y a mesme des statues de bronze doré, des revestemens de marbre et des ornemens que l'on a copiés sur ceux de vos jardins. Le Roy s'occupe fort à planter, la Reine ne le quitte jamais d'un pas, et l'honneur qu'elle me fit de vouloir bien que je luy donnasse la main pendant une grande partie de la promenade qui dura plus de deux heures luy donna l'occasion de m'entendre sur plusieurs choses relatives à votre service dont il seroit ennuyeux et inutile que je vous rendisse compte.

Page 35

Le 24.

Je ne sçay, Sire, si les conversations d'hier dont j'ay rendu compte à Votre Majesté ont fait quelque impression, mais le marquis de Grimaldo dès le matin m'est venu voir et sur ce que je luy ai répété que jamais les affaires n'iroient bien dans un nouvel établissement de conseils qui n'ont de principes que d'établir l'étiquette et de diminuer l'autorité du Roy pour établir la leur, que jamais, dis-je, les affaires et l'union si nécessaire ne s'établiroit, si le petit conseil de Saint-Ildefonse ne décidoit les grands conseils de Madrid, le marquis de Grimaldo m'a dit, la teste un peu échauffée de ce que je lui disois : Le Roy n'est pas mort, et je ne le suis pas non plus, ni n'ai dessein de mourir. Je ne puis pas vous en dire davantage.

Page 37

M. de Tessé à M. le Duc.

27 mars.

Vous me faites l'honneur de me mander qu'il est assés difficile de croire qu'un garçon vigoureux qui n'a ni maitresse ni mignon couche avec une jeune femme sans la toucher. Je crois très volontiers que Votre Altesse Sérénissime n'en seroit pas capable, mais en Espagne tout homme qui ne couche pas avec sa femme tous les jours, « *anathema sit* ». Les confesseurs, l'Inquisition, tout seroit en campagne et perdu. Quant au reste, je vous répète encore certainement que jusques à avant hier dans leurs combats de nuit, il n'y a encore eu aucun sang répandu. Or elle étoit trop jeune pour en avoir répandu avant que de partir de France. Je sai qu'elle s'en plaint et qu'elle est fort bien instruite de ce qui pourroit estre et de ce qui n'est pas, mais ce ne sont pas là nos affaires.

Page 38

La reine d'Espagne à Mme de Ventadour.

Saint-Ildefonse, 14 janvier 1724.

Je ne sçais pas de quels termes je pourray me servir pour vous expliquer tout ce que je vous dois pour les peines que vous vous estes données à l'occasion de la facheuse maladie de ma pauvre enfant. Certainement j'en ay le cœur tout pénétré et sensible au dernier point de tout ce que vous avez bien voulu faire pour elle. Cela restera éternellement gravé dans mon cœur, et je vous assure que je n'ay pas d'expressions assez fortes pour vous exprimer tout ce que je sens pour vous. Le Roy est dans les mêmes sentiments et vous fait un million de compliments sur cela, nous vous prions de témoigner notre reconnoissance à la Princesse de Soubise à ce sujet et de la bien assurer de notre amitié et du souvenir qui nous restera toujours des soins qu'elle a bien voulu donner à notre fille. Cela a esté très à propos que nous ayons sçu la maladie en même temps que sa guérison, car j'en aurois esté très inquiète, et surtout sçachant qu'on lui avait donné l'émétique, et sans que vous en sçussiez rien; vous diriez que je suis impertinente, mais je ne veux pas moins de vous prier de ne pas permettre qu'on lui en donne si ce n'est à l'extrémité, ou au moins que vous le sçachiez; car quand vous le sçaurez, je seray tranquille; je suis très aise que vous soyez contente de Louisa, je la suis aussi très fort et particulièrement, quand vous l'estes d'elle. A cette heure je m'en vais vous dire une chose qui vous surprendra peut-être, qui est que le Roy et moy, y ayant très longtemps que nous sommes grace à Dieu détrompés des choses de ce monde et de ses fausses grandeurs, lui a résolu de laisser le Royaume au Prince son fils et de rester icy pour toute notre vie; et moy de l'accompagner dans un si pieux dessein du meilleur de mon cœur, et pour que vous ne pensiez pas que cela soit avec légèreté, je vous diray donc qu'il y a quatre ans et plus que nous sommes dans ces sentiments là; et nous avons passés assez de traverses pour être dégoutez du monde, et pour ne plus penser uniquement qu'à notre salut, et pour cela nous avons pris toutes les mesures possibles pour assurer notre tranquillité et le bien de nos enfans. Le Prince est fort sage, et j'espère qu'il s'acquittera bien de la charge que le Roy lui laisse... Je n'escris pas au Roy de France à ce sujet, le Roy le faisant et craignant de l'importuner et espérant qu'il voudra toujours continuer ses bontés à notre fille. J'espère que quand elle sera en âge qu'elle y répondra de son mieux. Je prends aussy la liberté de vous la recommander du meilleur de mon cœur et de lui tenir lieu de Mère en tout. Je vous prie aussi de recommander au Roy de France les intérests de mes fils et ceux de mon Père.....

Page 42

Affaire des charbons ardents.

Dès le 23 avril 1724 le duc avait confié une négociation des plus délicates au maréchal de Tessé, qui, dans sa correspondance, la baptisa de ce nom pittoresque : « l'affaire des charbons ardents. » Malheureusement, la lettre par laquelle le duc de Bourbon expliquait son désir ne se trouve pas aux Archives des Affaires Étrangères, non plus que le post-scriptum du 3 mai, auquel se réfèrent à plusieurs reprises les correspondants, ces papiers compromettants ayant été réclamés par le duc de Bourbon (voir la lettre du 22 mars), de sorte que nous sommes réduits sur ce point à de simples conjectures. Tout ce que l'on peut affirmer, c'est que cette mystérieuse affaire et celle de la grandesse demandée pour Monsieur de Prie n'étaient pas sans ressemblance, puisque Tessé, en septembre, conte avoir brûlé une lettre chiffrée « par laquelle M. le duc l'informait de ses dispositions par rapport à ces deux affaires de *même espèce* ».

Le 22 mars, le maréchal écrivait au secrétaire des Affaires étrangères :

« J'ay receu, Monsieur, par le retour de mon courrier arrivé le 17 la lettre du 10 que vous m'avés fait l'honneur de m'écrire. Comme il est certain que Son Altesse Sérénissime vous fera part des choses qui sont chiffrées dans la lettre que je vous suplie de luy rendre, je vous répéteray seulement qu'il y a des matières sur lesquels il faut passer comme chat sur braise, et je dis que vous et luy me traittés sur ces matières comme le maistre qui ordonnoit à son esclave de manier des charbons ardents sans se brusler, et sans vouloir donner ny promettre de l'onguent pour la brulure. J'essayeray suivant les conjonctures de suivre et vos instructions et celles de ce Prince. »

Par le même courrier l'ambassadeur de France répondait à M. le Duc dans le même sens :

« J'ay receu, Monseigneur, la lettre du 2ᵉ de ce mois que Votre Altesse Sérénissime m'a fait l'honneur de m'écrire, et j'ay rendu au Roy celle qui y étoit jointe, lequel m'a paru sensible aux témoignages d'amitié et de reconnoissance que vous lui donnés. J'en ay pareillement receu une du 29 avril avec le Post Scriptum du 3 may, auxquelles il est bien certain que je ne répondrai pas présentement. Votre Altesse Sérénissime n'a-t-elle jamais lu l'histoire d'un homme qui receut de son maitre les ordres de manier des charbons ardens sans se bruler ? Peu s'en faut qu'elle ne me donne une pareille commission, sans me proposer pourtant d'onguent pour la brulure. Je réserve à une autre fois à vous informer de ce qui ne peut être traité présentement. Je dirai seulement que j'y ferai de mon mieux. »

Voici la réponse de Morville en date du 6 juin, flatteuse et pleine de promesses en cas de réussite :

« J'ay receu, Monsieur, la lettre que vous m'avez fait l'honneur de m'escrire le 22 du mois dernier. Celle cy sera d'autant moins longue que les occupations occasionnées par les Cérémonies de la réception de Mrs les Chevaliers du Saint Esprit ne m'ont pas laissé trouver le temps de recevoir les ordres de Mgr le duc depuis l'arrivée de l'ordinaire. Je vous diray cependant que s'il est vray que Son Altesse Sérénissime vous a proposé de manier des charbons ardents sans vous brusler, c'est qu'elle connoist que personne n'est plus propre que vous à les toucher et remuer avec assez de délicatesse et d'adresse pour n'en recevoir point de dommage, et je vous ajouteray que si elle ne vous a pas promis de l'onguent pour la brulure, vous n'en devez pas moins compter sur tout celuy qu'elle pourroit vous fournir en cas de besoin. »

Le même jour, M. le Duc rappelait au maréchal que Morville lui-même ne savait rien de l'affaire des charbons, et n'en devait rien savoir :

« Le trait que vous avez marqué, Monsieur, dans votre dernière lettre à M. de Morville dans le même sens que vous vous expliqués avec moy sur la difficulté de quelques commissions dont je vous ai chargé, m'engage à vous répéter que M. de Morville ni qui que ce soit excepté le secrétaire qui chiffre mes lettres n'a connoissance de ce que je vous ai mandé par celle du 23 avril et par le Post Scriptum du 3 may; ainsi je vous prie d'éviter soigneusement dans vos lettres au Roy et à M. de Morville de parler d'aucune chose qui puisse donner la moindre idée de ce que je vous ai confié à cet égard, ni même faire soupçonner quelque chose de particulier, et d'avoir attention de mettre dans des lettres séparées ce que vous aurés à me dire. »

Au reste, l'affaire était si étrangement délicate que dans une lettre écrite d'Aranjuez le 5 juin, et qui se croisa avec celle qu'on vient de lire, le maréchal, au moment de retourner à Saint-Ildefonse, manifestait l'intention de parler le moins possible, dans sa correspondance, de ces charbons mystérieux :

« J'essayerai de manier les charbons dont je ne parleray ni à Mgr le duc ni à vous que quand la matière sera, je ne dis pas disposée, parce que quand les charbons seront dans la fournaise il faut essayer que le produit rende ce que l'on en peut tirer, et casser le pot. Il y a des matières que l'on ne peut pas souvent remettre en mouvement, ainsi n'en parlons point jusqu'à ce que notre objet de chimie soit fini. »

Des lettres postérieures nous apprennent que le duc de Bourbon, fidèle à ses habitudes, refusait de prendre part officiellement à ces négociations et recommandait à son envoyé la prudence : « Ne parlez sur cette matière que comme de vous même, laissant entendre seulement que vous espérés de me disposer à entrer dans les arrangemens dont vous pourrés convenir sur ce sujet. »

La dernière lettre que nous ayons trouvée, relativement à

cette affaire, est datée du 5 octobre. « J'espère, écrit M. le duc, que, par le retour de Bannières, vous m'instruirez des progrès que vous pourrés avoir fait sur la grande affaire que vous nommés les charbons. »

Rien de plus. Toutes nos recherches ont été vaines. Il est certain que M. de Raynal a commis une erreur en confondant cette question avec celle de la grandesse de M. de Prie: il est non moins certain que nous ne sommes arrivé à aucune solution satisfaisante.

Page 46

M. de Tessé à M. le Duc.

Madrid, 21 août 1724.

J'ay certainement plus d'envie que vous de réussir dans l'affaire dont vous m'avez fait l'honneur de m'écrire, mais outre que vous me taillés mes morceaux de si près pour parler que c'est quasi me fermer la bouche, c'est encore que la conjoncture des lettres de l'Électeur en faveur du comte d'Albert qui sont arrivées par un exprès qui passe icy pour y être arrivé de la part de ce prince pour y solliciter quelques intérest pécuniaires. Je l'ai présenté au Roy, et comme il n'y avoit que lui et moy dans son cabinet je n'ai rien oublié de ce que j'ay cru lui pouvoir dire pour que l'Envoyé fut au moins content de moy, et il auroit grand tort s'il ne l'étoit pas. J'ay pareillement été informé de ce qui s'est passé à Saint-Ildefonse, et pour abréger la matière que je supplie pourtant Son Altesse Sérénissime de tenir très secrète, je sais que les deux Rois ont pris la résolution de faire des réponses très polies, et de remettre cette grâce, sans paroitre la refuser totalement, à un autre tems, attendu que le jeune Roy, depuis qu'il a monté sur le trône, n'a fait encore cette grâce à aucun Espagnol, et en un mot l'Envoyé repartira avec de belles paroles et une honneste négative quant à présent. Il est même arrivé que depuis quinze jours le Roy Jacques qui est à Rome a pressamment demandé la même grâce pour un parent de la Reine sa femme et en a été éconduit par les mêmes raisons.

Je ne vous conte tout cela, Monseigneur, que pour vous faire entendre que si dans ces conjonctures j'avois parlé de l'affaire que vous souhaités, j'aurois mal pris mon tems et que quand une fois les négatives sont lâchées, il est bien plus difficile de raprocher les moyens. Je n'ai donc encore dit mot, je laisserai repartir l'envoyé du Comte d'Albert, et je prendrai le loisir, non seulement d'avoir de nouveaux ordres de vous sur ce que vous me prescrirés de faire, mais si sur l'article que nous nommons manier les charbons vous me donnés occasion d'entamer quelque chose de nouveau, ou de continuer quelque discours, je me servirai de ce tems-là pour jetter l'hameçon que je souhaite passionnément que l'on prenne, car au bout du compte je ne trouve d'autre expédient pour entamer la matière que la sorte dont je parlai pour votre Toison d'or, en disant : Jamais l'on ne vous demandera cette grace, mais j'en sais assés pour savoir qu'elle feroit plaisir, encore même le Roy père me fournit-il l'occasion de parler par me dire qu'il avoit dessein de me faire cet honneur que j'avois refusé après notre ridicule siège de Barcelone entrepris contre sa volonté et la mienne, et c'estoit dans le tems que le Roy ne savoit pas encore les engagements que le Roy son fils avoit pris avec la Reine pour M. le duc d'Orléans. Tout cela fit que celuy auquel l'on a promis la première Toison vacante et moy demeurasmes, comme l'on dit, tous deux le cul à terre. Je n'y ai certainement pas regret. Or, Monseigneur, pour revenir à nos moutons je dis qu'à moins que vous ne me fournissiez l'étoffe en parlant de votre part, je ne puis me servir d'autre insinuation que de celle que je viens de vous dire, l'on ne vous demande point, mais cela fera plaisir, et sur cela broder de mon mieux et pousser.

Page 61

Consulte des théologiens que le Roy avait fait venir au Conseil.

Sire,

Votre Majesté ayant bien voulu ordonner à cette assemblée par un papier du marquis de Grimaldo datté du 4 de ce mois, de dire son sentiment sur ce qu'ayant fait vœu de renoncer à la couronne, comme elle a renoncé avec l'intention de ne la jamais reprendre ny le gouvernement en quelque occasion qui puisse être, elle pouvoit en conscience et sans scrupules retourner prendre la couronne et le gouvernement et s'il a quelque obligation à cela. Ayant considéré les circonstances présentes, l'État et le bien commun de la Monarchie, la paix qui n'est point conclue et le jeune age des enfants et les autres causes qui sont bien évidentes pour que l'on remette la consultation que le Conseil a fait à Votre Majesté et sa renonciation avec la copie de la lettre que Votre Majesté a écrite de sa propre main au feu Roy que Dieu aye en sa sainte garde.

Cette assemblée, obéissant aux ordres de Sa Majesté comme elle doit avec tout le respect et la vénération possible, doit luy dire qu'ayant regardé avec le plus grand soin un point aussi important et de tant de circonstances, il nous a paru que, nonobstant le vœu que Votre Majesté a fait de renoncer à la couronne et au gouvernement pour ne pas retourner à les prendre, elle est obligée véritablement et sous peine de péché mortel de reprendre le gouvernement ou régence du royaume ; l'Assemblée n'a pas considéré qu'il y eut la même obligation de reprendre la couronne, mais elle pense de très grands inconvénients, si Votre Majesté n'entre pas dans le Gouvernement ou Régence, ce qui n'est pas de même que de reprendre la couronne.

La raison qui oblige l'assemblée de dire à Votre Majesté que son vœu n'oblige point à d'autres circonstances est la même qu'elle a pour dire que Sa Majesté est dans l'obligation de reprendre le gouvernement du royaume ou la régence, en attendant qu'en supposition d'autre obligation le sujet du vœu qui se fait n'est pas permis, les Théologiens dans un cas semblable enseignent non seulement cela, mais encore la raison naturelle que le vœu n'oblige pas.

Par obéissance aux ordres de Votre Majesté c'est ce qui a paru à l'Assemblée et ce qu'elle propose à sa grande compréhension avec le plus grand respect et la plus grande vénération. Votre Majesté pourra disposer ce qui sera de sa royale volonté.

Déclaration de Philippe V.

J'ay fait attention à tout ce que le Conseil me représente dans cette consulte et à ce qu'il m'a représenté dans la précédente datée du 4 septembre. Quoyque je fusse dans une ferme résolution de ne point quitter ma retraite pour quelque motif que ce fust, cependant condescendant aux instances efficaces que me fait le conseil dans ces deux consultes de reprendre et de me charger du gouvernement de cette monarchie, comme Roy naturel et propriétaire, et à la représentation qu'il me fait que j'y suis absolument obligé en justice et en conscience, j'ay résolu, par le cas et l'estime que je fais des avis du conseil et à la veue du zèle et de l'amour constant que font paroistre les ministres qui le composent, de me sacrifier au bien général de cette monarchie pour la plus grande utilité des sujets qui la composent, attendu l'obligation absolue où le conseil reconnoit que je me trouve, je reprens le gouvernement comme roy naturel et propriétaire, me réservant si Dieu me conserve la vie de laisser le gouvernement de ces royaumes au Prince mon fils, lorsqu'il aura l'âge et la capacité suffisantes, et qu'il n'y aura pas de trop grands inconvénients qui m'en empeschent. Je consens aussy à ce que l'on convoque au plustost les Cortès pour reconnoistre pour Prince l'Infant D. Ferdinand.

Page 75

A Mme la Présidente de Bernières.

Forges, juillet 1724.

Si vous me promettez de m'envoyer bien exactement les *nouvelles à la main* que vous recevez toutes les semaines, je vous dirai pourquoi M. de la Trémouille est exilé de la Cour. C'est pour avoir mis très souvent la main dans la brayette de Sa Majesté Très Chrétienne. Il avait fait un petit complot avec M. le Comte de Clermont de se rendre tous deux les maitres des chausses de Louis XV, et de ne pas souffrir qu'un autre courtisan partageât leur bonne fortune. M. de la Trémouille, outre cela, rendait au roi des lettres de Mlle de Charolais dans lesquelles elle se plaignait continuellement de M. le Duc. Tout cela me fait très bien augurer de M. de la Trémouille, et je ne saurais m'empêcher d'estimer quelqu'un qui, à seize ans, veut besogner son roi et le gouverner. Je suis presque sûr que cela fera un très bon sujet.

Page 76

Chansons sur Chantilly.

Margot la ravaudeuse
A dit à son ami :
Qu'est-ce que toutes ces gueuses
Qu'on mène à Chantilly?
Quoi ! pour un pucelage
Faut-il donc tout ce train
De dix-sept p......

Monsieur le Roi de France
A dit à son ami :
J'ai fait une ordonnance
Datée de Chantilly

Afin que chacun vienne
En diligence ici
Me.........

Chanson sur les princesses.

De toutes vos princesses
Hélas qu'en fera-t-on ?
Les faire chanoinesses
Il faut trop de façon :
Roche-sur-Yon seule
Au chapitre entreroit
Si elle vouloit...

De la belle et charmante
Princesse Charolois
En faut faire une amante
A notre jeune Roi ;
Elle est vive et fringante,
Elle lui montrera
A faire cela...

La princesse de Sens
Et celle de Clermont
En grande diligence
En Espagne s'en vont.
La Reine, leur cousine,
Mari leur trouvera
En ce pays là.

La petite du Maine
A les yeux si friands
Qu'elle aura de la peine
A faire des amants
Et Mme sa tante (1)

---

(1) Comtesse de Toulouse.

Voudra bien lui montrer
A les épouser.

La Sabran effrontée
A dit au grand Bourbon :
Tu ne m'as pas nommée
Cependant j'ai un c...
Tout propre au badinage
De la chère guiguy
De Messire Louis.

Landerirette de Chantilly.

Mesdames, vous trouverez bon
Qu'on vous écrive sur le ton
    De Landerirette
Ce qui se passe à Chantilly
    Landeriri.

La Rupelmonde a, ce dit-on
Assuré qu'elle l'avait blond
    Landerirette
Mais le blond s'est trouvé hardi
    Landeriri.

Pour mettre en goût le roi Louis,
Quinze mirlitons on a pris
    Landerirette
Qui tous le balai ont rôti
    Landeriri.

Une fille de Matignon
A voulu dresser un Bourbon
    Landerirette
Mais cela a peu réussi
    Landeriri.

Le Monarque en est si charmé
A leur plaire il est si pressé
  Landerirette
Qu'il se......
  Landeriri.

La Fillon a représenté
Que l'on allait sur son marché
  Landerirette
On l'a renvoyé à Billy
  Landeriri.

Le moineau (1), las d'avoir joué
Les seconds rôles chez les Condé
  Landerirette,
Veut jouer les premiers ici
  Landeriri.

On ne soupire en ce séjour
Que pour Plutus ou pour l'amour
  Landerirette
La suivante s'en mêle aussi
  Landeriri.

La Nesle en veut avoir sa part,
Qui croirait que les deux Villars
  Landerirette
Se mettent sur les rangs aussi?
  Landeriri.

Jusqu'à demain j'en écrirois,
Mais à quelqu'un je déplairois,
  Landerirette
Finissons donc par ces deux-ci
  Landeriri.

---

(1) Mme de la Vrillière.

Il n'y manquait que la Tessé
Et tout complet auroit été
　　　Landerirette
Mieux qu'aucune elle eût réussi
　　　Landeriri.

La baronne a dit à d'Agout
M^r. Comment vous portez-vous ?
　　　Landerirette
Depuis six jours le c... me cuit
　　　Landeriri

Dans certain bosquet écarté
Certain oracle a prononcé
　　　Landerirette
La Centurie que voici
　　　Landeriri :

Six mois après celui de juin
Sera chassée une catin
　　　Landerirette
Par un général étourdi
　　　Landeriri.

Page 84

Joint à la lettre de Son Altesse Sérénissime à M. l'abbé de Livry du 18 mars 1725. Traduction de la lettre du Pape au Roi d'Espagne.

Notre très cher fils en Jésus-Christ, salut et bénédiction apostolique.

Je communique avec confiance à Votre Majesté l'agitation de notre cœur sur l'avis receu de France depuis la dernière fièvre qu'a soufferte le Roy Très Chrétien et qui est que les grands de ce royaume par des représentations fortes et ouvertes pressent Sa Majesté de ne plus différer son mariage, nécessaire pour ne pas exposer en cas de sinistre accident (que Dieu veuille détourner) ce grand royaume à des contestations et des discordes intestines et funestes. Une telle nouvelle nous oblige et nous engage à prier instamment Votre Majesté qui a une prudence si grande, si meure et si expérimentée, qu'en cas que le Roy son neveu suive un tel conseil, cela ne refroidisse point l'amour que le sang vous inspire pour luy, car de votre union dépend en grande partie le bien de notre religion. Votre Majesté qui a déjà en tant d'occasions fait au Seigneur un sacrifice de son royal cœur, aura en celle-cy un nouveau et très grand mérite. Nous vous faisons cette présente prière dans la confiance que Votre Majesté l'agréera, ainsy qu'il lui a plu d'autres fois écouter nos conseils paternels. Au reste Votre Majesté doit s'assurer que notre objet unique est le service du Très Haut en désirant que les cœurs de deux grands Rois oncle et neveu s'accordent dans une affaire qui regarde l'universalité de l'Église autant que les interests de Votre Majesté, dont la commune mère se promet une tranquillité stable. Que la divine Sagesse dispose le cœur très religieux de Votre Majesté à admettre avec bonté ces paternelles insinuations.

Page 92

Lettre du duc de Bourbon au marquis de Montéléon.

12 avril 1725, à Versailles.

Quoique je vous aye entretenu, Monsieur, plusieurs fois des sentiments de respect et d'attachement qui sont gravés dans mon cœur pour le Roy d'Espagne, je ne puis m'empescher de vous écrire le désespoir où je suis de voir Sa Majesté Catholique me soupçonner du contraire sur le malheureux événement que la clameur publique, la représentation des principaux de chaque état de ce royaume, les désirs de toutte la nation, et la crainte de voir tomber Sa Majesté dans des désordres qui ne sont que trop ordinaires aux gens de son âge, rendoient indispensable………

Je sais que quelques gens mal intentionnés ont répandu que l'on rompoit les engagements de l'Infante pour faire épouser au Roy une de mes sœurs. Je conviens qu'en ce cas je mériterois le ressentiment de Sa Majesté Catholique, mais elle verra bientôt la fausseté et la malignité de ces bruits, vous assurant dès aujourd'hui qu'il n'est nullement question d'aucune de mes sœurs, et qu'il ne le sera jamais. Ainsi je ne puis cesser d'espérer que quand le Roy Catholique verra bien clairement que dans tout cecy il n'y a rien de personnel, et qu'au contraire tout ce que je fais est contre moi, il rendra justice à la pureté de mes intentions et rendra ses bontés à un homme dont toute l'ambition est de les mériter, et de lui en donner des preuves dans toutes les occasions imaginables, aux dépens de son sang et de sa vie. M. le Maréchal de Tessé m'a rendu compte d'une conversation qu'il avoit eue avec le Roy et la Reine d'Espagne la veille de son départ, et dont leurs Majestés Catholiques l'avoient chargé de m'instruire. Je ne puis vous exprimer les différens mouvemens que cela a fait en moy; car d'un côté je suis charmé des choses qu'elles ont dites et j'y emploierois volontiers tous mes efforts pour en assurer le succès, et de l'autre, je suis au désespoir de ce que l'injustice qu'elles me font sur mon attachement pour elles me mette hors d'état de leur prouver par ma vivacité, sur ce qu'elles ont dit au Maréchal, combien je désire tout ce qui leur peut plaire, et combien je me ferois gloire de les servir, même actuellement que je les ai irritées au dernier point contre moy. Nous vous aurions, Monsieur, tout le royaume et moy une obligation éternelle, si vous pouvés contribuer à une prompte réunion si utile aux deux Couronnes et à faire cesser une division si agréable et si avantageuse à nos ennemis communs ; et moy, Monsieur, je vous en aurois une singulière, si vous pouviés persuader Leurs Majestés Catholiques de mon zèle pour leur service en toutes occasions, et surtout en celle du dernier article de ma lettre, n'imaginant plus aucun cas où ce ne fust pas servir ma patrie que de leur rendre tous les services qui dépendroient de moy.

Réponse du marquis de Montéléon.

Monseigneur,

Il n'y a rien que je ne fasse pour procurer la réunion qui est si nécessaire. Votre Altesse Sérénissime m'en fournit assez les moyens par les déclarations si positives de sa tendresse et de son attachement pour le Roy mon maître. Elle donne des preuves authentiques qu'elle n'a fait que céder à la nécessité de procurer une prompte succession à la France, sans pouvoir résister à la clameur publique, aux représentations des principaux de chaque estat du royaume, et aux désirs de toute la Nation, puisqu'elle est si éloignée des intérests particuliers de sa famille. Les offres obligeantes que Votre Altesse Sérénissime fait de s'employer avec toute sa vivacité pour plaire au Roy et à la Reyne d'Espagne sur les ouvertures qu'elles ont faites à M. le Maréchal de Tessé, peuvent estre aussi d'un grand secours à mes représentations. Mais, Monseigneur, je ne sçaurois cacher à Votre Altesse Sérénissime que, sur des réflexions que j'avois déjà faites à ma Cour, inspirées d'un véritable zèle pour prévenir les premiers mouvemens du ressentiment et de la colère, elles n'ont pas esté agréées, et quelque amy me conseille à ne me pas rendre suspect. Cependant je n'ay pas manqué par un courrier extraordinaire que nous avons dépesché de Blois de supplier Leurs Majestés de ne point se précipiter dans des engagements, dont le retour seroit plus difficile, et que j'espérois avant mon arrivée à Bordeaux de pouvoir être encore mieux instruit des intentions du gouvernement de France, que j'avois laissé en disposition de chercher tous les moyens pour réparer le présent malheur, en marquant aussi une juste impatience d'arriver le plustost à Madrid si Leurs Majestés vouloient bien me le permettre. J'aurois souhaité que Votre Altesse Sérénissime m'eust donné la liberté d'assurer le Roy et la Reyne mes Maistres que pour la succession de Toscane l'on prendra dès à présent des engagements à leur souhait, soit pour y mettre les garnisons suisses, ou pour porter le Grand

Duc à ce qui avoit esté projetté, ou pour tout autre chose qui ne soit tout à fait opposé au traité de la Quadruple Alliance, et qu'enfin l'on soutiendra avec toute la vigueur possible les articles qui sont disputés dans le Congrès de Cambray.

Je ne sçai pas s'il me sera permis de faire sçavoir à Votre Altesse Sérénissime l'effet que pourront produire mes insinuations, mais en tous cas Votre Altesse Sérénissime peut estre entièrement persuadée que je n'oublierai rien pour remplir mes devoirs et pour me conformer à ses bonnes intentions. Je crois que la réconciliation, et la réunion sincère et utile, c'est le seul bon party qu'il y a à prendre, et que tout autre ne peut estre que capiteux, dangereux et insoutenable.

MONTÉLÉON.

A Amboise, le 14 avril 1725.

Lettre du cardinal de Fleury à Philippe V.

1er août 1725, à Chantilly.

Il y a longtemps que je balance, Sire, si je dois prendre la liberté d'écrire à Votre Majesté parce que la prévention où elle est contre tous les Français m'a retenu jusqu'aujourd'huy dans la crainte que je n'eusse, quoique très innocent, le malheur d'y être enveloppé comme le reste de la nation. On m'a pourtant asseuré que Votre Majesté avoit la bonté de me rendre justice sur la fidélité de mon ancien attachement pour sa personne sacrée, et je puis hardiment prendre Dieu à témoin que je ne m'en suis jamais écarté dans la moindre chose du monde. C'est ce témoignage de ma conscience qui m'engage à rompre enfin un silence qui m'a infiniment coûté, et à supplier Votre Majesté de me permettre de luy parler avec le profond respect que je lui dois, mais en même temps avec la liberté d'un vieux serviteur aussi zélé pour la gloire de Votre Majesté que pour les intérêts du Roy mon maître qui ne devrait jamais estres séparées des vostres et que j'ay toujours regardées comme liés ensemble d'un nœud qui me paraissoit indissoluble.

Je ne rappellerai point, Sire, à Votre Majesté tout ce qui s'est passé depuis six mois, parce que je voudrois qu'il pust estre enseveli dans un oubli éternel et que je n'ai jamais senti en ma vie une douleur plus vive ni plus amère. Tout ce que je puis avoir l'honneur de dire à Votre Majesté est que si M. le duc a manqué à quelque chose, ç'a été certainement contre son intention et que s'il a pris une résolution dont Votre Majesté est si offensée, ce n'a été que parce que vos ambassadeurs luy répétoient sans cesse qu'on devoit s'attendre aux plus grandes extrémités si le Roy n'épousoit pas l'Infante, et c'est dans cet esprit qu'ils pressoient avec la dernière instance de faire la cérémonie des fiançailles. Entre deux partis si embarrassans, ce Prince prit celuy qu'yl croyait essentiel au repos de la France et que tous les ordres de l'État lui représentoient ne pouvoir être différé. Il se flatta que Votre Majesté, touché du bien d'un royaume qui s'est sacrifié pour elle et qui malgré tout ce qui arrive présentement est pénétré encore du même respect et de la même vénération pour votre personne sacrée, voudroit bien rentrer dans les justes raisons qu'on avoit de marier le Roy, et qu'elle s'apaiseroit après qu'on les lui auroit expliquées.

M. le duc s'est trompé, Sire, pour notre malheur, et il le sent lui-même dans toute son étendue. Il est pret à donner à Votre Majesté toutes les satisfactions qu'elle peut désirer et toute la nation concourra aussi avec luy pour renouer l'intelligence et l'union qui doit estre entre les deux couronnes. Il est très naturel que Votre Majesté se croye offensée et qu'elle en demande la réparation. L'esperance qu'on en pourroit trouver les moyens m'avoit soutenu jusqu'à cette heure; mais j'avoue à Votre Majesté que son traité avec l'Empereur et toutes les circonstances qui l'accompagnent m'ont fait tomber dans un entier découragement, et m'ont causé une douleur mortelle.

Votre Majesté me permettra-t-elle d'avoir l'honneur de lui représenter avec soumission que je crains que des gens mal intentionnés et poussés par une haine invétérée contre la France ne l'ayent aigrie contre elle et lui ayent fait envisager des avantages dont l'idée est grande à la vérité, mais dans lesquelles il n'y a aucune réalité vraisemblable? Toute l'Europe au moins en pense ainsi, et nous savons que les bons Espagnols en ont jugé de même.

Il y a plus, Sire, et nous apprenons que le duc de Ripperda s'est vanté hautement qu'il avoit ordre de prendre le pas partout sur le duc de Richelieu et à main armée s'il le faut. C'est donc une déclaration formelle que Votre Majesté est déterminée à une rupture ouverte avec la France, qu'elle ne craint point de blesser une nation qui lui est attachée dans ce qu'elle a de plus cher, et qu'elle veut entrer dans une guerre dont les suites peuvent être si funestes aux deux couronnes. L'Empereur seul y gagnera et toutes ses vues n'ont jamais eu d'autre but que de séparer le Roy de Votre Majesté et d'allumer entre les deux nations une haine irréconciliable.

Votre Majesté connoist l'ambition démesurée de la maison d'Autriche, son ancienne jalousie contre celle de France, sa hauteur, ses vastes desseins, et l'envie qu'elle a de dominer dans toute l'Europe; les avantages immenses que l'Empereur retire de son dernier traité avec Votre Majesté et qui ne pourroient être plus grands que des batailles gagnées, le proffit qu'il a sceu tirer de votre ressentiment et l'art avec lequel il a mis en œuvre les partisans qu'il a dans l'Espagne et jusque dans votre cour sont une preuve qu'il songe plus à son intérest qu'à votre gloire et qu'il a voulu faire acheter bien cher à Votre Majesté des espérances non seulement incertaines, mais j'ose dire presque chimériques.

Tout le plan de ce traité ne roule visiblement que sur le dessein d'entraîner Votre Majesté pas à pas et malgré elle à une rupture avec la France; l'Empereur et ses adhérens cachent autant qu'ils peuvent ces veues ambitieuses, mais il n'est personne dans l'Europe qui ne les découvre facilement, et il ne sera plus tems à Votre Majesté de vouloir s'arrêter, quand on l'aura une fois engagée dans une guerre. Seroit-il possible qu'elle pust s'y résoudre et qu'elle consentist à travailler à l'abaissement d'un royaume qui lui a donné la naissance et qui s'est épuisé pour la maintenir sur le trône d'Espagne?

C'est à l'insceu de tout le monde que j'ay l'honneur d'écrire à Votre Majesté et c'est ma conscience seule et ma confiance en la Religion qui m'y ont déterminé. Je me jette donc en esprit aux pieds de Votre Majesté, pour la conjurer de peser toutes mes réflexions avec son esprit de justice qui lui est si naturel et d'examiner si elle ne se rendra pas coupable devant Dieu et devant les hommes d'une rupture dont les suites peuvent estre si funestes à la religion qui n'est déjà que trop affaiblie en Europe.

Je n'ai, Sire, qu'à élever le Roy mon maître dans les sentimens de la plus forte tendresse pour Votre Majesté; je lui ai répété dès sa plus tendre enfance qu'il étoit orphelin, qu'il n'avoit pour ainsi dire aucun proche parent dans son royaume, et qu'il devoit vous regarder comme son véritable père. Si je suis assez malheureux pour ne recueillir d'autre fruit de mes soins qu'une aliénation et une rupture ouverte, je n'aurai d'autre parti à prendre que d'aller pleurer le reste de ma vie dans une solitude le malheur d'y avoir si mal réussi.

Page 99

Manifeste du Roy d'Espagne.

Quoyque les raisons qui obligent le Roy d'Espagne à rompre l'union qui devoit être éternelle entre les deux royaumes soient connues de tout le monde, et que toutte l'Europe soit sensible à l'affront qu'il vient de recevoir, il veut bien néanmoins faire connoistre le motif qui l'oblige à s'armer contre sa Patrie, qui luy sera toujours chère.

En 1718 les mêmes troupes françaises qui avoient cependant combattu pour luy, luy déclarèrent la guerre, prirent ses villes et ravagèrent tout son pays, sans que le Roy d'Espagne y fît de résistance. Il se contenta de faire demander à feu M. le duc d'Orléans le motif d'une guerre qui parais-

soit si injuste; on luy fit dire en secret que l'on avoit à se
plaindre de son premier ministre, et qu'on désiroit qu'il fût
éloigné. Le Roy sans aucun examen révoqua dans l'instant
le cardinal Albéroni, et avant la fin de la campagne le fit
sortir de ses États, pour marquer sa reconnoissance à une
nation qui avoit tant de fois versé son sang pour son service.
Le gouvernement de France parut satisfait de cet éloignement, l'union des deux Couronnes en devint plus forte par la
double alliance qui se fit dès lors entre les deux royaumes, et
la joye génerale qui éclata à ce sujet fut un seur garand de
l'approbation de toute la France, par le mariage du Roy
avec l'Infante, ce qui devoit assurer une paix éternelle entre
les deux nations.

Cependant au bout de quatre ans, après des engagements
si solennels, le Roy d'Espagne, pour n'avoir pas voulu écouter les propositions basses que le premier ministre luy avoit
fait faire par l'ambassadeur de France, se voit outragé par ce
même ministre qui a l'audace sans d'autres raisons que celles
d'un vil intérest et de vengeance de renvoyer l'Infante,
malgré les assurances qu'il avoit par ses lettres données du
contraire : affront si inouï que non seulement les têtes couronnées, mais les moindres particuliers n'y ont jamais été
exposés. C'est contre un tel ministre que le Roy d'Espagne
est indigné; c'est contre luy qu'il s'est déclaré, et qu'il
demande au Roy de France la même satisfaction qu'il donna
lorsque l'on exigea, les armes à la main, l'éloignement du
cardinal Alberoni, persuadé que le Roy ni la nation n'ont
point de part à cet affront; il espère que toute la France se
joindra à luy pour obtenir la révocation du premier ministre.
Le Roy d'Espagne oubliant alors son ressentiment se joindra
aussy à tous les Français pour lesquels il aura toujours la
plus tendre amitié pour représenter au Roy de France l'État
présent de son Royaume, et ce que peut contre luy un ministre à qui la naissance est jointe à l'autorité.

Dans sa magistrale *Histoire de la réunion de la Lorraine à la France*,
le comte d'Haussonville cite la lettre de notre envoyé, d'Audiffred, énu-

mérant les avantages de l'union lorraine, ainsi que la réponse de M. le Duc, toute pleine de mauvaise foi ergoteuse. On ne lira pas ces pièces sans intérêt.

Page 114

Lettre de M. d'Audiffret à M. le duc de Bourbon.

5 avril 1725.

Monseigneur, M. le duc de Lorraine m'ayant fait dire de me trouver hier à neuf heures du matin au couvent des Capucins de Saint-Nicolas qui est à deux lieues de cette ville, je m'y rendis, et là il me dit que tant qu'il n'avait été question, suivant les nouvelles publiques, que du mariage du Roi avec la princesse de Galles, il n'avait point songé à faire de démarches; mais que depuis qu'on parlait des princesses de Danemark, de Prusse, de Hesse-Rheinfeld et de la fille du roi Stanislas, il croirait manquer à ce qu'il devait à lui-même et à l'honneur de sa famille, s'il ne mettait aussi sa fille sur les rangs; qu'il serait au comble de ses désirs s'il pouvait lui procurer un si grand et si glorieux établissement; que tant d'alliances avec la maison de France, dont la sienne avait été honorée, devaient lui donner quelque avantage pour la préférence; qu'il y avait de la conformité d'âge aussi bien que de religion, dont la différence laissait souvent un levain d'hérésie à craindre, et qu'il espérait de son bon naturel cultivé par une bonne éducation qu'elle remplirait bien tous ses devoirs à l'égard de l'époux auquel elle serait destinée; qu'il me priait de vous rendre compte de ce qu'il venait de me dire, d'assurer Sa Majesté de ses respectueux et dévoués sentiments, et de vous témoigner la reconnaissance qu'il aurait si vous vouliez bien prendre quelque intérêt à ce qui le regardait. Il est certain que, soit qu'on regarde la naissance, soit qu'on reconnaisse le caractère, l'esprit, l'humeur, le tempérament, les bonnes qualités, l'éducation et la fécondité de la mère, qui est toujours un heureux préjugé, outre les motifs et les vues politiques, la princesse de Lorraine pourrait avoir l'honneur d'épouser Sa Majesté.

D'AUDIFFRET.

(Archives des Affaires étrangères. Collection Lorraine.)

Lettre de M. le Duc à M. d'Audiffret.

17 mai 1725.

Monsieur, il me reste à vous parler de la proposition par rapport au mariage du Roi que M. le duc de Lorraine vous a renouvelée. Il nous est revenu que ce Prince avait été piqué au vif de la froideur avec laquelle sa première ouverture avait été reçue. Si cela est vrai, je ne me suis point trompé lorsque j'ai jugé qu'en proposant la Princesse sa fille, il n'a eu d'autre prétexte que de se plaindre de la France; car il y a en ceci deux choses également vraies : l'une, qu'il n'a pu manquer de sentir que pour toutes sortes de raisons sa démarche était superflue, parce qu'il n'avait pas lieu de supposer, ni que, dans l'examen qui se ferait des personnes convenables pour le Roi, l'aînée de celles de Lorraine échappât à l'attention de Sa Majesté, ni qu'elle pût appréhender de voir la recherche rejetée, si elle avait voulu en honorer cette Princesse; l'autre, que, quand des propositions de la nature de la sienne ne peuvent être admises, on les laisse tomber plutôt que d'y répondre. Cependant, nous voyons bien qu'il faut que vous rompiez ce silence. Pour diminuer l'amertume, ne mettez aucune borne aux assurances que vous donnerez, que le Roi est entièrement convaincu des sentiments que M. le duc de Lorraine vous a fait paraître en dernier lieu pour lui; qu'elle est bien éloignée de condamner les ménagements qu'il a pour la cour de Vienne; que tant s'en faut qu'il voulût prétendre qu'il ne suivît pas avec ardeur d'aussi grands intérêts que ceux qu'il a dans la situation du prince de Lorraine, qu'au contraire elle contribuera volontiers au succès des espérances de sa maison, ne doutant point que le duc de Lorraine ne sache tout à la fois remplir ce qu'il doit à Sa Majesté et à l'Empereur. Cet entretien ne sera pas le plus gracieux que vous puissiez avoir avec le duc de Lorraine ; votre bon esprit et votre habileté vous fourniront ce qu'il y aura à dire de plus.

Louis de Bourbon.

(Archives des Affaires étrangères. —. Collection Lorraine.)

Page 117

Rapport du 6 novembre 1724.

Monsieur de Fréjus, dit le rapport, croit que la Princesse d'Angleterre serait la plus convenable, sans l'inconvénient que ce seroit annoncer en quelque façon l'exclusion à jamais du prétendant du Trosne d'Angleterre et que ce seroit trop se déclarer au préjudice de la religion calviniste et qu'ensuite la plus convenable seroit Mlle de Vermandois sans la disproportion d'âge, et d'autres raisons qui me regardent personnellement.

M. le Maréchal de Villars regarde le mariage de Votre Majesté indispensable dès à présent pour la tranquillité du royaume. Il ne voit de convenable que la princesse d'Angleterre et Mlle de Vermandois. Les difficultés avec la princesse d'Angleterre déterminent son avis sur Mlle de Vermandois.

Monsieur le Maréchal d'Huxelles donne l'exclusion positive à toutes les princesses, excepté la Princesse d'Angleterre et Mlle de Vermandois. Il trouve contre la princesse d'Angleterre l'indisposition où cela mettra la Cour de Rome dont on a besoin pour faire entendre raison au Roy d'Espagne; à l'égard de Mademoiselle de Vermandois cela ne lui fait pas de peine. Il croit seulement qu'il y a des inconvénients qui me sont contraires.

M. de Morville est persuadé de la nécessité indispensable de marier Votre Majesté pour le repos de ses peuples, et l'Europe entière a même annoncé cette nécessité. Il ne sait que deux princesses sur qui le choix de Votre Majesté puisse tomber : la princesse d'Angleterre et Mlle de Vermandois ; il convient qu'en préférant la première on engageroit l'Angleterre à entrer dans les mesures que l'on auroit à prendre pour calmer le Roy d'Espagne, mais l'abandon du chevalier de Saint-Georges à qui le feu roy s'est toujours fait gloire d'accorder protection, l'utilité dont il seroit de la lui continuer dans le tems où l'Angleterre pourroit manquer à ses traités à l'égard de Votre Majesté, et la crainte que la Cour de Rome ne s'efforce de rendre cette union odieuse à tout le monde chrétien, lui font regarder ces inconvéniens comme supérieurs aux avantages qui résulteroient de l'alliance avec l'Angleterre. Il croit donc que le mariage le moins susceptible d'inconvéniens est celui de Mademoiselle de Vermandois.

Monsieur le comte de la Marck croit qu'il est indispensable que Votre Majesté se marie incessament, que son choix ne peut regarder que les deux princesses aînées d'Angleterre et les deux princesses cadettes de la maison de Condé. Il convient qu'une alliance avec une Princesse d'Angleterre pourroit être utile dans le moment présent, mais il y voit des inconvéniens si grands et si réels, soit pour la Religion, soit pour l'avantage du royaume, qu'il lui semble qu'on ne doive se déterminer à prendre ce parti qu'à toute extrémité. Quant aux princesses de Condé, il n'y prévoit aucune sorte d'inconvéniens pour l'État, ceux qu'il peut y avoir ne regardant que moy personnellement : aussi son sentiment est que le mariage de Sa Majesté avec Mademoiselle de Vermandois est le plus convenable de tous et ensuite celui de la Princesse d'Angleterre qui, malgré les inconvéniens qu'il y trouve, est sans contredit à préférer à toutes les princesses étrangères qui sont en Europe.

Pecquet croit que dans les Princesses étrangères il n'y en a point de plus convenable que la princesse d'Angleterre, mais il a la même appréhension sur elle que M. de Morville, ce qui le détermine pour Mlle de Vermandois.

Page 163

Lettre originale de Favier.

1719.

« M. le Comte de Tarlo logea cinq jours chez moi, et j'appris qu'il venait en France pour solliciter M. le Régent d'accorder des subsides à la famille royale de Pologne, et n'obtint rien. C'est dans cette grande détresse que le duc de Lorraine d'alors envoya au Roy Stanislas 15 ou 20 mille écus. Aurait-il cru qu'un jour ce monarque jouerait un rôle dans ses États?

« M. le Comte de Tarlo vit souvent M. le prince de Condé et par conséquent aussi Mme la Marquise de Prie. Comme un des motifs de son voyage était de se défaire de quelques pierreries de la Reine de Pologne, je les lui fis vendre. A son départ, nous fûmes une heure ensemble, je lui dis que, toujours fort attaché à mon ancien maître, je serais charmé d'apprendre s'il s'en retournait avec quelque espérance de rendre les infortunes de cette cour plus supportables; voici la réponse : Mon cher Favier, je vous dirai là-dessus, mais en confidence, que si M. le Régent vient à mourir et que M. le prince de Condé devienne premier ministre, vous nous verrez peut-être jouer un grand rôle dans votre patrie. Depuis, j'eus beau rêver à la confidence qu'on m'avait faite je ne me suis point imaginé qu'une princesse de Pologne pu (*sic*) devenir Reine de France, puisque l'Infante Reine était déjà dans le païs dont le thrône lui était destiné. Cependant il est arrivé que cet arrangement qui avait du paraître bien chimérique aux auteurs mêmes, a eu son plein effet. »

Fonds français 12763, folio 2.

Lettre de Stanislas à Vauchoux.

« ... car au fonds je crois qu'on a voulu préalablement scavoir les intentions du Czar en ma faveur. Je n'en scaurois être plus convaincu que par la nouvelle que je viens de recevoir que le Prince dans le traittez d'alliance qu'il vient de conclure avec la Suède s'est engagé à mon égard, par un article, de la manière que je pouvois sohaitter. Je vous prie de l'aprendre incessament a Mme de Prie. Le ministre de Suède qui est à Paris l'anoncera à M. le Duc. J'espère que ce Prince jugera que rien ne peut plus assurer mes interets qu'un pareil engagement, et qu'il ne tient presentement qu'a lui que j'en profite au plus-tost, et qu'yl en tire touts les fruicts. Je vous prie, mon chérissime *Vautchoux*, de me dire si, aprez cela, il y a encore quelque chose qui reste à surmontez et qui surpasse mon imagination. Je suis de cœur et d'âme à vous.

« Stanislas Roy.

« Weissembourg, le 3 avril 1721. »

Page 166

Lettre de la Margrave de Bade à Catherine Opalinska.

« Madame, la joie extrême que je ressens de la nouvelle que je viens d'apprendre de l'alliance prochaine du Roy de France avec Madame la Princesse Royale, fille de Votre Majesté, ne me permet pas de différer un moment sans la féliciter respectueusement sur un évènement aussi avantageux. J'espère que Votre Majesté aura la bonté d'être persuadée que j'y prends toute la part possible et qu'elle me permettra de prendre la liberté de luy recommander très humblement moy et toute ma maison, principalement madame la duchesse d'Orléans, ma fille, qui aura souvent l'honneur de rendre ses devoirs à la Reine et de laquelle elle tâchera de mériter et conserver les grâces royales.....

« 27 mai 1725. »

(Archives nationales, K. 139.)

Page 167

Les sentiments affectueux de Stanislas envers le chevalier de Vauchoux.

De Chambord, le 9 avril 1728.

Lorsqu'on forma la maison de la Reine, Vauchoux obtint le titre d'écuyer de quartier. En 1728, il vendit sa compagnie (1) et en 1737, lorsque Stanislas eut été nommé duc de Lorraine, il suivit ce prince à Lunéville, et resta près de lui jusqu'à l'année suivante (2). Onze ans plus tard, il devint gouverneur de Dieuze et, bientôt après (1751), bailli d'épée du grand bailliage royal de la même ville.

Les premières lettres que lui adressa Leczinski remontent à l'année 1711; la dernière de celles que nous possédons est du 15 janvier 1739. Toujours exubérant dans ses formules, le roi polonais l'appelait son cher ami, son « chérissime », et parfois il le tutoyait brusquement.

Le 5 janvier 1711, il lui écrit de Lunéville, où, bien avant d'être duc de Lorraine, il passa quelques années dans l'incognito sous le nom de comte de Cronstein :

« Laissez, mon cher *Veauchoux*, à d'autres les compliments ; pour moi, je sçais à quoi m'en tenir avec vous et je me raporte plus à ce que vous pensez pour moi qu'à tout ce que le reste du monde me peut dire.....

« Je t'embrasse et suis de tout mon cœur à vous.

« Stanislas Roy. »

---

(1) « Je me flatte, lui écrit Stanislas à ce sujet, que vous estes bien persuadé du plaisir que me faict l'agrément que le Roy vient de vous acorder pour vendre vostre compagnie, ce qui le redouble encore est qu'estant entièrement maistre de vous-mesme je pourrois d'autant plus librement jouyr de vostre personne quand je le pourois, avec la circonspection requise. »

(2) Il avait été envoyé deux fois à Chambord pendant que Stanislas y résidait.

De telles fins de lettres sont fréquentes dans sa correspondance, particulièrement de mai 1712 à février 1728. Et de temps en temps, c'est dès le début qu'il crie son affection sous une forme familière.

« Touts les oiseaux reviennent à nous des pays le plus éloignés, écrit-il de Chambord le 27 mars 1726, et tu ne veus point quitter ton nid de Paris. En vérité, je m'ennuye bien sans vous, dites-moi donc finalement quand j'aurai ce plaisir. Je vous ay escrit dernierement en vous priant de m'expliquer vostre dernière lettre si vous pouvez ou si c'est de conséquence, car je suis inquiet de cognoistre les personnes qui m'environnents. En vérité, on n'est pas en seureté dans ce pays-icy, si on n'est pas seul entre quatre murailles ou si on n'est pas avec vous, car je vous assure que je suis gêner avec tout le reste du genre humain..... »

Le 19 novembre 1727, il l'assure encore de son « amitié inviolable », et il ajoute :

« Vous pouver vous imaginer aisément quelle en est ma douleur de ne pouvoir pas jouyr avec une pleine liberté du plaisir des plus sensible que je peus avoir d'estre avec vous. J'espère cependant que ma droiture aussy bien que la vostre metteront une fois fin à touttes les défiences. »

Certainement Vauchoux était des plus sympathiques à Leczinski. A la fin d'une longue lettre, que nous avons donnée en partie ailleurs, le roi détrôné déclare au chevalier :

« L'éloignement du Régiment me fait une peine que je ne saurais vous exprimer, il me semble qu'il ne me reste plus rien pour me consoler dans ma solitude. Je serois inconsolable si je n'estois persuader que partout où vous serez nous ferons un mesme corps ensemble comme je me flatte que nous faisons une mesme âme. »

C'est de Wissembourg qu'il exhalait cette prose le 5 octobre 1722. Le 1ᵉʳ août 1723, encore dans la même ville, il s'écriera en terminant son courrier :

« Aimez-moi toujours, je vous en conjure, car je suis de cœur et d'âme tout à vous. »

Cette dernière expression revient dans plusieurs lettres.

Enfin, certains billets ne contiennent que l'expression de sa cordialité à l'égard de celui qu'il croyait être son féal. Tel celui du 25 décembre 1725, envoyé de Chambord :

« Mon chere Vauchoux, si tu estez aussy paresseux à revenir chez moy comme à m'escrire, je ne te verrois de longtemps. Mais comme j'espère que vous scavez combien je le désire, je me flatte que vous serez diligent à vous expédier. En attendant, convenez avec le comte Tarlo de tout ce que vous me jugez estre salutaire et selon que vous pensez sur ce qui intéresse celuy qui est de tout son cœur, etc. »

Tel encore le billet du 21 juillet 1728, envoyé du château de Ménars :

« Le chevalier Wiltz, mon très chere Vauchoux, est un courier trop privilégiez entre vous et moy pour le laissez partir sans vous assurez des sentiments qui onts trop pris racine au fond de mon cœur pour qu'yls puissent jamais changer. Et comme j'ai le malheur de ne vous les pas faire cognoistre à tous les moments de ma vie comme je le désire, je profite du moins d'un aussy favorable occasion que celle-cy. C'est une faible ressource. Il faut toujours y avoir recours jusqu'à que le temps vienne que je pourois satisfaire à mon inclination, à ma reconnaissance et à toutte l'amitié avec laquelle je suis de tout mon cœur à vous.

« Stanislas Roy. »

Le chevalier Wiltz dont il est question au début de ce billet était le lieutenant-colonel du régiment de cavalerie dont Stanislas avait été fait colonel par Louis XV. Ce régiment, d'abord appelé *Stanislas-Roi*, prit le nom de *Royal-Pologne* en 1737. Charles-François-Marie de Custine, chevalier de Wiltz, devint le grand écuyer de Stanislas, lorsque celui-ci fut nommé duc de Lorraine; il mourut le 2 avril 1738.

D'autres billets montrent avec quel empressement Leczinski s'associait à tout ce qui pouvait affecter son chérissime. A peine a-t-il appris l'exil du duc et de la marquise qu'il lui adresse ces lignes : « Si vous ne pouvez venir si tost, mandez-moi vostre situation, afin que je scache ce qui vous retient. Je crois qu'il n'y auroit aucun mal que vous veniez si ce n'estoit que pour un jour pour m'informez de vos arrangements. Scachant que vous avez de la peine de m'escrire et combien je m'intéresse à tout ce qui vous regarde; je suis de tout mon cœur à vous. »

« Stanislas Roy. »

« A Chambor, le 21 de juin 1726. »

Et, six jours plus tard, il lui expédie un nouveau courrier :
« Je suis toujours, mon très chere Vauchoux, dans l'impossibilité de vous escrire et dans le désir de vous parler. Comme je suis las de cette situation, j'ay escrit à la Reyne et la prier de voir si vous estes enveloppé dans la commune disgrâce, ne pouvant pas m'imaginer que cela soit. Cependant, comme touttes les précautions sonts nécessaires, je croirois celle-ci plus efficace d'aller à Versaille et de voir ce que la Reyne aura apris sur ce sujet pour ensuite s'y conformer et ne pas rester plus long-temps dans cette incertitude qui me fait bien de la peine. »

En 1730, un ami du chevalier étant mort, Stanislas écrit le 11 novembre, dès qu'il a connaissance de la nouvelle :

« Je cognois, mon chere Vauchoux, par la douce expérience de vostre amitié, le prix d'un amy et combien il en couste de le perdre. J'aprends dans ce moment la perte que vous venez de faire du vostre. Je le regrette infyniment sans l'avoir cognu, très persuadé que vous n'estimez que ce qui mérite de l'estre, et je prends une véritable part à vostre douleur comme à tout ce qui vous intéresse par l'inviolable amitié avec laquelle je suis de tout mon cœur vostre très affectionné

« Stanislas Roy. »

Enfin, citons pour terminer cette série une lettre, envoyée de Dantzig, le 25 octobre 1733, et dans laquelle l'ex-monarque en mal de trône lui marque la joie qu'il aurait eue de l'avoir près de lui :

« La douleur de vous voir si loing de moy combat le plaisir que me donne vostre souvenir, j'en suis doublement sensible, tant à tout ce qui m'assure vostre attachement qu'au chagrin de n'en pouvoir pas jouyr. J'espère cependant un jour, dans le temps plus tranquille qu'yl n'est présentement ici, que si nous n'avons pas peu vivre ensemble, nous nous rejoinderons pour mourir l'un avec l'autre. Je viens de lire dans la *Gazette* que du Vernay est employé dans l'armée d'Italie, je n'aye pas besoings de vous marquer ma joye là dessus. Vous en serez aisément persuadé aussy bien que de l'amitié parfaitte avec laquelle je suis de tout mon cœur, etc. »

On sait par les différentes lettres de Stanislas que Vauchoux habitait en 1711 et en 1712 *rue des Quatre-Filles*, vis-à-vis les écuries du cardinal de Rohan. En 1726, il s'était transporté *rue des Blancs-Manteaux*. Les lettres qui lui furent expédiées de Chambord ne portent, en général, d'autre indication que : *mestre de camp de cavailerie* à Paris. Les dernières ont pour suscription ces simples mots : *M. de Vauchoux, commandeur de l'ordre de Saint Louis* ou *M. de Vauchoux, colonel de cavalerie à Paris*.

La dernière lettre adressée à Vauchoux par Leczinski devenu duc de Lorraine n'a aucun intérêt historique, mais, comme document humain, elle ne manque pas d'importance, et c'est pourquoi nous la publions.

« Je crois, mon chere Vauchoux, que le Père de Menou prolonge son sejour à Paris pour estre avec vous. Mais comme le mois de février auqu'elle vous avez fixer vostre retour aproche, ainsy rien ne le pourra plus l'arrester. Ce n'est pas tout. Il est question de me le lyvrer sain et sauve, je vous en charge ; à qu'elle fin, comme je crains que le carrosse ordinaire ou autre voiture ne frycasse un corps tourmentez par la gravelle, je vous prie de lui trouvez une chaise de hazard ou un faëton du prix de cinque cents francs, ou s'il veut se donner la peine de le chercher luy-mesme, de luy donner les 500 francs, et que rien ne retarde son départ. J'attends le vostre avec impatience et suis de tout mon cœur à vous.

« Stanislas Roy.

« De Lunéville, le 15 de janvier 1739. »

Page 172

Lettres de Stanislas. — Caractère de ce prince.

Le grand chancelier de Pologne, Zaluski, louait Stanislas, en 1696, sans réserves : *Omnia in eo summa : genus, genius, ingenium, virtus, spes omnium et exspectatio*. Deux siècles plus tard, M. Pierre Boyé, dans le remarquable ouvrage que nous avons cité souvent, donne à ses investigations sur le beau-père de Louis XV cette conclusion pessimiste : « Homme mûr, il ne sut pas honorer ses malheurs; vieillard, il n'eut pas le respect de lui-même. Il fut plus la dupe de ses imprudences et de son inguérissable ambition que la victime des événements. » Peut-être a-t-on quelque chance de trouver la vérité entre ces deux opinions extrêmes...

Stanislas, caractère faible à l'excès, ne disposait même pas des armes du faible. D'autre part, quoique ennemi de l'action, il se résignait mal à traîner une vie d'épreuves incessantes. Une impatience incroyable le tenaillait et le poussait à mendier des secours de tout genre. Sa peur de rester dans l'embarras n'avait pas tardé à devenir de l'affolement. Comme un homme tombé dans l'eau se cramponne à toutes les branches qu'il peut saisir, le malheureux Leczinski, après qu'il se vit obligé de fuir sa patrie, implora toutes les puissances à la fois et supplia le Pape d'intercéder pour lui.

Au début de 1723, il écrit en Pologne et il expédie à la Diète de Suède le seul parent qui lui soit resté fidèle, le comte Tarlo. Et pendant ce temps, il ne cesse de gémir, ramenant toujours tout à lui-même; les troubles qui retardent les affaires du Nord lui arrachent des plaintes incessantes parce que ses affaires personnelles ne peuvent qu'en souffrir. Il n'aspire qu'à sa petite tranquillité. Sa correspondance intime roule presque entièrement sur les secours d'argent qu'il attend ou qu'il reçoit, et sur les moyens propres à lui assurer une vie calme.

Le 13 février 1721, il s'empresse d'apprendre à du Bourg

combien la lettre du roi de Suède au Régent lui cause de la satisfaction, « tant par rapport du secours nécessaire » qu'il peut espérer qu'au sujet de sa « paix prochaine » (*Bibliothèque de l'Arsenal*, ms. n° 6615). Le 21 septembre de la même année, il écrit à Vauchoux :

« ..... Il est bien mortifiant de voir nos desirs s'acrocher aux débats de tant de puissances. Vous assurant qu'un moment d'aplication à mes affaires de Son Altesse Royale M. le Duc Régent procuré par les soings de M. le Duc pouroient les mettre dans l'estat qu'on peut sohaitter. M. le Duc Régent intéressant le Czar de Moscovie pouroient fort aisément le faire décider de mon sort. Je ne sçais si Mme de Courtanvaux ne s'est point mépris, sur le congrez de Cambrais au lieu de Brunswig, puisqu'au premier je ne sçache pas qu'on veuille traitter de quelque affaire concernant le Nord. Je vous prie de vous éclaircir là-dessus et de me croire de tout mon cœur

« Votre très affectionné

« STANISLAS Roy. »

Le 27 août 1722, au retour de Tarlo, chargé d'une mission en Suède, il écrit à la fois à du Bourg et à Vauchoux.

« Agréez, je vous prie, dit-il au premier, que je vous apprenne le retour du comte Tarlo et que je vous dise combien je suis content de sa négociation. Il m'a apporté quelque secours d'argent, à pouvoir supporter avec patience mon état présent. »

Quant à sa lettre au second, comme elle est inédite, nous la citerons tout entière :

« Mon très cherissime Vauchoux,

« Je me dédommage le plus tôst que je peut, par le plaisir de vous escrire, du vif chagrin que j'ay de ne vous point voir, sans pourtant pouvoir jamais satisfaire l'ardent desir que j'ay d'estre toutte ma vie avec vous, je vous prie d'en estre très persuadé. Le comte Tarlo, que je n'attendais que dans huicts jours, est arrivé le mesme soir du jour que vous estes partis, très fâché de ne vous avoir point trouver. Je suis très content de sa négotiation, par laquelle je suis très assuré de pouvoir comter entièrement sur l'amitié autant du Roi de Suède que de toutte la nation. Il est persuadé, le comte Tarlo, que le mystère incompréhensible subsiste et qu'yl m'est très avantageux comme mes amis l'ont assuré sans jamais pouvoir pénétrer de quelle nature il est. Le Roy de Suède, qu'yl la comblez de caresses, ne s'est découvert en rien, et comme la lettre qu'yl m'a escrit signifie quelque chose, je vous la communique, vous priant de me l'envoyer après l'avoir faicts voir à Mme de Prie. Mais laissant le mystère se développer quand yl plaira au destin, le comte Tarlo a très bien disposé tout pour me faire espérer avec la grâce de Dieu une prompte paix puisque je peut estre assuré que le Czar me la fera avoir. Je crois que la Diète qui va se faire dans un mois en Pologne dénouera tout cela; en attendant, je vous prie d'agir selon les mesures que nous avons pric ensemble et, surtout, de me ménager l'amitié de Mme de Prie, laquelle je vous prie d'assurer de la mienne et de me croire de cœur et d'âme tout à vous. »

« STANISLAS ROY. »

Rien ne renseignant mieux sur la psychologie complexe de ce prince que sa correspondance intime, nous accumulons ici les extraits les plus typiques de ses lettres à Vauchoux.

« ..... Je suis charmé de sçavoir, écrit-il le 23 septembre 1722, qu'on me remets au Czar, car très certainement mon sort dépend de ce prince, pourveu que conjonctement avec la Suède, la France le veuille disposer en ma faveur, c'est sur quoy il faut que M. le Duc insiste sans cesse, et je vous assure que ma patience me sera très douce du moment que ma chère amie Mme de Prie me réponds de celle de M. le Duc. Assurez-la, je vous prie, de toute la force de mon amitié. Quant à l'audience de M. le Cardinal Dubois vous avez fort bien faict de n'y avoir pas estez, puisque sans lettre cela n'auroit eu aucune grace. Mais comme M. l'abbé de Ravanne le souhaitte et que M. Le Blanc vous pourra présenter, et, d'ailleurs, que vous pourrez mieux que personne insinuer mes intérêts à ce ministre, voyez une lettre, mon cher ami, que je vous envoie *cachet volant*. Je trouve le sujet assez spécieux pour luy escrire et pour vous donner l'occasion de vous expliquer selon l'étendue de votre prudence et amitié pour moy. Que le Bon Dieu vous assiste dans cette expédition. Je vous prie de me dire ce qu'a produit l'entretien de M. le Duc que vous me mandez avec M. le Cardinal Dubois, lequel nous aura rendu l'accès plus favorable auprès de cette Éminence. Oserois-je, sans abuser des droits que vous me donnez sur vous, vous prier de faire cognoissance avec le Prince Kourakin, ministre du Czar, et ménager mes intérêts selon la cognoissance que vous en avez de luy pouvoir escrire dans la suite, quand vous serez plus familier avec luy..... »

Six jours plus tard, ce sont encore ses « affaires » qui lui fournissent le thème d'une assez longue missive.

« ..... L'entrevue avec M. le Duc, dit-il, ne sçauroit que m'estre de très grande conséquence, m'imaginant aisément tout ce que vous pourrez luy dire, et ma chère amie qui vous a installée dans ce ministère a trouvé le chemin le plus court pour parvenir à nos communs desirs; car yl ne tient qu'à faire bien entendre à ce prince qu'il ne dépend que de luy de presser M. le Duc Régent et M. le Cardinal Dubois pour qu'on regarde mes intérêts comme les siens propres afin qu'elles en devienents effectivement au plus tôst. J'attends donc avec impatience vos nouvelles là-dessus.

. . . .

« Comme M. l'Intendant d'Alsace est parti pour assister au Sacre du Roy, je luy ai remis la lettre que j'ai escrit à ce suiet à Sa Majesté. D'ailleurs, comme M. d'Argenvilliers est beaucoup de mes amis, il m'a promis avant son départ de travailler de son costé à l'avancement de mes intérêts. Je voudrois bien que vous trouviez l'occasion de luy parler pour luy dire ce que vous jugeriez à propos qu'il fasse et pour tirer l'usage de la bonne disposition ou yl est de travailler à mes affaires quand il parlera avec M. le Duc Régent ou M. le Cardinal Dubois. Il a l'honneur d'estre bien dans les bonnes grâces de M. le Duc et il m'a dit qu'il estoit persuadé que le Prince luy parlera de l'affaire en question. Ainsy il serait bon que vous le préveniez si vous le jugez à propos selon la cognoissance que vous aurez acquis par la conférence que vous avez deu avoir avec M. le Duc..... »

Le 5 octobre, autre prose au même, et non moins suggestive entièrement dictée par ses « intérêts ». On verra que s'il ne sait pas agir lui-même, il excelle à faire agir les autres à sa place.

« ..... Enfin rien n'est plus consolant pour moy que de sçavoir si positivement les sentiments de M. le Duc. Vous voilà, mon cher ami, en plein chemin à exercer la passion que vous avez pour tout ce qui me regarde.

. . . .

« Il est sensé qu'on ne sçauroit avoir assez l'œil sur mes ennemis qui, pour engager M. le Duc dans un autre parti, feront trainer mes affaires générales qui doivent précéder celle dont il est question. Je vous prie d'approfondir tous ces pièges avec M. le marquis de Chatte et de m'avertir de quel côté je dois être sur mes gardes, et surtout de mettre en campagne ma chère amie pour dissiper tous les brouillards qui se forment selon les soupçons de M. le marquis de Chatte. Le principal but est de rendre M. le Cardinal Dubois favorable à mes intérêts par les vues de nos engagements avec M. le Duc, et de joindre ses soins avec la Suède pour porter le Czar à ma pacification. Vous saurez que ce prince insiste fortement par son ministre en Pologne sur le traité à faire avec la Suède dont il est médiateur; ainsy il ne faut que travailler pour qu'yl le soit juste à mon égard..... »

Il sait aussi à l'occasion prodiguer les remerciements et se répandre en protestations enthousiastes :

« ..... Je peut vous assurer, déclare-t-il le 11 du même mois, qu'après vostre dernière entrevue avec M. le Duc, et après toutes les gracieuses expressions dont la lettre de Mme de Prie est remplie, il ne me reste rien à désirer que de pouvoir mériter autant d'amitié que je reçois. Je vous prie de luy dire que dans la crainte de l'importuner par mes lettres, je me contente de vous donner cette commission pour luy remercier selon les véritables sentiments que vous me cognoissez, et vous luy apprendrez que j'ay receu les fruits de son ouvrage, qui est une lettre de M. le Cardinal Dubois en réponse de celle que M. le Comte de Béthune luy a rendu de ma part sur le sujet de l'avancement à son premier ministère. Cette réponse est pleine d'honestetez et des promesses, comme si ma chère amie l'avait dicté elle-même. Enfin comme je fixe le dénouement de mes affaires au retour du Czar, il ne faut que continuer comme ma chère amie a commencé, de cultiver l'amitié de M. le Cardinal pour espérer qu'elle parviendra au but qu'elle s'est proposé de faire toute ma satisfaction. Qu'elle contentement pour moi d'être persuadé que mon bonheur fera la sienne! Je vous prie aussi de l'assurer que, selon qu'elle souhaite, je ménagerai avec beaucoup de retenue tout ce qu'elle me voudra apprendre. Au reste, si vous n'avez pas encore rendu ma lettre à M. le Cardinal, je crois que vous vous en pourriez dispenser, puisque nous savons par sa propre lettre la bonne disposition où il est à mon égard, et je n'ai sohaitté votre audience auprès de lui que pour que vous ayez l'occasion de l'étudier. Je laisse cela à votre bon plaisir..... »

Mais des lettres de ce genre sont plutôt rares; il retourne à son air favori, comme le monomane à son idée fixe, et il est intarissable dans ses variations.

« J'ay tardez, mon très chérissime Vauchoux, écrit-il le 13 décembre, à vous répondre à vostre lettre du 22 de novembre pour vous pouvoir dire que la diette de Pologne s'est séparé, au grand désavantage du roy Auguste, que tout est dans une très grande confusion et animosité, qu'on s'attends à quelque suittes d'éclat. De plus, on dit que le Czar, par son ministre à Varsovie, insiste beaucoup sur ma pacification. Quand j'en aurois la certitude par mes lettres particulières, je vous chargerois d'une lettre pour M. le Cardinal Dubois par laquelle j'en attribuerois les effets à ses soins auprès du Czar. Je vous prie de jetter au feu celle que vous avez fort bien fait de n'avoir pas rendu à ce ministre. On dit aussy que le Czar est sur son retour et qu'on l'attends au premier jour à Pétersbourg. Je vous prie de communiquer tout cecy à Mme de Prie et l'animer comme c'est le temps le plus favorable pour moy à l'approche de ce Prince, vu les très bonnes dispositions que je trouve en Pologne en faveur de ma pacification. Et comme vous avez, depuis vostre dernière audience, un accez libre auprès de M. le Duc, ne trouveriez-vous pas à propos de luy aller demender de ma part, qu'il reprenne ses sollicitations puisque le Czar revient, et qu'il en puisse tirer quelque chose de finale? Au reste, mon chere amy, je vous prie de me conserver toujours l'amitié de Mme de Prie, d'estre bien persuadé de la mienne et de me croire de cœur et d'âme tout à vous.

« Stanislas Roy.

« Tachez, je vous prie, de lier cognoissance avec le Prince Kourakin, ambassadeur du Czar. »

C'est la seconde fois, depuis septembre, qu'il formule cette recommandation. Le pauvre ex-monarque insiste avec la ténacité des apathiques et des timides pour qu'on travaille à son intention, et il le fait dans ses plus simples billets comme dans ses lettres importantes. Ce quémandeur qui redoute toujours de déplaire ne craint jamais d'importuner. Certainement, il y a quelque chose de maladif dans son cas.

Le 23 décembre, il priait Vauchoux de remettre deux lettres, l'une au cardinal Dubois, l'autre au Régent, la première contenant son compliment de nouvelle année, la seconde ses condoléances sur la mort de Madame, et il ajoutait aussitôt :

« Je voudrois que cela vous donne quelque occasion à l'éclaircissement avec le ministre sur le sujet du Czar qui doit déjà estre de retour, pour savoir si mes intérêts ont fait quelque progrès par le canal de la France. Tenez auparavant, je vous prie, un petit conseil avec Mme de Prie pour former votre discours avec Son Eminence selon qu'elle le jugera à propos. »

Le 29 janvier 1723, nouvelle commission au très chérissime ami :

« On dit, lui mande-t-il, que le comte Fleming doit arriver à Paris pour féliciter le Roy sur son couronnement de la part du Roy Auguste. Comme c'est l'homme qui est en tout pouvoir de faire ma pacification, il faudrait, mon cher ami, en cas que son arrivée se confirme, que vous preniez audience auprès de M. le Duc pour lui exposer que la France a en mains cette occasion pour terminer mes affaires, si elle veut s'employer à en parler sérieusement avec le comte Fleming, et, de plus, si elle veut engager les ministres de l'Empereur et d'Angleterre, et leur procurer les ordres dont les maistres m'onts tant de fois promis les bons offices, pour parler sur le mesme ton. »

Le bruit de l'arrivée du comte Fleming en France ayant été confirmé, Stanislas s'empressa de lancer Vauchoux chez M. le duc. « C'est, lui confie-t-il le 11 février, un sujet à prier M. le duc d'employer son autorité pour que les intrigues du ministre polonais ne me soient point préjudiciables. » Et il termine en demandant à son chérissime de profiter de l'occasion pour exposer au duc tous ses sentiments, non sans en avoir parlé à Mme de Prie. Ces sentiments se trouvaient consignés dans un mémoire, que Vauchoux devait jeter au feu après s'en être servi. « Car, si par quelque accident, conclut Leczinski, le roy Auguste apprenés mes sentiments qui sont écrits dans ce mémoire à découvert, il se cabreroit sur la bonne disposition où je sçait qu'yl est présentement à l'égard de ma pacification, et cela me pourroit devenir préjudiciable. »

Enfin, il ajoute en post-scriptum :

« Ayant fini la lettre, je réfléchis de quelle utilité il me seroit que M. le Cardinal Dubois sache une fois mes sentiments et qu'yl soit instruict pleinement sur ce que M. le Duc lui pourra dire superficiellement; ainsy si vous le jugez ainsy et que tout ce qui est compris dans ce mémoire soit du goût de cette Éminence, il serait à sohaitter que vous lui exposiez le sens de bouche comme votre propre production, comme cognoissant parfaitement mes sentiments et comme mon ami déclaré et reconnu pour tel de tout le monde. Ou si vous croyez que Mme de Prie se pourroit expliquer plus familièrement, il faudroit la prier de s'en charger et lui donner une juste idée des articles du mémoire pour qu'elle les puisse insinuer par cœur et par discours à M. le Cardinal. »

Tout événement lui parait négligeable s'il ne le touche. Il reconnait bien que la mort de Madame doit « occuper » le Régent et « interdire tout commerce avec lui pendant quelque temps » ; mais la durée de ce temps ne doit pas être exagérée.

« Je vous avoue que je sœhaitterois, écrit-il le 1ᵉʳ mars, qu'on puisse parler avec ce Prince à fonds dans la veue de le faire agir à la Cour au delà de la seule politesse, mais par des motifs engageant aussi bien l'intérêt général de la France que le sien propre, à qu'elle fin je vous ait dit tout ce que je pense là-dessu dans mon mémoire, étant persuadé que les sollicitations de M. le Duc produisant une connaissance certaine de mes affaires, et qu'elles ne pouvaient que le déterminer, puisque je sçais que toute la disposition du Czar est à me procurer la paix, et même du côté du roy Auguste à ne me la point disputer pourveu que la France mette toutte en œuvre, à quoy elle ne s'attachera point vivement que par les insinuations sans relâche de M. le Duc et en sa faveur. Voilà mon opinion, réglez-vous cependant sur la vostre et conduisez, mon chere amy, l'affaire selon que vous le jugerez à propos, pourveu qu'elle n'échappe point par la langueur avec laquelle elle se traine. J'aurais voulu escrire à M. le Duc un compliment sur la mort de Madame la Princesse et pour luy remercier des soings qu'il prend de mes intérêts ; mais comme j'attends l'occasion à entrer dans le comerce des lettres par un endroit plus sensible et plus réjouissant, je vous prie de prier Mme de Prie de faire la condoléance de ma part. Au reste, je vous rends grâce de la nouvelle que vous me donnez de l'augmentation de ma pension. Cela me fait augurer que la France s'intéresse à ma conservation. Plût au ciel que je puisse lui estre de l'utilité que je sohaitte ! »

Cependant les mois se passaient sans que ses « affaires » s'arrangeassent au gré de ses désirs, et les intrigues dans lesquelles il se trouvait engagé ne dissipaient pas ses craintes.

Le 1ᵉʳ mai, à Vauchoux, qui l'invite à la patience, il répond :

« Si je pouvois jouyr du mesme bonheur (du bonheur de le voir), je m'exercerois dans la vertu que vous me recommandez ; mais, sans le secours d'un si agréable amy, je succombe, non par l'impatience, mais par l'ignorance de ce qui se passe avec moy ou plutôt par la défiance qu'on ne songe pas aussi sérieusement à mes affaires qu'on me le fait espérer. »

Il ne se souvenait plus alors que deux ans avant, le 3 septembre, il avait écrit au même Vauchoux :

« Au reste, il faut attendre avec patience le temps que le Bon Dieu a prescrit... »

Malgré l'intérêt de ces lettres, toutes inédites, il faut nous borner. Si, à la fin de 1724, Stanislas écrivait à du Bourg que sa « pacification » était « en bon train » (1), il lui tardait plus que jamais de se réconcilier avec le roi Auguste, car sa misérable situation l'empêchait de marier sa fille. Et l'idée de cette réconciliation continua de le hanter après que M. le Duc lui eut demandé la main de Marie Leczinska pour le roi de France. On s'en rend compte par cette lettre que le roi de Suède lui adressait le 5 mai 1725 :

« J'ai reçu votre lettre, du 11ᵉ du mois passé, écrit Frédéric de Hesse, par laquelle il a plu à Votre Majesté de me communiquer les réflexions que la mort du dernier empereur de Russie lui a fait faire par rapport à sa *réconciliation* avec le roi Auguste. L'attention particulière que j'ai toujours pour ses intérêts ne m'a pas permis d'oublier ou de négliger la moindre chose qui pourrait lui être utile ; et à peine eus-je appris la nouvelle de ce changement inopiné que je pris la résolution d'envoyer en Russie une personne de distinction pour y veiller à mes intérêts. Ceux de Votre Majesté, l'espérance de pouvoir faire travailler avec succès à sa *pacification* m'en ont été un pressant motif ; et j'ai choisi pour cela M. le baron de Gederhielm, sénateur de mon royaume, qui, depuis longtemps, a l'honneur d'être connu d'elle, et qui a témoigné

---

(1) Lire à la fin de ces notes le mémoire que Leczinski adressa le 27 juillet 1724 au comte de Gassion.

beaucoup de zèle et d'attachement pour son service..... »
(*Collection d'autographes* de la Bibliothèque de Nancy.)

Dès 1726, Leczinski, qui avait tout tenté, quelques années auparavant, pour décider Charles XII à le laisser renoncer à son titre de roi, Leczinski demande aux ministres de Versailles la restitution de ses biens et vise à recouvrer le trône de Pologne. Chose curieuse, qui achève de marquer le côté enfant de ce caractère peu commode à déchiffrer, c'est à mesure qu'il avance en âge que Stanislas se reprend du désir de régner.

Le duché de Lorraine ne saurait suffire à son ambition sénile, il lui faut le royaume de Pologne. Une devineresse, conte Barbier (*Journal*, mars 1733), lui avait prédit jadis, à Deux-Ponts, qu'il retournerait à Varsovie. La prédiction était bien faite pour stimuler un Slave. Aussi, malgré les événements contraires, il entretiendra cette chimère jusqu'à sa mort (1766), justifiant ainsi le mot de Frédéric II qui l'appelle dans son *Antimachiavel* (ch. XIII) le roi « toujours élu et toujours détrôné ». Mais ses défauts ne l'empêchèrent point de s'appliquer à ses devoirs et il manifesta toujours une réelle sollicitude pour les Lorrains. « Après avoir multiplié pendant les premières années de son règne les fondations utiles, rapporte M. Mézières (1), il réunit un jour ses ministres pour leur demander s'ils n'avaient rien oublié. « Cherchons, mes-
« sieurs, leur disait-il, cherchons. Je ne me consolerais pas s'il
« manquait quelque chose au soulagement de mon peuple. »
Comme on cherchait sans trouver, il termina la séance, proposant une dernière fondation..... pour les cas imprévus. »

Mémoire à M. le comte de Gassion.

I. Puisque Monsieur le Comte de Gassion veut absolument se charger de mes commissions, j'use du pouvoir qu'il me donne pour employer ses talens et son mérite en faveur de mes intérests.

---

(1) MÉZIÈRES, ouvrage cité, p. 83.

2. Comme je says que M. le Maréchal du Bourg depuis son arrivée à Paris aura pû prendre une connoissance parfaite sur tout ce qui me regarde, je prie M. le Comte de Gassion d'aller le voir le premier, et selon les lumieres qu'il prendra de son entretien avec M. le Marechal former un seul projet de négociations avec M. le Comte de Murville. Car supposé :

3. Que Monsieur le Duc ait déjà levé les difficultez qui pouvoient retarder la conclusion de ses intentions et qu'il n'y en ait point qui le retiènent, je ne voudrois pas ouvrir la bouche sur mes interests, espérant de parler plus efficacement quand je le pourroi faire au nom de ce Prince. Mais s'il y a toujours quelque crochet qu'il faut preallablement applanir, je voudrois qu'on le commençat une fois serieusement. En ce cas :

4. M. le Comte de Gassion pourroit convenir avec M. le Maréchal du Bourg de la maniere de conferer avec M. le Comte de Morville, à qui je jugerois à propos de dire, que j'étois charmé d'apprendre par M. le Comte de Gassion même comme quoy la France ne me juge pas inutile à ses interests en veüe de quoy qu'Elle prend des mesures tres secretes pour les faire réussir en temps et lieu. M. le Comte de Gassion pourra représenter là-dessus le principal interest et désir que j'ay d'estre bon à quelque chose à la France; que je ne m'impatiente nullement à savoir la manière qu'on pense sur mon sujet. Dans la résignation où je suis de me conformer aveuglement à ses volontez je suis très tranquille sur tel evenement qui puisse arriver. Il n'est pas de même sur ce qui concerne le présent qui est ma *pacification,* la quelle ne pouvant déranger aucune veue de la Politique de la France me donne le droit d'insister à pouvoir profitter des favorables dispositions qui se trouvent moyennant que la France veuille agir finalement en veue de cette pacification.

5. M. le Comte de Morville fait 1) les engagements de la Suède avec le Czar. 2) La nature de cette pacification consiste purement dans la restitution de mes biens et dans le dédommagement, n'étant nullement nécessaire d'aucun traité directe la dessus avec le Roy Auguste. 3) La formalité de cette pacification se trouve comprise dans le Traité de Paix de la

Pologne avec la Suède dont le Czar est médiateur. 4) Les difficultés de cette Pacification sont que la Pologne ne décide sur rien que par une Diette, et que cette Diette ne se terminera jamais selon toute apparence durant le règne du Roy Auguste, lequel trouvera toujours des faux fuyants pour se soustraire à cette pacification à moins que le Czar par les raisons de la tranquillité de ses États voisins ne représente sérieusement à la Pologne la nécessité indispensable de se pacifier, à quoy ce Prince très disposé mettroit facilement la dernière main, si la France 5) le sollicitoit par une mission particulière d'une personne de distinction comme est M. le comte de Gassion qui pourroit en même temps passer par la Suède pour prendre des mesures conformes à cette fin, étant très persuadé qu'appuyé de l'autorité de la France, les instruction que je donnerois à M. le Comte de Gassion produiroient un effet immancable. Si cette mission souffre quelque difficulté, du moins je souhaitterois qu'on parlat à M. le Prince Murattin sur les mémoires que je présenterois. Si on veut les appuyer, j'en chargerai M. le comte de Gassion quand je le verrai. C'est à lui que je recommande tout ceci, très persuadé du plaisir avec lequel il s'emploie pour tout ce qui me regarde.

Page 209

Renseignement sur le bruit qui faisait dire que la princesse Marie tombait du haut mal.

Monseigneur,

Les noms de l'abbaye, de l'abbesse et de la religieuse se sont trouvés conformes à ceux que Votre Altesse Sérénissime m'a donnés.

Hier au matin j'ay eu une consultation de plus de deux heures avec la religieuse en question par le secours d'une interpretette aussy religieuse du même couvent ; après luy avoir fait les questions nécessaires, elle m'avoua qu'il y avoit quelques années qu'elle avoit été consultée par la Reine de Pologne, au sujet d'une indisposition qu'avoit alors une demoiselle qui luy estoit attachée et qu'elle aimoit infiniment. Cette indisposition étoit ce qu'on appelle le haut mal. La Reine ne luy a point escrit elle-même parce qu'elle ne sçavoit point escrire en allemand; mais elle luy fesait escrire par un chanoine qui luy estoit attaché et en qui elle avoit beaucoup de confiance. La Religieuse me dit aussy qu'elle avoit encore ces deux lettres qui sont de 1716, dans l'une desquelles il y a un détail des simptomes et accidents qui paroissent confirmer le caractère du mal marqué cy-dessus. Il est aussy marqué dans cette lettre que la demoiselle pour qui on consulte estoit agée lors de trente ans, et qu'il y en avoit un qu'elle avoit eu les premières attaques, que cependant elle ne tomboit que très rarement dans cet accident.

La Religieuse dit qu'elle luy a fait l'espace de deux ans des remèdes contre cette indisposition.

Pendant les années 1716 et 1717 elle a receu à ce sujet au moins vingt lettres de la Reine de Pologne toutes escrittes et signées par le chanoine.

DELABORDE.

Nom du chanoine : Ludovicus Labiszewzki.
L'endroit dont les lettres ont estés escrittes : Zweybrück.

A Metz, ce 9 may 1725, à deux heures après midi.

Page 211

M. le Duc au Roy d'Espagne.

May 1725.

SIRE,

Ce que les ennemis de l'union de la France et de l'Espagne essayent de répandre sur les suites de la juste douleur de Votre Majesté ne m'empeschera point de profitter de toutes les occasions de luy renouveller les assurances de mon respect, et de luy donner sans cesse des marques de la candeur dont je fais profession. Si les conjonctures avoient pu permettre au Roy de suivre les mouvemens de son cœur, et de sa confiance pour Votre Majesté en luy donnant dans le choix de la princesse qu'il pouvoit épouser toute la part qu'elle devroit naturellement y avoir, elle auroit reconnu comme elle le reconnoit aisément par la détermination du Roy, que peu touché par ce qui auroit peut estre flatté les veues de tout autre, je n'ay point songé à faire prévaloir aucune considération personnelle sur ce qu'exigeoient de mon devoir le bien de la Religion et la tranquilité du Royaume. Je suis persuadé aussy que malgré le doutte qu'elle peut avoir eu sur la droiture de mes intentions, elle sera entièrement convaincue par cette nouvelle circonstance de leur parfait désintéressement. Comme je me flatte qu'elle ne me refusera pas cette justice, je luy demande encore celle de croire qu'elle ne trouvera jamais personne qui porte plus loin que moy l'empressement et le zèle pour son service, et pour tout ce qui peut luy estre le plus cher. Tels seront les sentimens qui serviront dans tous les tems de règle à ma conduite, en tout ce qui pourra contribuer à la satisfaction de Votre Majesté. Elle n'en douttera certainement pas, si elle veut bien se souvenir de ce qui luy a esté expliqué de ma part. Je suis.....

Le Roy au Roy d'Espagne.

May 1725.

Monsieur mon frère et oncle, je n'aurois rien désiré plus particulièrement que de consulter Votre Majesté sur la princesse que je pouvois choisir pour épouse. Mes sentimens pour Votre Majesté et la tendresse dont elle m'avoit jusques à présent donné des marques, m'auroient porté également à me déterminer par ses conseils en cette occasion, mais forcé par les conjonctures à me refuser encore à cette satisfaction, je n'ay pas voulu au moins différer de luy faire part du choix que j'ay fait de la princesse Marie, fille du Roy Stanislas, pour épouse. Quoique Votre Majesté ne put avoir aucun doute sur les véritables motifs de la résolution qui fait aujourd'huy le sujet de sa juste douleur, elle jugera cependant encore par cette nouvelle circonstance qu'en même tems que j'ay fait céder mes volontés les plus chères à ce que le bonheur de mes peuples et leur consolation ont exigé de moy, je me suis déterminé dans le choix de cette princesse, par ce que j'ay jugé qui pourroit estre le plus conforme au bien et à la gloire de la religion. Quelque grande que soit l'impatience de mes sujets sur la déclaration de mon choix, j'ay cru devoir à Votre Majesté, à l'Infante votre fille et à moy-même, le silence que j'ay gardé et que j'observe encore à cet égard, jusques à ce que la Princesse, fille de Votre Majesté, soit prête à estre remise entre les mains des personnes que Votre Majesté a proposées pour cet effet. C'est la moindre marque que je pusse luy donner de mon attention pour tout ce qui pourroit intéresser sa délicatesse, et je la prie d'estre persuadée qu'il n'en est point de témoignages qu'elle ne doive attendre de la sincère amitié que je conserveray toujours pour elle.

Je suis.....

Le Roy à la Reyne d'Espagne.

Madame ma sœur et tante, quoyqu'il semble que je ne puisse parler à Votre Majesté de mon mariage avec la Princesse Marie, fille du Roy Stanislas de Pologne, sans renouveller encore ses peines, je n'ay cependant pu me refuser en cette occasion à ce que j'ay cru devoir aux liens du sang qui nous unissent et à la part que je suis persuadé que Votre Majesté voudra bien prendre à ce qui intéresse aussy essentiellement notre maison. J'ay senty plus que personne toute l'étendue de la douleur de Votre Majesté mais en même tems que ce sentiment commun à Elle et à moy a du céder aux considérations les plus fortes auxquelles je me suis sacrifié moy même, Votre Majesté peut compter qu'ayant toujours pour elle l'estime la plus parfaite et l'amitié la plus sincère, je profiteray avec empressement de toutes les occasions où je pourray contribuer à sa satisfaction, et asseurer ses intérêts les plus chers, tant dans la personne de Votre Majesté, que dans celle des Princes ses enfans.

Je suis.....

Page 223

État de la maison de la Reine.

CHARGES

Surintendante : Mlle de Clermont;
Dame d'honneur : Mme de Boufflers;
Dame d'atours : Mme la Comtesse de Mailly;
Dames : Mmes de Tallard;
— la Maréchale de Villars;
— de Béthune;
— d'Egmont;
— de Prie;
— de Chalais;
— d'Épernon;
— de Rupelmonde;
— de Gontault;
— de Nesle;
— de Mérode;
— de Matignon;
Chevalier d'honneur : M. de Nangis.

CHAPELLE

Grand Aumônier : M. de Fréjus;
Premier aumônier : M. de Chalons;
Aumônier ordinaire : M. l'abbé de Vienne.

ÉCUYERS

M. le Comte de Tessé;
Un ordinaire : M. d'Auteuil;
Quatre de quartiers : MM. de Vaune;
— de Vauchoux;
— de Dampierre;
— de Sorui;

Secrétaire des commandements : M. Paris Du Vernay.

(Solliciteur d'Affaires, Garde des livres, états et papiers, gentilshommes servants, valets de chambre, garde-robe, médecins, officiers de bouche, panneterie, échansonnerie, en tout 328 personnes.)

Page 233

Lettre de Friedricht, roi de Suède, à Stanislas.

Monsieur mon frère, la lettre dont Votre Majesté a bien voulu charger le baron de Guntzer, datée de Weissembourg, le 3 du courant, m'a donné la nouvelle du monde la plus agréable, en m'apprenant la déclaration du mariage de son Altesse Royale avec Sa Majesté le roi de France; la part que je prends à ce grand évènement est aussi sincère et aussi vive que la joie de Votre Majesté doit être parfaite, de voir enfin la constance héroïque avec laquelle elle a soutenu si longtemps les revers de la fortune, récompensée d'une manière si éclatante et si glorieuse. J'en envisage les suites heureuses avec une satisfaction entièrement conforme à mon amitié envers elle. Ledit baron qui s'est montré tout-à-fait digne du choix que Votre Majesté a fait de sa personne dans cette rencontre, et qui a mérité toute mon approbation, est en état de lui exposer plus amplement mes sentiments là-dessus; il lui dira en même temps combien l'attachement est véritable, avec lequel je suis et serai toujours, monsieur mon frère, de Votre Majesté, le bon frère, ami et allié,

Friedricht.

Stockolm, le 30 juin 1725.

Lettre du Duc d'Orléans à Stanislas.

Sire,

Je ne me pardonnerai pas d'avoir été prévenu par Votre Majesté, dans une occasion où mon profond respect pour elle et mon devoir ne me permettent pas de me taire, si je n'avais cru devoir ne lui faire mon très humble compliment sur le mariage dont elle m'a fait l'honneur de m'écrire, qu'en lui notifiant en même temps qu'il a plu au Roi, mon très honoré seigneur, de me nommer pour le représenter dans cette auguste cérémonie. Je me chargerai avec empressement de cette commission, dont j'augure les plus heureuses suites; on doit tout attendre d'une princesse qui joint aux dons de la nature les fruits de la plus parfaite éducation.

Comme c'est de Votre Majesté que nous tiendrons une partie des biens que nous nous promettons, chaque instant redoublera notre reconnaissance, et la mienne en particulier sera des plus fortes, si Votre Majesté veut bien ajouter aux grâces que j'ai reçues d'elle, celle de faire agréer mes très humbles hommages à notre Reine.

Je suis avec un très profond respect, Sire, de Votre Majesté, le très humble, très obéissant serviteur,

Louis d'ORLÉANS.

Lettre du prétendant d'Angleterre à Stanislas.

Rome, le 6 juin 1725.

Monsieur mon frère et cousin, c'est avec une satisfaction bien sensible que je viens me réjouir avec Votre Majesté sur la déclaration du mariage du Roi Très-chrétien, avec la princesse sa fille, saisissant avec joie une occasion aussi heureuse pour l'assurer de la sincérité de mon amitié envers Elle. Les anciennes liaisons de notre maison avec celle de la Reine et notre propre situation nous doivent rendre plus sensible à la sienne, et il parait que la Providence, en voulant récompenser vos peines et votre mérite ait voulu en même temps me donner en votre personne un ami également capable et empressé à soutenir avec dignité et efficacement les intérêts de ma juste cause. Ma haute estime pour Sa Majesté augmente encore ma confiance en son amitié, et je la prie de croire que la mienne aussi me portera en tout temps à lui en donner les plus fortes preuves, étant, Monsieur mon frère et cousin, de votre Majesté le bon frère et cousin,

JACQUES.

Page 238

*Mémoire pour servir d'instruction au duc d'Antin
et au marquis de Beauveau.*

Quoiqu'il ne soit pas possible de fixer aucun cérémonial pour les audiences et autres fonctions que M. le duc d'Antin et M. le marquis de Beauveau auront à remplir, cependant il y a des formalités d'usages généralement reconnus dans toutes les cours auxqu'elles il paroit convenable de se conformer en cette occasion.

Sur ce fondement, les ambassadeurs du Roy lorsqu'ils seront arrivés à Strasbourg en feront donner part par un gentilhomme au grand maréchal de la maison du Roy de Pologne. Si c'est cet officier principal qui vient de la part de ce prince faire un premier compliment aux ambassadeurs de Sa Majesté, ils ne peuvent lui faire trop d'honneur, ils doivent même le recevoir à la descente du carrosse, lui donner la main chez eux, le reconduire jusqu'au carrosse, et le voir partir. Si au contraire le premier compliment leur est fait par un officier inférieur tenant lieu par exemple d'introducteur, alors ils peuvent se contenter de le recevoir et de le reconduire au haut de l'escalier.

Quoi que ce soit qui fasse cette fonction, ils concerteront avec lui l'heure où ils pourront aller à l'audience du Roy et de la Reine de Pologne.

Ils y seront sans doute conduits par le grand maréchal qui sera vraisemblablement chargé de les venir prendre dans les carrosses du Roy Stanislas et qui sera reçu par les sieurs ambassadeurs comme il l'aura été la première fois si, comme il a esté dit cy dessus, c'est lui qui a esté chargé de faire le premier compliment. Ils seront accompagnés de leurs carrosses, et des gens de leur suite, ainsi que cela est d'usage. Ils seront receus au bas de l'escalier par quelque autre officier principal, accompagné de Gentilhommes du Roy Stanislas, et conduits à l'audience du Roy de Pologne et ensuite à celle de la Reine de Pologne. Ce prince pourra, s'il le juge à propos, avancer au devant d'eux trois ou quatre pas, quoique dans la règle ordinaire il ne dut point sortir de sa place, et il pourra de même, lorsqu'ils se retireront, les reconduire le même nombre de pas. A l'égard de la Reine de Pologne, elle ne s'avance point ny en les recevant, ny lorsqu'ils se retirent.

L'on ne parle point icy des honneurs militaires que les ambassadeurs de Sa Majesté recevront à leur arrivée et pendant leur séjour à Strasbourg, ils seront conformes à ceux qui se rendent ordinairement aux ambassadeurs du Roy, lorsqu'ils passent, ou qu'ils résident dans les places appartenantes à Sa Majesté.

Les audiences de congé doivent être accompagnées du même cérémonial que les premières.

Ce qui est marqué dans ce mémoire ne doit pas estre regardé comme une loy, et l'on a seulement en vue de donner aux sieurs ambassadeurs une idée des démarches que le Roy et la Reine de Pologne peuvent faire sans sortir de ce que la dignité royale peut permettre ; et comme il a été prescrit dans l'instruction, les ambassadeurs doivent estre principalement attentifs à n'admettre aucuns autres honneurs qui pourroient estre contraires à la dignité du Roy et de la Reine de Pologne en même tems qu'ils auront soin de ne point s'écarter, autant qu'il se pourra de leur part, de ce que demande la dignité du caractère dont ils sont revêtus.

Page 245

9 *août* 1725.

« Au nom de dieu créateur, soit notoire à tous que comme très haut, très excellent et très puissant prince Louis XV, roi de France et de Navarre, occupé du soin de contribuer au bonheur de ses peuples et de satisfaire leurs vœux unanimes, se seroit enfin déterminé à assurer dès à présent la postérité dont la continuation intéresse si particulièrement le repos de son royaume et celui de toute l'Europe. Et que comme la Sérénissime Princesse Marie, fille de très haut, et très excellent et très puissant prince Stanislas, par la grâce de Dieu, roi de Pologne, et de très haute et très excellente et très puissante Catherine Opalinska, son épouse, aussi par la grâce de Dieu, Reine de Pologne, est douée de toutes les qualités qui la peuvent rendre chère à sa Majesté et à tout son royaume; Sadite Majesté auroit demandé aux Sérénissimes Roi et Reine de lui accorder la Sérénissime Princesse Marie, leur fille, pour épouse et compagne, et dans cette vue elle auroit nommé des commissaires pour, conjointement avec celui du Sérénissime Roi Stanislas, converser des articles et conditions nécessaires pour parvenir à l'accomplissement de ce mariage; lesquels articles ont été signés et arrêtés à Paris le 17 du mois dernier suivant les pouvoirs respectifs, par Sadite Majesté, le 23 dudi mois et par le dit seigneur Stanislas de Pologne, à Strasboug, le 22 du même mois.....

« Les convention et traité de mariage entre sa Majesté et ladite Sérénissime Princesse Marie ont été accordés et arrêtés ainsi qu'il suit. Avec la grâce et bénédiction de Dieu, les épousailles et mariage entre Sa Majesté et ladite Sérénissime Princesse Marie seront célébrés par parole de présent, selon la forme et solennité prescrites par les sacrés canons et constitution de l'Eglise catholique, apostolique et romaine, et se feront les épousailles et mariage en vertu du pouvoir et commission qui seront à cet effet donnés par Sadite Majesté, laquelle les ratifiera et accomplira en personne quand ladite Sérénissime Princesse Marie sera arrivée en sa cour.

. . . .

« En cas que ce mariage se dissoût entre sa Majesté et la Sérénissime Princesse, et qu'elle survive à Sadite Majesté, en ce cas il sera libre à la Sérénissime Princesse ou demeurer en France, dans les lieux qui lui plaira, ou en quelqu'autre lieu convenable que ce soit hors du royaume de France, toutefois et quantes que bon lui semblera, avec tous les droits, raisons et actions qui lui seront échus, ses douaires, bagues, joyaux, vaisselles d'argent et tous autres meubles quelconques avec les officiers et serviteurs de sa maison, sans que, pour quelque raison ou considération, on puisse lui donner aucun empêchement, ni arrêter son départ, directement ou indirectement, empêcher la jouissance et recouvrement de ses droits, raisons, actions..... et pour cet effet Sa Majesté donnera au Roi Stanislas de Pologne, pour la susdite Sérénissime Princesse Marie, sa fille, telles lettres de sûreté qui seront signées de sa propre main et scellées de son scel, et leur assurera et promettra pour soi et pour ses successeurs Rois, en foi et parole royale.

« Ce traité et contrat de mariage ont été faits avec dessein de supplier Notre Saint Père le Pape, comme sa Majesté et Sérénissime Roi Stanislas de Pologne l'en supplient, de l'approuver, et de lui donner sa bénédiction apostolique, promettant, sa Majesté, en foi et parole de Roi, d'entretenir, garder et observer inviolablement, sans y aller, ni souffrir qu'il soit allé, directement et indirectement, au contraire, comme les susdits comte de Tarlo, commissaire-procureur du Roi Stanislas, au nom dudit Roi et de ladite Reine de Pologne, et en celui de la Sérénissime Princesse Marie, leur fille, stipulant sous l'autorité des Seigneur et dame, ses père et mère, en vertu de ses pouvoirs et procurations..... ont signé de leur propre main du présent contrat, duquel l'original est demeuré pardevers nous pour, en vertu d'icelui, en délivrer les expéditions nécessaires en la forme ordinaire; fait et passé à Versailles, le neuvième jour d'août 1725, par devant nous, conseiller secrétaire d'état et des commandements de Sa Majesté. Signé : Louise-Marie-Françoise de Bourbon; Auguste, duchesse d'Orléans; Louise-Françoise de Bourbon; L.-H. de Bourbon; Charles de Bourbon; Marie-Thérèse de Bourbon; Philippe-Elisabeth de Bourbon; N. d'Orléans; Louise-Anne de Bourbon; Louise-Adélaïde de Bourbon; Louis-Auguste de Bourbon, Alexandre de Bourbon; Marie-Victoire-Sophie de Noailles, comtesse de Toulouse; Comte de Tarlo; Philippeaux; Fleurian (1). »

(1) Archives nationales. K. 141, n° 3.

Page 249

Lettre du cardinal de Rohan.

M. de Loches est arrivé comme nous estions à table et m'a remis vostre billet, Monsieur; il a bu un coup et est reparty sur le champ. J'envoye à Sarrebourg deux carosses aux ordres de Mlle de Clermont et des relais en chemin afin qu'elle puisse faire plus de diligence. Il est des cas où les confidences tardives et les mystères reviennent à peu près au mesme. Ce n'est point icy l'occasion, à Dieu ne plaise, que je vous soupçonne d'estre mystérieux, et si les confidences sont tardives, c'est que les partis n'ont pû estre pris que tard. Nous vous attendrons demain icy, vous et vostre auguste compagnie. L'arrivée du Roy sera une surprise, et si malgré ma prétendue magnificence je vous fais mauvaise chère, vous me le pardonnerez.

Vostre donneur d'avis préfère sans doute les canons de quelque concile particulier au concile de Trente qui fait rostre dans le point dont il s'agit, encore faut-il qu'il ayt mal lu et mal entendu ces canons. Il n'y a nul scrupule à avoir, je suis bien éloigné de vouloir faire une mauvaise besogne dans l'affaire présente, je joints à cette lettre un mémoire qui vous mettra en estat de confondre le donneur d'avis. Vous connaissez, Monsieur, mon respect et mon attachement pour vous.

Le cardinal de ROHAN.

Mémoire envoyé à M. le Duc par le cardinal de Rohan.

On ne voit pas qu'il puisse y avoir de la difficulté à célébrer le mariage de Sa Majesté avec la princesse Marie le jour de la fête de l'Assomption comme cette princesse l'à désiré : il n'y a de temps défendu par l'Église pour la célébration des mariages que depuis le premier dimanche de l'Advent jusques au jour de l'Épiphanie inclusivement et depuis le mercredy des Cendres jusques au dimanche de Quasimodo aussy inclusivement. C'est la discipline établie par le concile de Trente, Sess. 24, c. q. *Ab adventu Domini N. J. C. usque in diem epiphaniæ et a feriâ quartâ cinerum usque in octavam paschalis inclusive antiquas solemnium nuptiarum prohibitiones diligenter ab omnibus observari Sancta Synodus præcipit; in aliis vero temporibus nuptias solemniter celebrari permittit.* Cette discipline a esté universellement reçue dans toutes les églises de France et authorisée par tous les rituels particuliers qui y ont esté faits depuis ce concile; elle est en particulier suivie par le rituel de Strasbourg imprimé en 1670; quelques conciles particuliers comme celuy de Nismes en 1284 et celui de Salgunstad en 1091, que quelques manuscrits apellent de Mayence, avoient ajouté aux jours de l'advent et du caresme qui ont esté fixés depuis par le concile de Trente d'autres jours pendant l'année; mais ces règlements particuliers sont censés abrogés par la disposition du concile de Trente qui, en ce point, a esté reçue universellement; mais quand mesme les règlements particuliers de ces conciles seroient encore en vigueur, il n'y en a aucun qui mette le jour de l'Assomption parmy ceux auxquels il défend la célébration des mariages; celuy de Nismes n'ajoute aux jours ordinaires que ceux qui sont depuis les Rogations jusques au dimanche de la Pentecôte inclusivement; celuy de Salgunstad, autrement de Mayence, met les quatorze jours avant la fête de Saint-Jean-Baptiste ou il prescrit l'abstinence et les jours de jeûnes reçus allors dans l'Église, auquel cas il seroit encore plus sur de célébrer le mariage le quinzième du mois d'aoust, jour de l'Assomption, que le quatorze qui en est la vigile avec jeûne; quand enfin l'Église auroit mesme défendu de célébrer des mariages le jour de l'Assomption, comme certainement elle ne l'a point fait, ce ne seroit qu'une loi positive dont l'évêque pouroit dispenser comme il dispense des défenses de marier pendant l'advent et le caresme sans qu'on ait jamais douté de la validité des mariages célébrés avec cette dispense : et quand aussy il n'y auroit pas dans ces temps là de dispense, le mariage qu'on célébreroit allors ne pouroit jamais estre nul parce que l'interdit de l'Église n'a jamais passé pour un empêchement dirimant, mais seulement pour un empêchement empeschant.

Page 251

Discours prononcé par son Excellence le Cardinal de Rohan devant l'Autel à la cérémonie du mariage de la Reine le quinzième Aoust 1725.

Madame,

Quand je vous vois dans ce saint temple, et que vous approchez de nos autels pour y contracter l'auguste alliance qui va vous unir au plus grand des rois et au plus aimable des Princes, j'adore les desseins de Dieu sur vous et j'admire avec transport par quelle route la Providence vous conduit au trône, sur lequel vous allez monter. Vous êtes, Madame, d'une maison illustre par son ancienneté, ses alliances et par ses emplois éclatants, que les grands hommes qu'elle a donnés à la Pologne ont successivement remplis avec tant de gloire ; vous êtes fille d'un père, qui, dans les différents événements d'une vie agitée par la bonne et par la mauvaise fortune, a toujours réuny en luy l'honnête homme, le héros et le chrétien. Vous avez pour mère et pour ayeulle des princesses qui semblables à Judith, à cette femme forte dont l'Ecriture fait le portrait, se sont attirées la vénération et le respect de tout le monde, par la fidélité avec laquelle elles ont toujours marché dans la crainte du Seigneur. On voit en votre personne, Madame, tout ce qu'une naissance heureuse et une éducation admirable, soutenue par des exemples également forts et touchans, ont pu former de plus accomply : en vous règne cette bonté, cette douceur et ces grâces, que l'on est obligé de respecter ; cette droiture de cœur à laquelle rien ne résiste, cette supériorité d'esprit et de connoissance, qui se fait sentir malgré vous, pour ainsi dire, et malgré la modestie et la noble simplicité qui vous sont naturelles : enfin c'est ce qui met le comble à tant de mérite, le goût pour la piété et cet attachement aux vrais principes de religion, qui animent vos actions et qui sont les règles de votre conduite. Ornée de toutes ces vertus, quelle couronne n'avez-vous pas été en droit d'espérer sans l'usage qui assujettit en quelque façon les Rois à ne prendre qu'autour du trône les Princesses qu'ils veulent faire régner avec eux : celuy qui donne les Empires met le sceptre de Pologne entre les mains du Prince de qui vous tenez la vie et par là en décorant le père, il conduit sensiblement la fille aux hautes destinées qu'il luy prépare. Mais, ô mon Dieu, que vos desseins sont impénétrables, et que les voyes dont vous vous servez pour faire réussir le conseil de votre sagesse sont au-dessus de la prudence humaine ! A peine le prince est-il sur le trône, où le choix des grands et l'amour du peuple, l'avoit placé, qu'il se voit forcer de le quitter; il est abandonné, trahy, persécuté. Un coup fatal luy enlève un héros, un ami et le principal fondement de ses espérances. Il cède au tems et aux circonstances sans que son courage en soit ébranlé. Il cherche un asile dans la patrie commune des rois infortunés, il vient en France; vous l'y suivez, Madame, tout ce qui vous y voit, sensible à vos malheurs, admire votre vertu; l'ardeur s'en répand jusqu'au trône d'un jeune monarque, qui par l'éclat de sa couronne, par l'étendue de sa puissance, et plus encore par les charmes de sa personne, pouvoit choisir entre toutes les princesses du monde; guidé par de sages conseils, il fixe son choix sur vous. Et c'est icy que le doigt de Dieu se manifeste, il se sert du malheur même, qui sépare le roi votre père de ses sujets et qui vous enlève de la Pologne, pour vous donner à la France et pour nous donner en vous une Reine qui sera la gloire d'un père et d'une mère dont elle fait la consolation et les délices; une Reine qui rendra heureuse la nation la plus digne de l'être, au moins par son respect et par sa fidélité pour ses souverains; une reine qui inévitablement attachée à ses devoirs, pleine de tendresse et de respect pour son époux et pour son Roy, et sagement occupée de ce qui peut luy procurer le solide bonheur, rappellera les temps de l'Impératrice Haccille, dont l'Histoire nous apprend que n'ayant jamais perdu de veue le précepte de la loy divine, Elle entretenait assiduement le grand Théodose; et que ses paroles, comme une pluye féconde, arrosoient avec succès les semences de vertus, que Dieu avoit mis dans le cœur de son époux. Venez donc, Madame, à l'Autel; que les engagements que vous allez prendre, saints par eux-mêmes, puisque, selon l'apôtre, ils sont le symbole de l'union de Jésus-Christ avec son église, soient encore sanctifiés par vos dispositions. Pénétrée de ce que vous devez à Dieu, faites-luy hommage de ce que vous êtes et de ce que vous allez être. Reconnoissez qu'en couronnant vos mérites, il couronne ses dons. Et vous, chrétiens qui m'écoutez, en voyant les récompenses éclatantes qui sont données dès ce monde à la vraie vertu, apprenez à la respecter et à l'aimer.

A la fin de la cérémonie le cardinal de Rohan prononça encore ces mots :

Permétés-moi, à la fin de l'Auguste cérémonie qui comble nos espérances et nos vœux, de demander à Votre Majesté sa protection royale pour l'église de Strasbourg. Cette église n'a point oublié et n'oubliera jamais les bienfaits signalés qu'elle a receu de nos premiers Rois; mais que ne doit-elle pas à notre dernier monarque? Livrée par le malheur des tems aux fureurs du schisme et de l'hérésie, elle auroit peut-être péri comme bien d'autres si ce grand Prince en rentrant dans les droits de ces ancestres n'avoit pris sa défense et ne l'avoit soutenue de tout son pouvoir. Elle lui doit l'avantage de se voir rétablie dans la possession de ce saint temple dont elle avoit été bannie. Tout nous rappelle ici sa pieuse et royale magnificence; les Temples ornés, les Pasteurs libéralement entretenus, les missions fondées, les nouveaux convertis protégés et secourus, sont autant de monuments du zèle et de la piété d'un Roy dont la mémoire ne finira jamais. Il n'a pas eu la consolation d'achever l'ouvrage qu'il avoit entrepris, c'est-à-dire la réunion de toutes les brebis de cet illustre troupeau dans un même bercail, elle était réservée au digne héritier de son zèle et de sa couronne. Ce sera vous, Madame, qui représenterés à Votre auguste Époux ce qu'exigent de lui le souvenir de son Bisayeul, sa propre gloire et nos besoins, qui sont ceux de la Religion. Vous ne demanderés point qu'on ait recours à ces voyes qui aigrissent sans persuader, elles ne seroient pas du goût de Votre Majesté et à Dieu ne plaise que nous voulussions les lui suggérer. Ils sont vos sujets, Madame, ces enfants qui vous méconnoissent, et l'Eglise de Strasbourg, pleine de confiance en la miséricorde de Dieu, se regarde toujours comme leur mère. Nous vous conjurons donc par les entrailles de Jésus-Christ d'employer pour procurer leur réunion tout ce qu'une charité active, mais compatissante, pourra vous inspirer. Dieu bénira les soins de Votre Majesté et nos désirs, et il se servira des exemples de votre piété et de notre foi pour confondre enfin l'erreur et pour faire triompher la vérité. Régnez longtemps sur nous, Madame, pour le bonheur du Roy et pour la félicité de ce grand Royaume. Que Dieu exauce les prières que l'Église vient de lui offrir pour votre Majesté et daignez nous mettre au rang de vos sujets les plus zélés et les plus fidèles.

Archives K. 139, n° 24.

Page 255

(Parodie tirée de *l'Ecole des femmes*.)

ARNOLPHE, à Agnès

Marie, écoutez-moi : laissez-là le rosaire,
Et regardez en moi votre ange tutélaire,
Moi, qui suis de Bourbon l'amante et le conseil,
Moi, qu'il chérit autant et plus que son bon œil,
Notre Roi vous épouse, et cent fois la journée,
Vous devez bénir l'heur de votre destinée.
Contemplez la bassesse où vous avez été
Et du prince qui m'aime admirez la bonté,

Qui, de l'état obscur de simple demoiselle,
Sur le trône des lis par mon choix vous appelle,
Qui sur lui de l'Europe attire le courroux,
Pour tirer du néant et votre père et vous,
Et qui vous sacrifie une Infante d'Espagne
Et tous les bons partis qui sont en Allemagne,
Vous devez toujours, dis-je, avoir devant vos yeux
Le peu que vous étiez sans ce nœud glorieux,
Afin que cet objet d'autant mieux vous instruise
A mériter l'état où Bourbon vous a mise,
A toujours vous connaître et toujours avouer
Que de l'acte qu'il fait il n'a qu'à se louer.
Nous ne prétendons pas, en vous déclarant Reine,
Que sur lui, ni sur moi, vous soyez souveraine ;
Vous goûterez en paix les plaisirs les plus doux.
Les affaires d'État n'iront point jusqu'à vous,
Nous vous tiendrons toujours sous notre dépendance
Et nous aurons toujours la suprême puissance.
Louis est un enfant qui n'est roi que de nom ;
Le véritable maître est le duc de Bourbon,
Quoiqu'il ait peu d'esprit ce n'est pas votre affaire ;
C'est à lui seulement qu'il importe de plaire
Et ce que le soldat, dans son devoir instruit,
Montre d'obéissance au chef qui le conduit,
Le valet à son maître, un enfant à son père,
A son supérieur le moindre petit frère,
N'approche point encor de la docilité
Et de l'obéissance, et de l'humilité
Où doit être pour nous une reine de France
Dont Courtanvaux sans nous aurait fait l'alliance.
C'est à vous de chérir ceux que nous chérirons,
C'est à vous de haïr ceux que nous haïrons.
Si vos vœux désormais se règlent sur les nôtres
Jamais aucuns plaisirs n'égaleront les vôtres,
Mais si, par un énorme et funeste attentat,
Vous vouliez nous ravir le timon de l'État,
Le renvoi de l'Infante est la preuve certaine

Qu'à rompre un autre hymen on n'aura pas de peine,
Et nous aurons toujours de meilleures raisons
Pour vous faire revoir vos choux et vos dindons.

Page 261

Menin à sa femme.

22 aoust.

La reine arriva icy hier au soir sur les neuf heures, elle fit son entrée dans la ville aux flambeaux, les rues étaient tapissées et illuminées ; on tira d'abord 180 coups de canon pour la première salve et l'on fit trois descharges de cette force. La Reyne fut descendre, quoyque très tard, à la cathédrale où elle fut receue par Monseigneur l'évêque de Metz et le chapitre tous en chappe. L'évêque la complimenta, on chanta le *Te Deum* en musique. Toute l'église était éclairée d'une grande quantité de flambeaux de cire blanche. On lui avoit dressé un prie Dieu auprès du grand autel, sous un daix. A son arrivée à la ville, elle fut receue par les Échevins qui lui portèrent un dais de velours rouge semé de fleurs de lys aux armes de France et de Navarre. Plus d'une lieue hors de la ville, elle trouva le Régiment d'Orléans-Cavalerie sous les armes, M. le duc d'Orléans à la tête comme colonel malgré le mauvais temps et la pluie continuelle qu'il faisoit ; ensuitte le Régiment Royal-Artillerie et un autre Régiment Infanterie qui bordoient en haie les rues depuis la porte de la ville où on lui porta les clefs, jusqu'à la Cathédrale et depuis la Cathédrale jusqu'au gouvernement où elle loge. Trois cadets de la ville, tout en habit rouge avec des chapeaux et cocardes uniformes, et six cents bourgeois sous les armes devançoient la marche. Ils étoient suivis de trente instruments, tant hautbois que violons, jouant, des Cent-Suisses, des Pages et de la Chambre du détachement des gardes du corps, et ensuitte marchoient les carosses. Celuy dans lequel la Reyne estoit avec Mlle de Clermont, Mmes de Boufflers, de Mailly, étoit tenu ouvert par la Reine qui se mettoit volontiers en veue de tout le monde malgré la nuit, à la faveur des flambeaux qui marchoient devant et à costé du carosse.

On crioit Vive le Roy et la Reine! et elle recevoit ces témoignages d'affection d'un air de bonté et d'amitié, jusqu'à faire des inclinations de teste; elle n'est point belle, mais bien faitte. On s'accoutume à son visage, et je l'ay trouvé mieux aujourd'huy qu'hier. Elle étoit hier vêtue d'un habit de cour glacé d'argent avec des roses brochées et les plus belles pierreries du monde en grande quantité tant à sa teste et à ses oreilles qu'à son corps de robbe. Aujourd'huy elle est vêtue d'un habit verd de mer et argent, la jupe garnie de vaisseaux d'argent brodés en fleurs et les mêmes pierreries qu'elle avoit hier.

Elle devoit recevoir hier les compliments du Parlement, mais comme il estoit trop tard et que les mauvais chemins avoient empeschés d'avancer, M. de Dreux vint sur les six heures dire à M. le premier président et à la compagnie que la Reine ne recevroit qu'aujourd'huy nos compliments à deux heures.

Nostre Reine est si pieuse et si charitable qu'elle a déjà distribué les 15,000 francs qu'on luy avoit donné pour faire les charités jusqu'à Fontainebleau. Toutte la cour en est fort contente, et elle a, disent les dames, des bontés infinies pour chacune d'elles; mais elle est d'une vivacité très grande.

Page 271

Mémoire pour la cérémonie du mariage à Fontainebleau.

La Chapelle sera ornée comme elle étoit au mariage de la Reine d'Espagne. On prendra garde que les choses soient disposées de mesme.

La messe sera célébrée par le grand aumonier qui aura pour diacre et sous-diacre des Évesques qu'il choisira parce qu'il faut qu'ils scachent chanter.

On ne peut refuser au clergé quelques places dans une cérémonie d'Église, mais il ne faut les y mander ny en corps ny en forme, parce que les Cours auroient lieu de s'en plaindre encore plus que les ducs qui ont sur cela une prétention. Le maitre de Cérémonies dira donc aux membres du clergé comme on faict pour un jour de *Te Deum*. Il y aura des places pour les Prélats, et on leur donnera douze.

Les Ambassadeurs y seront priés, ils étoient au mariage de la Reine d'Espagne; s'ils ont quelque prétention nouvelle, ce qui arrive souvent, ils le diront.

Le Garde des Sceaux y sera dans sa chaise à bras et aura douze places pour le conseil.

Les secrétaires d'État, un banc.

Les autres contre-bancs pour ceux qui donnent la main aux princesses et pour les autres gens de qualité de la Cour.

Les Chevaliers de l'Ordre doivent y avoir place; ils ont toujours été invités aux mariages, batesmes et autres Cérémonies Royales, dont ils font le principal ornement. Ils estoient au batesme de feu Monseigneur en 1668 et furent au mariage de la Reine d'Espagne. Je n'en vois pas quarante ou cinquante en état d'y venir. Ils seront placés sur des bancs aux deux costés du haut dais. Ils s'étoient effrayés mal à propos de la dépense en nouveaux habits. Il ne leur faut que leurs habits ordinaires, qui la plupart sont de velours en hiver et de damas en été, et le collier de l'ordre. Les Prélats de l'Ordre iront se placer avec les Évesques, pour éviter la difficulté qui survint au mariage de la Reine d'Espagne où ils vouloient marcher après le Roy, comme à une procession de l'Ordre, et le Roy vouloit qu'ils marchassent après les princesses légitimées qui suivoient les Princesses du Sang.

Les choses ainsy disposées, le Roi ira de son appartement dans celuy de la Reine, puis traversant l'appartement de Sa Majesté, on débouchera et on marchera par la gallerie des réformes, scavoir :

Les hérauts d'armes.

Les trompettes et tambours.

Les Princes du Sang qui n'ont fonction et les légitimés, tous en leurs habits ordinaires sans manteau, précédant le Roy.

Le Roy en manteau précédé des huissiers de la Chambre et suivy des Capitaines de Gardes, grand Chambellan, premier gentilhomme de la Chambre, grand Maistre de la garde robe, Grand écuyer, et premier écuyer cotoyez par les Gardes de la Manche. Tous les officiers cy-dessus seront en habits ordinaires et sans manteaux, rien ne s'oppose à cela.

La reine en manteau royal et couronne sur la teste menéé par M. le duc d'Orléans et M. le duc avec leurs habits ordinaires sans manteaux.

Le manteau royal de la Reine porté par Mme la Duchesse, Mme la princesse de Conty et Mlle de Charolais qui seront menées chacune par un homme de qualité et la queue de leurs manteaux portée par un homme de qualité, il n'y a pas à hésiter sur cela. Dès l'année 1624, les princesses de Condé, de Conty et de Soissons portant le manteau de la Reine d'Angleterre étoient menées par des gens de qualité et leurs queues portées par leurs Écuyers, ce qui a depuis passé à des gens de qualité.

Madame la duchesse d'Orléans qui doit donner le cierge à l'offrande, et les autres princesses du sang qui n'auront point de fonction auront une mante de cinq aulnes et auront chacune un homme de qualité pour leur donner la main, et un pour la queue de la mante. La Reine étant en manteau royal, les princesses du Sang doivent être en mante, les Dames du Palais ou autres qui voudroient suivre la Reine auront leurs habits ordinaires. Elles pourront être menées par leurs écuyers, mais en ces occasions on ne leur porte point la robe.

S'il ne fait ni vent ni pluye, on descendra par l'escalier du Fer à Cheval, comme on fit au mariage de la Reine d'Espagne, sinon par l'escalier de la Chapelle qui se trouve après en plus beau qu'il n'étoit alors, car en ce tems là il étoit petit et vilain.

Page 279

Lettre de Stanislas à Vauchoux.

« J'ai receu, mon cher Vauchoux, par du Mény vostre lettre qui a continuer et finy celle de Mme de Prye; cela luy est impardonable de s'estre arrêté au si beau période auquelle je la cognois si intéressé par sa tendresse que je crois qu'elle est tombé en extase de joye et qu'elle n'a pas eu la force de poursuyvre sa lettre. Mais tout badinage à part, cette première rencontre surpasse tout ce que j'aurois peu espérer. Le bon Dieu a accomply ce qu'y la si heureuseument comencé. Je crois qu'yl est inutile de vous dire ma joye, vous ne pouvez pas la comprendre, ny moy l'exprimer. Je me figure la vostre en quittant dans un tel état Fontaineblau et en arrivant à Paris pour se delasser, selon le modèle du Roy, des fatigues de la Cour. Comme les coups à la royale auroit de la peine à se soutenir à la longue et ne sçauroit gurere estre à la durée, je ne me fairoi pas conscience de vous retirer bientost de Paris, et ce sera en arrivant à Chambor. Faicte, je vous prie vos calculs là-dessus. Je vous suis bien obligé de ce que vous m'aprenez sur le cher Duvernay, et de ce que vos sentiments sont si unys sur le chapitre de la Reyne. Je vous prie de l'assurer que son attachement m'est d'un prix infiny et que je le mériterois par touttes les occasions. . . .

« Je t'embrasse, mon chere Vauchoux, et suis de tout mon cœur vostre très affectionné

« STANISLAS ROY. »

De Strasbourg, le 13 de septembre 1725.

« Tu ne me dis rien si j'auroi le *Royalle-Roussillon* à Chambor. »

Page 280

In nuptias
Regis Christianissimi
Ludovici XV
Et Reginæ Augustissimæ
Mariæ Eusebiæ Felicitatis
Cum ipsis M. Baltasar Gibert, antiquus rector, in Collegio Mazarinæo Rhetorum alter, Universitatis nomine, Nuptialem orationem diceret, die 17 Janvier 1726.

Ode.

Velox ut orbem Fama per ultimum
Plaudente penna nuntia detulit,
Ardere jam taedas, et alto
Borbonidum Solio locari

Claram vetusto Sanguine Principem,
Et mille dignam principibus legi,
Cui Sponsus augustus jugalem
Porrigeres, Lodoice, dextram ;

Accepit omen Gallia, quo decus,
Quo visa regni crescere gloria;
Sensitque perfundi beatum
Lœtitia saliente pectus.

Quid, cum Mariam jam propius licet
Tandem fideli cernere lumine?.....
. . . .
Ut mixta majestas amori
Fronte sedens oculisque fulget!

Hinc ille nuper splendidior dies
Et omnis aulæ pompa superbior
Amœna quam rura et recessus
Bellaquei explicuere Fontes.

At quis tot inter primos hic eminet
Princeps, in auro clarior aspici,
Ceù luce cum Phœbus minores
Exuperat rutilante flammas?

Sur le mariage du roi.

Non, non, jamais fête plus fortunée
Ne mérita nos transports.
Non, non, jamais l'Amour et l'hymnée
N'unirent tant de trésors.

Que de ma joye attendrie
L'Europe chante avec moy
Le nom charmant de Marie
Joint à celuy de mon roy.

Les destins de tous leurs charmes
Ont comblé ce couple heureux;
Vénus et le Dieu des armes
Donneroient de moins beaux Nœuds.

Du Dieu maitre du Tonnerre
Dans sa naissante beauté
L'Epoux aux yeux de la terre
Offre l'aimable fierté;

Digne du siècle de Rhée,
L'Epouse par ses attraits
De l'auguste et jeune Atrée
Nous rappelle tous les traits.

De quel bonheur pour la France
Cet hymen est le garand !
La plus sublime prudence
En connoit elle un plus grand ?

Au front de la vertu même,
Louis enflammé d'amour
Arrache son diadème
Et la couronne en ce jour.

C'est en fait, sous un empire,
Si charmant, si vertueux,
Tout va briller, tout va rire
Au gré de nos plus doux vœux.

Mon Roy, tel qu'un autre Alcide,
Terrible à tous les pervers,
Par son courage intrépide
Rassurera l'Univers.

Telle qu'une Aurore pure,
Ma reine dans tous les cœurs
De la nuit la plus obscure
Dissipera les horreurs.

Mes yeux enchantés l'ont vue
Et j'ay cru voir tous les dieux
D'une lumière inconnue
Embellir l'éclat des cieux.

Il me paroissoit que Flore
Ramenoit le beau primtemps,
Les moissons sembloient éclore
Dans les plus stériles champs.

De son air doux et céleste,
Je voyois l'Espoir charmé
Chasser la terreur funeste
Du cœur le plus allarmé.

Tout goûtoit dans nos prairies
Une tranquille douceur,
Les plus faibles bergeries
Bravent le loup ravisseur.

Les ris, les jeux, la tendresse,
Le Pouvoir, la Liberté
Ne respiroient que sagesse
Esprit, candeur et bonté.

Les Graces, cent fois plus belles
Que l'on ne les vit jamais,
De mille graces nouvelles
Paroient la gloire et la paix.

La Majesté par sa bouche
S'exprimoit modestement ;
L'orgueil stupide et farouche
Se cachoit d'étonnement.

Tout monstre prenoit la fuite;
Les plaisirs délicieux,
Toujours marchant à sa suite,
Toujours honoroient les dieux;

Puisse une tige si belle
S'étendre au-delà des temps,
Par des rameaux dignes d'elle
D'âge en âge renaissans!

Chanson nouvelle concernant l'alliance entre le roy de France Louis, XVe du nom, et de l'illustre princesse de Pologne, fille du roy de Pologne, Jacques Louis Stanislas.
Sur l'air : *de Belgrade.*

Venez, peuples fidèles,
Venez, grands et petits,
Tendrons, blondes pucelles,
Des printemps favoris,
Venez, or, venez tous
Et marquez votre joye
Pour la sainte alliance
De notre Auguste Roy (*bis*).

L'on ne voit plus en France
Et dans tout le pays
Que plaisir et bombance,
Qu'allégresse et que ris.
C'est la très noble Reine
Qui nous tient tous au cœur,
Qu'un chacun à la voir
Croira voir son bonheur (*bis*).

Dieu, que vous êtes heureuse,
Princesse fortunée!
Ah! qu'elle est précieuse
Cette chère destinée!

Quoy, le plus grand monarque
Que la terre ait porté,
Incomparable Reine,
Vous l'allez posséder (*bis*).

Ce triomphant monarque
Dont on nous parle tan',
Ayant quitté la barque
Qui venoit du levant,
Regnant avec empire
Au beau milieu des cœurs,
Seconde nos désirs
En comblant nos bonheurs (*bis*).

Vit-on jamais au monde
De plus charmants plaisirs
Sur la terre et sur l'onde,
Doucement retentir.
Qu'en ces jours où l'amour
Ombragé de ses fleurs
Fait briller notre Prince
En souverain vainqueur (*bis*)?

Tout Paris en triomphe,
Languit de jour en jour,
Attendant avec pompe
L'objet de ses amours.
Des richesses infinies
Sont en foules aprêtées
Pour bien solenniser
Cette digne journée (*bis*).

Soldats et Grenadiers,
Faites donc tous bombance;
Dragons et cavaliers,
Dans tous vos quartiers (*bis*)

Faites par toute la France,
Aussi les canoniers,
Faites réjouissance
Et beuvez.

Dialogue entre le Roy et la Reine.

LE RÔY.

Je brûle nuit et jour;
Pour vous, chère princesse,
Je brûle nuit et jour,
Et consomme en amour. (*Bis*)
Votre aimable personne
Entretient mon esprit.
A vous mon cœur je donne
    Aujourd'huy.

LA REYNE.

Votre aimable bonté,
Louis, puissant monarque,
Votre aimable bonté,
D'une unique amitié (*bis*)
Veut me donner des marques
De générosité.
J'en conçois la remarque,
    Grand Roy.

LE ROY.

Princesse uniquement
Sur ma foy je vous aime;
Princesse uniquement
Comme un fidèle amant. (*bis*)
Je veux vous faire reine
En vous donnant mon cœur
Recevez mon étrenne
    En faveur.

Chantons, vive le Roy,
Mes très chers camarades
Chantons, vive le Roy.
Beuvons à sa santé. (*bis*)
A l'honneur de la Reine
Buvons chacun dix fois;
Que Dieu nous les conserve
En joye.

*Chanson nouvelle, sur l'arrivée et réception
de la Reine de France.*

Sur l'air : *des Fanfares, Bon, Bon.*

François, réjouissons-nous
De l'heureuse nouvelle;
François, réjouissons-nous,
Le grand bonheur pour nous (*bis*).
En Pologne et en France,
Entre le grand Bourbon,
Voilà deux belles alliances
Bon, Bon.

Ah! qu'il fera beau voir
Toute la bourgeoisie,
Qu'il fera beau les voir
Se rendre à leur devoir (*bis*).
En saluant la Reine,
A grands coups de canons;
Dedans toutes nos plaines,
Chantons.

Chantons vive le Roy
A son heureuse entrée
Chantons vive le Roy
Montrons tous notre joye (*bis*);

Tous avec allégresse
Faisons voir aujourd'huy
Nos plus grandes richesses
    Pour luy.

Mariane aujourd'huy
S'appelle notre Reine,
Mariane aujourd'huy
Veut être notre apuy *(bis)*.
Cette beauté suprême,
L'amour du Roy Louis,
S'en va avec grand zèle
    A Paris.

Bourgeois et artisans
Vous avez de la joye,
Bourgeois et artisans
Vous serez tous contents *(bis)*
Car à son arrivée
Vous verrez le pays
Et toutes les contrées
    Reverdis.

Tout le pays Messin
Veut faire grand feste;
Tout le pays Messin
Se réjouit sans fin *(bis)*,
Dans toutes ces contrées
L'on prétend aujourd'hui
Chanter avec grand zèle
    Icy.

L'on voit de tous côtés,
A son heureuse entrée,
L'on voit de tous côtés
Faire des feux de joye *(bis)*.

En grande magnificence
L'on verra aujourd'hui
Le bonheur de la France
Venir.

Autre chanson.

Quelle réjouissance
Pour nous, mes chers amis,
A voir que la France
Va sembler reverdir.
Cette sainte alliance
De notre auguste Roy
Va couronner d'avance
La teste des François (*bis*)

Voicy la belle Aurore,
Princesse fortunée,
Qui ne faisant qu'éclat
Brille dans les contrées,
Tout ainsi qu'un soleil
Elance ses rayons,
Ainsi, charmante Reine
Etendra vos rayons (*bis*)

Triomphez tous, Messieurs
Gendarmes et grenadiers,
Estimez-vous heureux,
Soldats et cavaliers.
Dans peu vous allez voir
De bien grands changements
Vous aurez lieu à présent
De vous trouver contens (*bis*)

L'on attend tous les jours
Que la Maison du Roy
Accompagnant la Cour
Qui est tout en emoy

Arrive à Vissembourg,
Pour la Reine accompagner,
Le trésor de l'amour
De notre bien-aimé (*bis*).

Allons, chers camarades,
Chantons vive le Roy,
Buvons tous à rasades,
Au moins chacun dix fois,
Et que chacun de nous
En déployant sa voix
Chante avec allégresse :
Vive, Vive le Roy
Vive, Vive le Roy.

La France au Roy sur son mariage.

Fiffres, tambours, clairons, trompettes,
Luths, violons, hautbois, musettes,
Rassemblez-vous, entourez moy :
Que par vous la plus tendre joye
Dans tout son éclat se déploye,
Je veux féliciter mon Roy.

Oh Roy ! ma plus chère espérance,
Quel jour favorable à la France
Luit et s'avance dans les cieux !
J'y vois du plus beau sang du monde
Une postérité féconde
Par toy ranimer tes Ayeux.

Sur ton front la mâle jeunesse
Etale au gré de ma tendresse
Ses traits les plus vifs, les plus beaux ;
Et l'hymen qu'elle même appelle,
Suivy de sa pompe immortelle,
Allume pour toi ses flambeaux.

Quel couple divin me présente
Cette solennité touchante
Dont mes vœux hâtent l'heureux jour?
Sçavantes filles de mémoire,
Vites vous jamais tant de gloire
S'unir aux charmes de l'Amour?

Dans l'Epoux un nouvel Alcide,
Fatal à tous monstres perfides,
S'offre sous les traits d'Adonis;
Et dans l'Epouse la Sagesse
S'offre avec toute la finesse
Des grâces qui suivent Cypris.

Sagesse, honneur de la nature,
Source unique d'amitié pure,
De bons conseils, d'égards sans fin;
Heureux qui chargé d'un Empire
Toujours sûr de te voir sourire
Peut se reposer sur ton sein.

Tel est, mon Roy, le bonheur rare
Qu'en ses nœuds l'Hymen te prépare,
Au gré de tes plus doux désirs;
Tu vas régner dans un cœur sage,
Ressource d'égal avantage,
Pour ta grandeur et tes plaisirs.

Quelques projets que tu médites,
Quelques soient les divers mérites
Qu'en son épouse cherche un Roy;
Dans tous, au gré de ton envie,
Tu trouveras dans ta Marie
Une épouse digne de toy.

Jamais Auguste dans Livie,
Théodose dans Eudoxie,

APPENDICE

Ne chérirent tant de trésors;
Jamais tant d'honneur et de zèle,
De talents et d'ardeur fidelle
Ne méritèrent leurs transports.

Diane, d'un air moins pudique,
Dérobe à tout regard cynique
Avec moins de soins ses attraits.
Junon a le front moins auguste,
Minerve avec un art moins juste
Assortit la gloire et la paix.

Aux fêtes de ta cour pompeuse
Tu la verras, majestueuse,
Rassembler les jeux et les ris,
Et tels qu'aux temps heureux de Rhée
Tu la verras digne d'Atrée
Luy deférer leurs plus beaux prix.

Quand ton auguste confidence
Des mystères de ta puissance
Mettra le secret en ses mains,
N'en attend qu'une heureuse suite,
Toutes les Muses l'ont instruite
Même dans l'art des souverains.

Que la prudence qui te guide,
Par un choix si grand, si solide,
Sur tes conseils répand d'honneur;
Le Ciel luy-même te l'inspire,
L'Univers enchanté l'admire,
Ton peuple y trouve son bonheur.

Jouis d'un bien si plein de charmes,
Hâte toy qu'Amour de ses armes
T'offre le prix victorieux
Et que dans un autre toy-même
La Reine ait le bonheur suprême
D'avoir fait le portrait des dieux.

*Sur le mariage de Louis XV, Roi de France,
avec Marie de Leczinski, Princesse royale de Pologne.*

ÉPITHALAME.

Enfin, par un bienfait de la bonté divine,
Sur le trône françois éclate une héroïne,
Des plus rares vertus Modèle précieux,
Princesse dont l'esprit est l'ouvrage des cieux,
Où d'abord sans les soins de la prudence humaine
S'est fait le choix heureux d'une aussi digne Reine.
Allez, grans de la terre, esprits jaloux et vains,
Cessez de discourir sur les secrets divins ;
Vos sentiments ne sont qu'erreur et que faiblesse;
En silence adorez la suprême sagesse,
Qui, selon nos besoins déterminant son choix,
Sçait donner à propos des épouses au Roi.
D'une auguste Lignée, après qui l'on soupire,
Cet Hymen va bientôt réjouir notre empire,
Et la fécondité produira pour jamais
Dans nos champs fortunés l'allégresse et la Paix.
Les yeux toujours fixés sur un si grand modèle,
Le beau sexe aujourd'huy se formera sur elle.
Bientôt nous allons voir régner dans tous les cœurs
La foy, la piété, l'innocence des mœurs,
Et la pudeur, passant de la Cour dans nos villes,
Va faire désormais l'ornement des familles.
En sage et vaillant Roy, par de fameux revers,
Stanislas est instruit à régir l'Univers,
Et son généreux sang fait dans notre princesse
Paroître un même cœur, une même noblesse :
Toujours ce prince égal au milieu des hazards
Est Minerve au conseil, dans le combat est Mars.
Que de Princes, de Rois d'une haute espérance
Vont naître de son sang joint au beau sang de France !
A de justes transports en ce temps livrons nous,
François, notre bonheur rend nos voisins jaloux.

Sous Louis encor jeune éclatant de lumières
Nous les verrons toujours respecter nos frontières :
Alors de toutes parts l'Etranger curieux
Viendra pour admirer nos Etats glorieux,
S'empressera pour voir dans leur Cour florissante
De la Reyne et du Roy la vertu bienfaisante :
Tandis que dans le cœur de notre empire heureux
Pour leur prospérité nous formerons ces vœux,
Que le ciel favorable à leur race féconde
Daigne la faire un jour régner par tout le monde!

De Bellechaume.

Page 281

Harangue des fammes des Halles, faitte à la Reine sur son mariage à Fontainebleau, le 14 novembre 1725.

La Dame Gellé portant la parole, le matin dans la Chambre de la Reine qui les écouta debout.

Madame, j'apportons nos plus belles truffes à Votre Majesté; je souhaiterions en avoir davantage. Mangez-en beaucoup, et faites-en manger beaucoup au Roy; car cela est fort bon pour la génération. Nous vous souhaitons une bonne santé, et j'espérons que vous nous rendrez tous heureux.

Page 289

Lettre de Stanislas à Vauchoux.

« J'ay receu vostre lettre, mon chere Vauchoux, où vous em parlez de Ménard. Je vous conjure en premier lieu d'assurer M. le controlleur général de toute la vivacité de ma recognoissance. Je sçais déjà avec qu'elle empressement il s'est employer pour me donner ce contentement. Quand à moy, vous me cognoissez, que je n'est en rien ny dessein, ny volonté qu'autant que la possibilité en permets. Mais il est certain que la Reyne et ma mère voudroit respirer de temps en temps un air plus libre qu'il n'est icy. Mais je vous prie d'assurer partout où il faut que je ne veut jamais quitter Chambor, et c'est la raison que je sohaitterois Ménard qui n'en est qu'à une lieu et demie, et qui est comme un pavillon de Chambor. Je ne sçaurois assez m'estonner du refus de Mme Ménard, car, cette maison estant abandonné, je luy ay proposé d'estre son fermier et son concierge, ayant voulu lui rendre annuellement son revenu de la terre, et, en occupant la maison, prendre soings de l'entretien. Il faut qu'elle nous prenne pour des Sarmates, s'il y a moyen de la guérir là-dessus, je serois charmé. Si non, vous sçavez comme je suis enchanté de Châtauneuf, et j'en serois très content au défaut de Ménard, auquelle j'ay donner la préférence par la seulle raison de proximité de Chambor, pour épargner plusieurs dépenses que Châtauneuf exigera en s'y transportant de temps en temps, quoyque la rivière nous seroit d'un grand secour. Je suis inconsolable de ce que vos affaires, Dieu sçait quand elles vous permettronts de venir icy. Je suis dans une impatience inconcevable de vous embrasser et vous dire combien je suis de tout mon cœur

« Vostre très affectioné

« STANISLAS Roy. »

Le 5ᵐᵉ avril 1726, Chambor.

Page 298

Les fureurs de M. le Duc.

(Parodie d'*Andromaque*.)

Grâce au ciel, mon malheur passe mon espérance ;
J'ai fait des malheureux avec persévérance ;
L'exil de la de Prie a droit de m'en punir ;
Au comble des malheurs il m'a fait parvenir.
Si j'ai réduit la France aux pleurs, à la misère ;
Si j'ai frappé Leblanc d'une injuste colère,
C'est que je voulais être un tyran accompli :
Hé bien, je suis content et mon sort est rempli.

Où donc est ce Fleury? Pour couronner ma joie
Dans son sang, dans le mien, il faut que je me noie;
De mon œil en mourant je veux le regarder;
Réunissons deux cœurs qui n'ont pu s'accorder.
Mais quelle épaisse nuit tout à coup m'environne?
De Prie, où êtes-vous? d'où vient que je frissonne?
Quelle horreur me saisit? grâce au ciel j'entrevois?
Dieu! ce sont les Pâris pendus autour de moi :
Oh Seigneur! Quoi! Fleury, je te rencontre encore!
Trouverai-je partout un prêtre que j'abhorre?
C'est sous mon mauvais œil que tu t'es donc sauvé!
Tiens, tiens, voilà le coup que je t'ai réservé.
Mais que vois-je! à mes yeux de Prie, hélas, l'embrasse!
Elle veut l'étouffer, je tremble; il la menace
De la faire enfermer et même malgré moi :
Quels démons, quels serpents laisse t'elle après soi;
Je vois ses mains s'ouvrir à voler toujours prètes;
Des filles de l'enfer elle a toutes les têtes;
Leblanc lui met du noir, ma mère la poursuit :
Veut-elle l'entraîner dans l'éternelle nuit?
Viens, ma chère de Prie, à toi je m'abandonne;
Mon sort est de périr des coups d'une luronne :
Je te réserve encore mon cœur à déchirer,
Après t'avoir donné l'Etat à dévorer.

Page 298

Lettre de Madame de Prie à son mari.

Nous extrayons du *Carnet historique et littéraire* (n° du 15 mai 1899) les principales parties de cette curieuse lettre, dont l'original appartient à M. le baron de Baye.

A monsieur le marquis de Prye.

De Rouen, le 23 décembre 1727.

..... Je reviens à ce qui me touche le plus, c'est la façon dont vous m'écrivez. Votre amitié avait fait jusqu'à présent ma consolation, je vous avoue que la dureté de votre expression déconcerte et mon courage et ma patience sur mon sort présent, et que bien loin de me donner la force de prendre mon parti, elle ne me laisse envisager que le désespoir. Il est vrai que je dois m'attendre à ne pas obtenir ma liberté d'un jour à l'autre et, sur cela, je suis résignée à éprouver des longueurs et des difficultés. Il est vrai aussi que je ne dois pas désirer le séjour de Paris bien vivement, et sur cela je suis bien résolue, quand je serais demain maîtresse d'y aller, de n'y pas mettre le pied si mes yeux, par miracle, se guérissaient (1), ou de n'y rester que le temps nécessaire pour bien-consulter les gens habiles sur cette matière et de revenir au bout de quinze jours pour ne m'en retourner que dans un an.

. . . .

..... Au sujet de la prévention où vous me mandez qu'on est contre moy, il y en a beaucoup à rabattre. Je dois mieux savoir que personne qu'elle n'est fondée sur aucun fait; que les choses dont on prétend me savoir mauvais gré sont le contraire de ma conduite, et que je ne marcherai point vers l'éclaircissement naturel que le temps donne à la vérité que je ne recueille les louanges dues à ma modération qui ne m'a permis de solliciter n'y de conserver aucun avantage du dernier ministère. Sur tout le reste, je n'ay point entré dans la connaissance des affaires de l'Etat. Je n'ay donc qu'un reproche qui est mon attachement pour M. le Duc, qui peut me rendre suspecte à ceux qui lui sont opposés, ou dans la bouche des gens qui veulent faire leur cour, car je ne la serai *point dans leur cœur n'y dans l'opinion publique,* qui revient fort de ses préjugés et qui est plus près de regretter le dernier gouvernement que d'approuver celuy-cy; d'ailleurs je ferois mieux revenir le public en ne profitant pas de la liberté que j'aurois qu'en continuant d'être exilée. C'est une

---

(1) La vue de la marquise s'était affaiblie au point que le lendemain du jour où elle écrivait cette lettre, elle dut recourir à son fidèle Lozilière (l'ex-chevalier de Méré) pour en expédier une autre.

punition qu'on peut donner au premier moment d'un changement de ministère, mais qu'on ne continue pas sur une particulière innocente, dont l'absence ou la présence est totalement indifférente à la Cour. Je ne crois pas qu'il faille un long raisonnement pour vous prouver que je ne ferai ny chaud ny froid, ny bien ny mal en restant à Paris, à Rouen, à Rome ou au Japon. C'est sur toutes ces choses que je crois qu'il convient de raisonner avec les personnes qui peuvent aplanir mon chemin, en ôtant les pierres qui s'y rencontrent, et vous me permettrez de vous dire que, plus il y aura de difficultés pour mon retour à Paris, et plus il sera nécessaire de travailler promptement à les rendre surmontables.

Une des bonnes manières de s'y prendre est de commencer par établir mes sentiments, dire et faire dire à M. de Fréjuls à quel point mon bonheur est fondé sur une vie tranquille et indifférente, et faire connaître que le désir même que je ressens pour ma liberté est une preuve sûre que je ne ferai jamais rien qui la puisse mettre en danger. Revenons-en donc à dire que je puis m'attendre à ne pas avoir un prompt succès en toutes ces choses, que vous devez même m'y préparer, que si j'obtiens ce que je demande, j'en devrois user très sobrement. Cela est bon à me dire et je le dois sentir; mais de vouloir me persuader que la liberté est un bien que je ne dois seulement pas désirer, ny imaginer, c'est faire passer un carrosse à six chevaux par le trou d'une aiguille et vouloir convaincre un malade qu'il ne doit pas souhaiter la santé, ny travailler à se la procurer.

. . . .
. . . .

..... Je crois bien que si vous parliez au roy, vous gâteriez mes affaires; mais M. de Fréjuls ne sera jamais scandalisé lorsque vous entrerez en matière avec luy, et que vous chercherez à bien faire connaître mes sentiments et le désir où vous êtes qu'on n'implique point votre femme dans les raisons politiques qui sont fort au-dessus de ses desseins et de ses projets. La façon dont M. de Fréjuls vous a parlé n'exclut nullement que vous entriez en matière avec luy et je sais d'ailleurs à n'en pouvoir douter, que ce qui viendra de votre part est ce qui l'ébranlera davantage. J'en ai reçu des avis certains. Ne soyez pas surpris que je désire d'en profiter, puisque mon innocence et mes sentiments ne me permettront jamais de regarder de sang-froid une apparence de punition. Je consens de bon cœur à une disgrâce et renonce à la Cour avec plus de plaisir que je ne l'ai jamais habitée.

La marquise ne désespérait point d'obtenir la permission de revenir à Paris, au moins pour y passer l'hiver, et elle fit écrire par Lozilière à son mari d'entreprendre des démarches auprès de Fleury. On pouvait « désabuser » le Cardinal, pensait-elle..

« Toute la demande de Mme de Prye, écrivait Lozilière, le 24 décembre 1727, se réduit donc à souhaiter de ne point jouer de rôle et on lui en fait jouer un par son exil (1)..... » Et plus loin, il ajoutait : « Mme de Prye n'aura pas plus la volonté ny les moyens de nuire à Paris qu'elle les aura à Rouen et à Courbépine. Quand même elle ne seroit pas aussi éloignée qu'elle l'est par son propre goût de se mesler de rien, on ne doit pas présumer qu'estant à Paris, elle voulust faire la moindre chose qui l'exposast à une nouvelle disgrâce, et la remist dans la situation dont elle désire si fort de se tirer. Elle donne son propre bonheur pour caution de sa conduite, on n'en peut pas fournir une plus forte. »

Elle ne fut pas assez forte, cependant, et la fine mouche en fut pour ses frais de diplomatie.

Page 299

Discours du Roi Louis XV dans son conseil le 16 juin 1726.

Il estoit temps que je prisse moy-même le gouvernement de mon État et que je me donnasse tout entier à l'amour que je

---

(1) Cette lettre se trouve, comme la précédente, dans le *Carnet historique et littéraire* du comte Fleury, et son original appartient aussi à M. le baron de Baye.

dois à mes peuples pour leur marquer combien je suis touché de leur fidélité.

Quelque sensible que je sois au zèle que m'a montré mon cousin le duc de Bourbon dans les affaires dont je lui avois confié l'administration, et quelque affection que je conserve toujours pour luy, j'ai jugé nécessaire de supprimer et d'éteindre le titre et les fonctions de premier ministre.

J'ay déjà donné ordre de faire part à mon Parlement de la résolution que j'ay prise de prendre en main le gouvernement de mon royaume, et la mesme chose sera faite à l'égard de mes autres Parlements. J'en feray instruire par des lettres particulières tous les gouverneurs et intendants de mes provinces, et j'en ay fait donner part aussy à tous mes ministres dans les cours étrangères.

Mon intention est que tout ce qui regarde les fonctions des charges auprès de ma personne soit sur le pied que cela estoit sous le feu Roy mon bizayeul.

J'ay choisy à la place du sieur Dodun, qui me demande la permission de se retirer, le sieur Desforts pour remplir la place de controlleur général de mes finances.

Et le sieur de Breteuil m'ayant demandé la mesme permission de se retirer, j'ay nommé le sieur Le Blanc à la place de secrétaire de la guerre.

Les conseils se tiendront exactement tous les jours qu'ils seront destinés, et touttes les affaires se traitteront à l'ordinaire.

A l'esgard des graces que j'auray à faire, ce sera à moy que l'on parlera, et j'en feray remettre les mémoires à chacun de mes secrettaires ou au controlleur général de mes finances; suivant leurs départements je leur fixeray des heures pour un travail particulier auquel l'ancien evesque de Frejus assistera toujours aussy bien qu'aux autres détails dont différentes personnes ont soin en vertu des charges qu'ils remplissent.

Enfin je veux suivre en tout, aussy exactement qu'il me sera possible, l'exemple du feu Roy mon bizayeul. Si vous pensés qu'il y ait quelque chose de plus à faire en ce moment, vous pouvez le proposer avec confiance, et j'attend de vostre zèle pour mon service que vous me seconderez dans le désir où je suis de rendre mon gouvernement glorieux en le rendant utile à mon État et à mes peuples dont le bonheur sera toujours le premier objet de mes soins.

Page 304

Lettres inédites de Marie Leczinska au cardinal Fleury citées par la marquise des Réaulx dans « le roi Stanislas et Marie Leczinska », chap. XIII, p. 252 et suivantes.

Vos lettres, mon cher cardinal, me font toujours plaisir, mais je vous advoue que celle d'aujourd'hui l'a augmenté.

Dieu merci, que le Roi se porte bien, ma santé est assez bonne au rhume près. Je crois que la mort du cardinal de Noailles n'affligera pas beaucoup de monde ni d'un côté ni de l'autre. Dieu veuille lui pardonner les maux qu'il a causé à l'Eglise.

Je suis, mon cher cardinal, de cœur et d'âme à vous.

Ce 4.

MARIE.

Celle-ci, mon cher cardinal, n'est que pour vous confirmer ma bonne santé; comme je vous ai écrit hier, je n'ay rien à vous dire et je ne veux pas même vous importuner, sachant combien vous avez d'affaires. Assurez le Roy de mes tendres amitiés et soyez persuadé que je suis, mon très cher cardinal, de cœur et d'âme à vous.

Ce 8.

MARIE.

A mon cousin le cardinal de Fleury.

« Le page du Roy vient d'arrivé, mon cher cardinal, et m'a remis votre lettre, je ne vous dirai point que c'est avec plaisir, puisque vous en devez être sceur; je suis bien sensible à tout ce que vous me dites de la part du Roy; je vous prie de l'assurer que mon impatience augmente à mesure que le voyage avance. Je vous prie, mon cher cardinal, de dire aux dames qui vous ont dit que je veillais que ce sont des babillards et qu'une autre fois elles ne seront pas de mon secret. Il est vrai, mon cher cardinal, que quelquefois j'étouffe beaucoup après soupé cela fait que je ne peux me coucher, mais depuis quelque temps comme je n'étouffe plus, je me couche de meilleure heure, mais il y a un moyen plus sceur de m'empêcher de veiller, c'est que le Roy reste toujours ici ou que j'aille avec lui, je me coucherai à huit heures si on veut, ceci est un peu effronté, mais cela est vrai, car on ne s'ennuie jamais avec ce que l'on aime; pour ce qui est des stations, je l'ai fini aujourd'hui, et il n'est point vrai qu'elles ont été longues, j'attends impatiemment Helvétius pour lui chanter pareille (1), car il n'est jamais content, et je suis toujours très sage...

Que Dieu soit loué, mon cher cardinal, que l'avanture de la chasse ne soit pas arrivée ici, car j'en serais morte de peur. Je suis bien inquiète du pauvre d'Antin, c'est une très mauvaise marque pour lui de manquer d'apétit. Ma santé est, Dieu merci, assez bonne à l'ennui près. Je vous prie, mon cher cardinal, de remercier le Roy de son souvenir, et de l'assurer d'une tendresse sans égalle. Je suis, mon cher cardinal, de cœur et d'âme à vous.

Ce 27.

MARIE.

J'ay lue, mon cher cardinal, la lettre à Helvétius et lui ay dit d'aller à Chantilly comme vous le marqué, et j'ay écrit à Mlle de Clermont pour lui demander des nouvelles de son frère et luy dire que j'y envoie Helvétius. Adieu, mon cher cardinal; je suis bien aise d'avoir une occasion qui me procure le plaisir de vous répéter que je suis sans fin de cœur et d'âme votre parfaite amie.

Ce mercredi, may.

MARIE.

(1) Il est probable qu'il faut lire « chanter pouilles ».

..... J'ai commencé mes eaux ce matin, j'ay des maux de reins affreux, cela ne m'empêchera pourtant de partir mardi, et j'espère vous trouver mercredi en bonne santé, ce que je désire de tout mon cœur, mon cher cardinal, par l'amitié sincère que j'ay pour vous.

Ce mercredy.

Marie.

FIN

TABLE DES MATIÈRES

		Pages
Avant-propos.		I
Chapitre I.	— Le mariage avec l'Infante.............	1
— II.	— M. le Duc au pouvoir...............	18
— III.	— Dans les intrigues.................	41
— IV.	— Louis XV et son entourage...........	56
— V.	— Le renvoi de l'Infante..............	80
— VI.	— A la recherche d'une princesse à marier...	101
— VII.	— D'échec en échec..................	119
— VIII.	— Refus opposé à l'impératrice Catherine...	142
— IX.	— Les Leczinski....................	158
— X.	— Comment Marie Leczinska fut destinée à Louis XV.....................	181
— XI.	— Déclaration de mariage avec Marie Leczinska........................	201
— XII.	— De Wissembourg à Strasbourg.........	220
— XIII.	— Le mariage à Strasbourg.............	235
— XIV.	— Le mariage à Fontainebleau..........	261
— XV.	— Du mariage du roi à la naissance du dauphin.......................	285
Appendice.......................................		313

A LA MÊME LIBRAIRIE :

La Fin d'une société. — **Le duc de Lauzun et la Cour intime de Louis XV**, par Gaston MAUGRAS. 10ᵉ édit. Un vol. in-8° avec portrait. Prix . . . . 7 fr. 50
(Couronné par l'Académie française, prix Guizot.)

Louis XV intime et les petites Maîtresses, par le comte FLEURY. 2ᵉ édit. Un vol. in-8° avec portraits. Prix . . . . 6 fr.

Le roi Stanislas et Marie Leczinska, par la marquise DES RÉAULX. Un vol. in-8° avec quatre portraits et fac-similé. Prix . . . 7 fr. 50

Correspondance secrète inédite de Louis XV sur la politique étrangère, avec le comte de Broglie, Tercier, etc., suivie de divers documents relatifs au ministère secret; publiée d'après les originaux conservés aux Archives nationales et précédée d'une Étude sur le caractère et la politique personnelle de Louis XV, par BOUTARIC. Deux vol. in-8°. Prix . . . . 16 fr.

Villars, d'après sa correspondance et des documents inédits, par M. le marquis DE VOGÜÉ, de l'Institut. Deux vol. in-8° accompagnés de portraits, gravures et cartes. Prix . . . . 16 fr.

Mes Souvenirs, par Jacob-Nicolas MOREAU, historiographe de France, bibliothécaire de la reine Marie-Antoinette, etc.; collationnés, annotés et publiés par Camille HERMELIN, membre de la Société des sciences historiques et naturelles de l'Yonne. Un vol. in-8°. Prix . . . 7 fr. 50

Louis XV et Élisabeth de Russie, par Albert VANDAL, de l'Académie française. 3ᵉ édition. Un vol. in-8°. Prix . . . . 8 fr.
(Couronné par l'Académie française, prix Bordin.)

Une Ambassade française en Orient sous Louis XV. *La Mission du marquis de Villeneuve (1728-1741),* par Albert VANDAL, de l'Académie française. Un vol. in-8°. Prix . . . . 8 fr.

Correspondance inédite du roi Stanislas-Auguste Poniatowski et de Madame Geoffrin (1764-1777), par le comte DE MOUY; précédée d'une Étude sur Stanislas-Auguste et Madame Geoffrin, et accompagnée de nombreuses Notes. Un vol. in-8° avec un portrait à l'eau-forte et deux fac-similés. Prix . . . . 8 fr.

Correspondance complète de Madame la marquise du Deffand avec sa famille et ses amis (1739-1780), le président Hénault, — Montesquieu, — d'Alembert, — Voltaire, — H. Walpole. *Publiée pour la première fois sans suppressions*, accompagnée de ses Œuvres et de diverses pièces inédites, avec une Introduction et des Notes, par M. DE LESCURE. Ouvrage orné d'autographes et des *portraits en taille-douce* de Madame du Deffand et de Walpole. Deux vol. in-8° (de 700 à 800 pages chacun). Prix . . . . 16 fr.

La Société de l'Abbaye de Saint-Germain des Prés au dix-huitième siècle. **Bernard de Montfaucon et les Bernardins** (1715-1750), par le prince DE BROGLIE. Deux vol. in-8°. Prix . . . . 15 fr.

Le comte de Vergennes. *Son ambassade en Suède (1771-1774),* par Louis BONNEVILLE DE MARSANGY. Un vol. in-8° avec un portrait en héliogravure. Prix . . . . 7 fr. 50

Le chevalier de Vergennes. — *Son ambassade à Constantinople*, par Louis BONNEVILLE DE MARSANGY. Deux vol. in-8°. Prix . . . . . 15 fr.
(Mention honorable de l'Académie française.)

www.ingramcontent.com/pod-product-compliance
Lightning Source LLC
Chambersburg PA
CBHW071239240426
43671CB00031B/1207